Mauthe-Schonig/Schonig/Speichert

Mit Kindern lesen im ersten Schuljahr

Doris Mauthe-Schonig
Bruno Schonig
Mechthild Speichert

Mit Kindern lesen im ersten Schuljahr

Anfangsunterricht
mit den Geschichten
von der kleinen weißen Ente

Beltz Verlag
Weinheim und Basel 1987

Doris Mauthe-Schonig, Dipl. Päd., geb. 1941, war lange Jahre Grundschullehrerin und ist außerdem analytische Kinder- und Jugendlichen-Psychotherapeutin. Sie arbeitete mit am Leselehrgang des Pädagogischen Zentrums und veröffentlichte 1979 das Handbuch Schulanfang I, beides erschienen bei Beltz.

Bruno Schonig, Dr. phil., geb. 1937, Prof. für Historische Pädagogik an der TU Berlin, Fachbereich Erziehungs- und Unterrichtswissenschaften.

Mechthild Speichert, geb. 1941, ist seit 1964 Lehrerin, vorwiegend an der Grundschule. Nach einigen Jahren schulpolitischer Entwicklungsarbeit am Hessischen Institut für Bildungsplanung und Schulentwicklung (HIBS) arbeitet sie jetzt wieder an einer Grundschule (Wiesbaden). Sie ist Mitarbeiterin am Hessischen Institut für Lehrerfortbildung (HILF), Bereich Grundschulpädagogik, mit den Schwerpunkten Anfangsunterricht und Didaktik des Deutschunterrichts.

CIP-Kurztitelaufnahme der Deutschen Bibliothek

Mauthe-Schonig, Doris:
Mit Kindern lesen im ersten Schuljahr : Anfangsunterricht mit d. Geschichten von d. kleinen weißen Ente / Doris Mauthe-Schonig ; Bruno Schonig ; Mechthild Speichert. – Weinheim ; Basel : Beltz, 1987.
(Beltz-Praxis)
ISBN 3-407-62305-4

NE: Schonig, Bruno:; Speichert, Mechthild:

Lektorat: Peter E. Kalb

Gesamtherstellung: Druckhaus Beltz, Hemsbach
Umschlaggestaltung: Atelier Warminski, 6470 Büdingen 8
Umschlagabbildung: Frank Ruprecht, Rösrath-Hoffnungsthal
Printed in Germany

ISBN 3 407 62305 4

Inhaltsverzeichnis

Teil 1: Wie Kinder Lesen lernen – eine Einführung

Teil 2: Die Geschichten von der kleinen weißen Ente – Unterrichtshinweise und Erzählungen

Teil 3: Unterrichtserfahrungen

Teil 4: Literatur- und Materialhinweise

Teil 1: Wie Kinder Lesen lernen – eine Einführung

Und ich weiß, was ich mitnehmen würde auf jene total einsame Insel, auf der man ganz allein ist und von der man niemals zurückkehrt. Ich kenne auch die beiden klassischen positiven Antworten: „Bibel“ oder „Blindband zum Schreiben“. Beides liegt mir nicht fern, aber ich würde auf jene Insel kein einziges Buch mitnehmen, denn ohne tägliche menschliche Kommunikation hört beides auf, das Lesen und das Schreiben. Ich muß zum mindesten mitteilen können, daß ich gelesen habe.

Peter Bichsel: Der Leser. Das Erzählen. Frankfurter Poetik-Vorlesungen. Darmstadt 1982, S. 26f.

Wie Kinder Lesen lernen

Im Mittelpunkt unseres Projekts *„Mit Kindern lesen“* steht ein Zyklus von Geschichten, der den Kindern über die Zeit ihres ersten Schuljahrs hinweg vorgelesen und erzählt wird. Der Leselernprozeß wird von diesen Geschichten initiiert und begleitet, d. h. wir geben mit den Geschichten und den darauf bezogenen Arbeitsmaterialien – Arbeitsheft und Fibel – einen Rahmen vor, innerhalb dessen Lesen und Schreiben gelernt werden kann; gleichzeitig gehen die Gedanken und die Tätigkeiten der Kinder beim Lesen- und Schreibenlernen über diesen Rahmen hinaus. Sie werden selbst produktiv: das wird deutlich an ihren vielen Zeichnungen, kleinen Geschichten, kleinen Büchern, die alle als Arbeiten an einer Eigenfibel verstanden werden können.

Unsere Geschichten erzählen von einer kleinen weißen Ente, von einem Kaninchen und von einem kleinen roten Männchen, „Zwerg Otto“ genannt, und sie handeln auch von Kindern und Erwachsenen in alltäglichen und phantastischen Situationen. Inhaltlich und atmosphärisch spiegeln die Entengeschichten zentrale Motive kindlichen Erlebens und Handelns wider. In ihnen werden Gefühle und Gedanken angesprochen, die den Kindern bekannt sind:

neugierig sein, Angst haben,
alleine sein, sich geborgen fühlen,
von etwas träumen und angeben,
sich trennen müssen, Streit haben, lügen,
enttäuscht sein und sich etwas wünschen ...

In der ersten Geschichte wird erzählt, wie die kleine weiße Ente ihren vertrauten See verläßt, um Neues zu erleben. Sie möchte es den großen Enten, die tagsüber weit wegschwimmen, gleichtun, ist aber noch schwankend, ob sie zu neuen Ufern aufbrechen oder lieber im bekannten Gewässer ihrer vertrauten Bucht bleiben soll:

Die kleine weiße Ente hat einen Traum

Weit im Norden, in einem Land, das Schweden heißt, lebte eine kleine weiße Ente an einem See.
Der See war so groß, daß Loni – so hieß die kleine weiße Ente – noch nie von einem Ufer zum anderen geschwommen war. Das schaffte sie nicht.
Loni wohnte in einer Ecke des Sees, in einer Bucht. Da kannte sie sich ganz genau aus. Da kannte sie jede Wasserpflanze und jeden Baum am Ufer. (...)
Jeden Morgen schwammen die großen Enten los und kamen erst am Abend wieder zurück. (...) „Werde ich denn nie groß genug sein?“ fragte sich die kleine weiße Ente und schwamm traurig um eine Wasserrose herum. (...)
Loni dachte daran, wie schön es sein müßte, über den großen See bis ans andere Ufer zu schwimmen – und dabei schlief sie ein. Sie hatte einen Traum: Sie schwamm mitten auf dem großen See und neben ihr ruderte ein kleines rotes Männchen in einem winzigen Boot. Das rote Männchen rief ihr zu: „Heh, kleine weiße Ente, wo willst du hin?“ (...)

Loni ist im See

Max, ein Junge in Mechthild Speicherts erster Klasse, erfaßt in seinen ersten bildlichen Darstellungen intuitiv die Aufbruchssituation der kleinen weißen Ente, wenn er sie auf dem Gipfel einer Welle schwimmend zeichnet. Sie wird von der Welle in die Höhe gehoben und hat von hier aus gute Sicht, gleichzeitig gewinnt man den Eindruck, als ob sie einen Sprung ins kalte Wasser tun müsse. Ganz zweifellos stellt Max hier – im Symbol der Ente – auch den eigenen Aufbruch dar, den für ihn entscheidend wichtigen Schritt ins Schulleben.

> Das Unbewußte des Lesers (auch des Zuhörers, d.V.) formt sehr stark seine Reaktionen auf das Werk, das er liest, doch hat man diesem Phänomen bisher nur wenig Aufmerksamkeit geschenkt, obgleich seine Erforschung uns verstehen helfen könnte, weshalb manche Leute aus dem Lesen einen so großen Gewinn ziehen, während es andere gleichgültig läßt (Bettelheim, S. 45[1]).

Max reagiert persönlich auf den Inhalt der ersten Vorlesegeschichte, in der das Schwanken der kleinen weißen Ente zwischen Neugier und Angst, zwischen Aufbruch und Dableiben thematisiert wird. Wenn Max der Lehrerin sagt: „Schreib dazu: Loni ist im See", schließt er sich einer Botschaft an, die in der Vorlesegeschichte enthalten ist und geht dabei über das bloße Entziffern von Buchstaben hinaus. Er bringt seine gegenwärtigen Interessen mit dem, was er malt, aufschreiben läßt und liest, in Beziehung und findet sich in dem Gelesenen wieder.

> Auch in den angesehensten und verbreitetsten Abhandlungen über den Leseunterricht ist das Unbewußte nicht einmal erwähnt (Bettelheim, S. 46).

Wenn wir den Kindern von der kleinen weißen Ente und ihren Erlebnissen erzählen, dann treffen wir sowohl auf die intellektuelle Neugier der Kinder in diesem Alter, als auch auf ihre Bereitschaft, sich emotional auf Geschichten und Märchen einzulassen. Märchen sprechen das Unbewußte von Kindern an.

1. In Bruno Bettelheims Buch: Kinder brauchen Bücher – Lesen lernen durch Faszination. Stuttgart 1982, haben wir mit großem Gewinn gelesen. Viele seiner Gedanken und Beobachtungen decken sich mit unseren Erfahrungen. Auf sein Buch wird deshalb im folgenden noch öfter Bezug genommen.

> Ich möchte hier noch einmal daran erinnern, daß die Literatur als Dichtkunst ihren Anfang genommen hat, die zur Religion gehörte, wie zum Beispiel die Huldigung an die Götter oder gereimte Sprüche, denen man magische Eigenschaften zuschrieb. Oft diente die Literatur magischen, und nicht etwa alltäglichen praktischen Zwecken (Bettelheim, S. 58).

Die ersten Bilder und Texte, die von Menschen fixiert und gelesen wurden, gaben dem Leser die Hoffnung, daß sie für seine menschliche Existenz einen Sinn enthielten und für seine Zukunft von Bedeutung sein würden. Bettelheim kritisiert die amerikanischen Fibeln unter diesem Sinnaspekt und gibt zu bedenken, daß er sich keine Eltern vorstellen kann, die heute eine Fibel in einer anderen Absicht aufschlagen würden, als herauszufinden, was ihr Kind schon lesen kann. Die Reduzierung des Lesen- und Schreibenlernens auf den technischen Aspekt der Einprägung und Entzifferung von Buchstaben und Wörtern überfordert das Kind insofern, als es zu einer solchen Objektivierungsleistung noch gar nicht willens und fähig ist. Es befindet sich noch im magischen Alter, d.h. es neigt dazu, die Dinge und Erscheinungen, die es umgeben, zu beseelen.

Auch Wörter werden in dieser Weise von Kindern mit magischer Kraft ausgestattet. Wenn ein Erstkläßler zum Beispiel die Namen seiner Familienmitglieder aufschreibt und dabei „Mama" und „Papa", die geschieden sind und getrennt voneinander leben, auf dasselbe Papier schreibt, dann hat er sie auf diesem Papier und in diesem Text auch real wieder vereint, so wie es vermutlich seinem innersten Wunsch entspricht. Wir konnten auch ein anderes Kind beobachten, das den Namen seiner Mutter („Mama") aufschrieb, um den Zettel sogleich danach zu zerreißen. Auch dieses Kind geht vermutlich mit einer Enttäuschung durch die Mutter aktiv um. An diesen Beispielen wird die Wichtigkeit der Verbindung von Lesen und Schreiben auch deutlich. Im Lesen bleibt das Kind weitgehend rezeptiv, während es im Schreiben produktiv wird. Schreib- und Lesefehler können aufgrund dieser magischen Ausstattung der Wörter durch die Kinder entstehen und sind nicht unbedingt Ausdruck von Unaufmerksamkeit oder Unwissenheit:

Ein kleines, sehr gescheites Mädchen in der ersten Klasse las geläufig eine Geschichte vor, und seine Stimme verriet Interesse und Verständnis. Das Kind las eine Geschichte über einen Tiger in einem Buch, das ihm die Lehrerin gegeben hatte. Es machte keinen Fehler beim Vorlesen, nur statt *„Tiger"* las es immer *„Tigger"*.
Man kann sich viele Gründe dafür vorstellen, daß ein Kind lieber als an ein gefährliches Tier an den harmlosen Tiger in dem beliebten Kinderbuch von Pu dem Bären denkt.

„Tigger" aus: Pu der Bär von A. A. Milne

Ein solcher Austausch kann einem Kind besonders verlokkend erscheinen, wenn es nicht weiß, auf was für beängstigende Erlebnisse mit wilden Bestien wie Tigern es im weiteren Verlauf der Geschichte noch stoßen wird. Aber wenn es tatsächlich die Gefährlichkeit des beschriebenen Tiers war, die das kleine Mädchen veranlaßte, sich in angenehmere Erinnerungen an die Pu-Geschichte zu flüchten, so folgt daraus, daß es das Wort „Tiger" auf der Seite erkannt haben muß, sonst hätte es ja das Problem, das der Text ihm bereitete, nicht dadurch zu lösen brauchen, daß es raffinierterweise genau an der richtigen Stelle ein zweites „g" einschob und so den Tiger in Tigger verwandelte (Bettelheim, S. 88).

Viele Lesefehler sind nach Auffassung Bettelheims unbewußt motiviert. Sie können als subjektive Botschaft verstanden werden. Das Kind ist überzeugt, daß es dadurch, daß es den gefährlichen Tiger in den faszinierenden Wildfang von Tigger verwandelt, dem Tiger etwas von seiner bedrohlichen Gefährlichkeit nehmen kann[2].

Das Kind sieht im Lesenlernen nur dann ein erstrebenswertes Ziel, wenn es seine Vorstellung aufrechterhalten kann, daß seine ersten Schreibversuche und das gedruckte Wort – neben dem nützlichen Wert, eine Technik zu beherrschen, die auch die Erwachsenen anwenden – magische Bedeutung besitzen. Nur dann wird es für sein Unbewußtes wirklich attraktiv, und seine bewußten Bemühungen, das Lesen zu lernen, werden dann von seinem Unbewußten unterstützt. Später können dann rationale Aspekte überwiegen. „Aber wenn es zu früh und zu radikal zu dieser Entzauberung kommt, ist das Lesen später nicht stark mit emotionalen Komponenten durchsetzt" (Bettelheim, S. 58).

Die in unseren Geschichten enthaltenen Erfahrungen und phantastischen Elemente machen sich die Kinder auf sehr unterschiedliche und sehr vielfältige Weise zu eigen. Die Situation der kleinen weißen Ente ist der Situation vergleichbar, in der sich die Schulanfänger befinden, wenn wir ihnen die Geschichten vorlesen. Die Welt öffnet sich ihnen in dem Maße, in dem sie sich von Gewohntem und Vertrautem lösen können. Wie sehr sich die Kinder mit der Hauptfigur identifizieren, zeigen ihre spontanen Kommentare beim Hören der Geschichten. Und auch ihre Zeichnungen sind ein Spiegel des Gehörten. In ihnen ergänzen sie die Geschichte, indem sie sie ihrer eigenen Persönlichkeit anpassen. Kinder, die sich Sorgen machen müssen, ob sie nach Schulschluß zuverlässig wieder abgeholt werden, malen zum Beispiel die kleine weiße Ente mit ihrer Entenmutter auf ihr Bild und drücken damit aus, wie lebenswichtig eine solche Rückversicherung bei der Mutter noch ist, um Fremdheitsgefühle und Ängste überwinden zu können. Andere Kinder greifen andere Elemente der Geschichte auf und transformieren sie entsprechend ihrer individuellen Situation:

Wenn Mara, ein Mädchen aus der ersten Klasse, ein Bild von *ihrer* Familie malt, auf dem sie selbst an den Rand gedrückt erscheint und auf dem sie ihre Mutter schwanger malt, dann erzählt sie uns damit eine eigene, sehr persönliche, sehr schmerzhafte Erfahrung. Mara kam nämlich aufgrund von räumlicher Enge in der

2 Vgl. hierzu das Kapitel 5: „Sich verlesen: Intuition oder Fehler", Bettelheim, S. 88ff.

Wohnung der Familie nach der Geburt der kleinen Schwester ins Heim. Nun skizziert sie des öfteren Kaninchenmütter, die ein Junges erwarten.
Vielleicht bekommen wir durch diese rasch hingestrichelten Skizzen einen Einblick in ihre persönliche Form der Verarbeitung ihrer Erfahrung. Vielleicht stellt Mara sich auf diesen Bildern vor, wie Lino, das kleine Kaninchen, das in den Geschichten eine Hauptrolle spielt und das sie innig liebt, geboren wurde. Vielleicht sind ihre Skizzen auch als Wunsch zu deuten: dann würde sie sich mit dem Baby identifizieren und so den Wunsch zum Ausdruck bringen, selbst im Leib der Mutter zu sein, um der Mutter nahe zu sein. In jedem Falle beschäftigt sich Mara hier mit ihrer Trennungserfahrung und findet durch ihre Zeichnungen einen Weg, sie zu thematisieren.
Das Geschichtenerzählen erfolgt zu einem Zeitpunkt, wo die Lücke zwischen der Lesefähigkeit der Kinder und ihrer emotionalen und intellektuellen Entwicklung noch besonders groß ist. Die Kinder verstehen in ihrem sechsten Lebensjahr weitaus mehr, als sie sich zu Beginn des Lesenlernens durch eigenes Lesen aneignen können. Texte, die Kinder in der ersten Klasse lesen, sind in Wortwahl und Satzstruktur notgedrungen einfach. Verglichen mit diesen Texten sind Phantasie und Realität im Leben der Kinder reich und inhaltsvoll. Diese Kluft wird durch die Differenziertheit der Erzählungen und durch die in ihnen ausformulierten Ereignisse und Probleme überbrückt.

Unsere These lautet, daß das Lernen und insbesondere das Lesenlernen dem Kind das Gefühl geben muß, daß auf diese Weise seinem Geist und seiner Phantasie neue Welten erschlossen werden (Bettelheim, S. 54).

Die Kinder werden in ihrem ersten Schuljahr durch das Vorlesen in zeitlichen Abständen von einigen Tagen ein ganzes Jahr von den Geschichten begleitet. Durch diese Kontinuität werden sie in einen Erlebnisraum geführt, der sich von Tag zu Tag erweitert. Diese Kontinuität ist für die Kinder wichtig, weil sie emotional nur das besetzen können, was von Dauer ist. Rasch wechselnde Eindrücke können zwar faszinieren, aber die Kinder können sie nicht ins Herz schließen[3].
Zum Abschluß möchten wir noch einmal zusammenfassend auf die Überlegungen zur Bedeutung des Lesens der Kinder von Bruno Bettelheim hinweisen:

- es gibt eine unbewußte Kommunikation zwischen Autor und Leser – zwischen Erzähler und Zuhörer;
- nicht allein der Verstand des Kindes ist beim Lesenlernen beteiligt, sondern auch seine Phantasie, seine Emotionen, die ganze Persönlichkeit, auch das Unbewußte;
- das Kind hat die Neigung, Dinge, die es interessieren, mit Magie auszustatten;
- Nützlichkeitserwägungen und formal-didaktische Aspekte beim Lesenlernen allein tragen nicht; das Kind muß vielmehr erleben, wie sich ihm in Büchern und Geschichten neue Welten erschließen.

Lesen lernen – Erinnerungen

Lesen lernen verbinde ich hauptsächlich mit dem Gefühl der Angst und des Streß. Wie ich es in der Schule gelernt habe, weiß ich nicht mehr, aber daß meine Lehrer und meine Eltern ständig an meinem Lesen etwas auszusetzen hatten, ist mir gut in Erinnerung geblieben. Ich stockte bei jedem zweiten Wort, ich las andere Wörte, die nicht im Text standen, ich fing an zu stottern, wenn ich laut vorlesen mußte.
Von meinen Lehrern wurde ich häufig aufgefordert, laut zu lesen, da sie meinten, ich würde durch ständiges Üben irgendwann das Lesen lernen. Doch genau das Gegenteil bewirkten sie damit: ich bekam schon, bevor ich dran war, Angst und versuchte das Stück, das ich lesen sollte, in aller Hektik für mich allein leise vorzulesen. Doch wenn ich dann endlich dran kam, war ich noch mehr durcheinander und wußte nicht mehr, wo meine Schulkameradin vor mir aufgehört hatte. Meine Nachbarin versuchte mir zu helfen, indem sie mir die Wörter leise zuflüsterte, doch das verunsicherte mich noch mehr.
Zu Hause bekam ich Nachhilfeunterricht in Rechtschreibung und Lesen, der darin bestand, mich jeden Nachmittag zwei Stunden hinzusetzen und meiner Mutter laut vorzulesen, ein Diktat zu schreiben und die Fehler, die ich machte, ein paarmal richtig zu schreiben.
Beim Lesen gab es oft Tränen, da ich jedesmal, wenn ich ein Wort nicht richtig gelesen hatte, unterbrochen wurde und aufgefordert wurde, doch endlich einmal richtig hinzusehen. An die Texte kann ich mich nicht erinnern, ich habe sie nur mechanisch und mit viel Unlust gelesen.
Ich mache meinen Eltern heute keinen Vorwurf, denn sie versuchten nach dem Motto „Übung macht den Meister" ihr Bestes zu tun. Aufgrund dieser Erfahrungen spielten Bücher in meiner Kindheit nur eine geringe Rolle. Meine Angst vorm Lesen ging so weit, daß ich mich selber beim Leiselesen ständig korrigierte und darauf achtete, daß ich möglichst fließend las. Doch genau das hinderte mich daran, mit Freude zu lesen.
Es gibt nur sehr wenig Bücher, die ich mit viel Spaß gelesen habe. Es waren fast alles Tiergeschichten wie „Fury", „Die Dogge Ajax" und „Sausewind". Besonders das Buch „Sausewind" ist mir noch in guter Erinnerung geblieben. Es handelte von einem kleinen Mongolenjungen, der sich mit viel Mut ein wildes Pony gefangen hatte und es mit Geduld und Liebe zähmte.

Susanne Wortmann in: Erste Leseerlebnisse, unveröff. Bericht aus einem Seminar an der Hochschule der Künste Berlin (1986) unter Leitung von D. Mauthe-Schonig.

3 Kurt Singer, der ehemalige Grundschullehrer und heutige Psychoanalytiker, weist in seinem Buch: Maßstäbe für eine humane Schule, Frankfurt 1981, eindringlich auf die beziehungsstörenden und lernhemmenden Auswirkungen hin, die als Folge von zu großer Reizüberflutung bei den Kindern auftreten: „Gefühle der Zuneigung und Liebe, Gefühlstiefe überhaupt, werden erst ermöglicht, wenn uns ein Mensch oder ein Ding über längere Zeit vertraut geworden ist" (S. 69f.).

Lernblockierungen führt Bettelheim in der Hauptsache darauf zurück,

- daß die Texte oft nichtssagend sind und keine wahren Gefühle angesprochen werden,
- daß die Kinder gegen ihren Willen laut vorlesen müssen,
- daß der Wortschatz zu gering und einfach ist,
- daß die Phantasie des Kindes zu kurz kommt und
- daß mit Lesefehlern des Kindes nicht konstruktiv umgegangen wird.

Der Erlebnisraum, der mit den Entengeschichten aufgebaut wird – im zweiten Schuljahr sind es die *„Geschichten vom Gulli“*[4] –, kann hier als Beispiel für einen Unterricht stehen, in den das Geschichtenerzählen – wie bei einigen Lehrern der Reformpädagogik – integriert wird. Mit der Bedeutung des Erzählens bei den Bremer Reformpädagogen Fritz Gansberg und Heinrich Scharrelmann hat sich Bernhard Gleim ausführlich auseinandergesetzt:

„Dungeln“

In seiner erzählerischen Skizze „Großstadtkinder“, die in der „Demokratischen Pädagogik“ im Kontext des Themas „Heimatkunde in der Großstadt“ abgedruckt ist, schildert Gansberg die Stadterfahrung einer Kindergruppe. Diese Skizze hat er vielleicht nicht selber Kindern erzählt, sie zeigt doch aber genau die Grundlage seines Erzählens: die genaue Beobachtung des kindlichen Alltags. Aus diesem Alltag erzählt der Erzähler, er geht in ihn hinein und kommt aus ihm heraus, um zu erzählen.
Die ganze Erzählung umfaßt vielleicht den Zeitraum einer Stunde, die Kinder werden zum Einkaufen geschickt und erleben auf dem Weg eine Reihe kleinerer Abenteuer. Aus der mangelnden Zielkonzentration der Kinder ergeben sich ihre besten Wahrnehmungen. Die Spannung zwischen Erwachsenenwelt und Kinderöffentlichkeit wird hier als Spannung zweier Geschwindigkeiten, einer zielgerichteten funktionsgesteuerten Eile und einer entspannten, flanierenden Aufmerksamkeit, mit anderem Radius und Rhythmus dargestellt.

> „Nun bummeln sie im Menschengewoge auf der Hauptstraße, bald hier, bald dort stehen bleibend, so daß die Passanten oft vor eines der kleinen Hindernisse stoßen, denn eines hockt hierhin, um etwas vom Trottoir aufzufischen, ein Bildchen, eine Nadel, ein Schächtelchen, bald bleibt ein anderes stehen und guckt einem Wagen nach, auf dem ein Hund steht, der tüchtig in die Luft kläfft.“

Gansberg benutzt für diese langsame Bewegung der Kinder, die man graphisch nicht auf eine Linie bringen könnte, sondern in flanierenden Schnörkeln zeichnen müßte, mit vielen Achten und Haken, das Wort „dungeln“. „Dann dungeln sie weiter.“
Beim Dungeln ist jede Abwechslung willkommen, das Ziel liegt in weiter Ferne, obwohl es nicht vergessen ist. Da ist Platz für das Spiel mit der Pumpe und für die fachkundige Beobachtung eines Mermelspiels, aber auch für die staunende, intensive Betrachtung, die vom Fremden im Gewohnten irritiert wird und es mit den Augen fixiert, zu erreichen sucht:

> „Noch einen Aufenthalt gibt's. Da ist ein Droschkenpferd, dem ein Sack über die Ohren hängt, woraus es frißt. Es kommt lange nicht zum Vorschein. Andächtig bleiben alle stehen und betrachten die Kaubewegungen an den Seiten des Kopfes, betrachten das Spiel der Ohren, die sich einmal ganz rückwärts legen, betrachten den Schwanz, der ein paarmal um sich schlägt, und die Beine, von denen das eine einmal tüchtig aufstampft.“

Die Gansbergschen Großstadtkinder sind nicht beschaulich, sie wollen aber schauen, beobachten in einer Welt, in der sie ihre intensive Neugier immer wieder durchsetzen müssen, in der der Ernst ihres Tuns geleugnet wird. ...
Der Großstadterzähler Gansberg ist ein einfacher Erzähler, er durchfährt einen Raum, in dem er sich mit seinen Kindern bewegt, und das Erzählen ist im wesentlichen das Nachzeichnen der verschiedenen Linien beider in diesem Raum. Dieses einfache Konzept hat aber zwei Vorteile: es ist, erstens, erlernbar und zweitens, ein Stück erzählerischer Sozialforschung. Der Erzähler erschließt sich auf der Suche nach seinen Erzählungen eine ganze Welt. Die mangelnde Zielkonzentration, die Freude an den Abweichungen, das selbstvergessene Schauen, diese genuin erzählerischen Haltungen lassen ihn selbst zu einem werden, der durch die Straßen „dungelt“.

Aus: Bernhard Gleim, Der Lehrer als Künstler. Zur praktischen Schulkritik der Bremer und Hamburger Reformpädagogen. Weinheim und Basel 1985, S. 259ff.

Die „Geschichten von der kleinen weißen Ente“, die wir den Kindern im ersten Schuljahr vorlesen und erzählen wollen, sind denen des reformpädagogischen Erzählers Fritz Gansberg verwandt – und sind es doch nicht. Wie Gansberg versuchen wir, „aus der Beobachtung des kindlichen Alltags“ heraus zu erzählen; aber was ist in unseren Geschichten der „kindliche Alltag“? Die handelnden Personen sind in unseren Erzählungen zunächst nicht die Kinder, sondern es sind Tiere, mit deren Gefühlen und Handlungen sich die zuhörenden Kinder – wir haben es in vielen Vorlese- und Erzählsituationen erfahren – identifizieren. Diese Identifikationen sind allerdings gebrochen: die Kinder vergessen nie, daß sie nicht die Tiere sind, von denen erzählt wird; wie ihre Bilder und kleinen Texte zu den Geschichten zeigen, benutzen sie die Tierfiguren als Mittel, als Medium zum Ausdruck ihrer Gefühle und inneren Erfahrungen. Fritz Gansberg aber ging es nicht um innere kindliche Erfahrungen, sondern um „Anschauung“: um die Wahrnehmung und Erkenntnis der kindlichen Lebenswelt, wie sie von Kindern in der Lebenswelt der Erwachsenen durchgesetzt werden. Auch in unserem Erzählkonzept geht es nicht nur um die „innere Lebenswelt“ der Kinder; wir gehen aber davon aus, daß bei den Kindern die für Erwachsene gültige Trennung zwischen „außen“ und „innen“, zwischen Empfinden und Denken oder zwischen der eigenen Persönlichkeit und den „anderen“ noch nicht abgeschlossen ist.
Mit dem Auftreten von Kindern als handelnden Personen in unseren Geschichten verändert sich die Erzählperspektive: jetzt geht es – ähnlich wie bei Gansberg – um den Alltag der Kinder; aber in diesen Alltag hinein geraten die Tiere – jetzt nicht mehr als Handelnde, sondern als Be-handelte, als Objekte der Kinder. Die Kinder in den Geschichten müssen aber erfahren, daß sie die Tiere nicht zu Objekten ihrer Lebensweise machen können, daß die Tiere anders sind als sie.

4 D. Mauthe-Schonig, B. Schonig, M. Speichert: Mit Kindern lesen im zweiten Schuljahr (Lehrerhandbuch mit den Gulli-Geschichten, Gullis Arbeitsheft, Schreibheft und Lesebuch), Weinheim 1983.

Letztlich geht es uns also darum, den zuhörenden Kindern in den Geschichten ihre Wahrnehmungs- und Empfindungsweise zu spiegeln.
Aber was hat diese recht allgemeine pädagogische und psychologische Absicht – wenn sie überhaupt haltbar sein sollte – mit der Arbeit im ersten Schuljahr zu tun, in der es vorrangig um das Lesenlernen geht? Auf diese Frage gibt es eine Antwort: wir sind zunächst der Überzeugung, daß das Lesenlernen der Kinder nicht aus ihrem Lebenszusammenhang herausgelöst werden sollte; es muß als Bestandteil kindlicher Gesellschaftserfahrung verstanden werden, also auch diese Erfahrungen einbeziehen. Die Frage ist nur, wie das geschehen kann. Die bloße Präsentation von technischen Sachverhalten und sozialen Situationen, wie sie die Fibel- und Lesebuchkritik gegen die alte, an Natur- und Jahreszeiterfahrungen orientierte Grundschuldidaktik forderte, und wie sie heute in den meisten Leselehrgängen und Fibeln auch praktiziert wird, stellt nach unserer Überzeugung noch keine Lösung dar. Auch technische und moderne soziale Prozesse werden von Kindern spezifisch wahrgenommen und spezifisch verarbeitet: auch mit Autos, Flugzeugen, Raketen oder Waschautomaten gehen Kinder „gefühlsmäßig" um, d. h. sie besetzen sie mit ihren Ängsten und Wünschen, formen sie dementsprechend um – und aus einem Waschautomaten wird ein Zauberapparat, aus einem Auto ein Haus auf Rädern.
Diese Art von Aneignung wollen wir den Kindern nicht austreiben, wir wollen sie allerdings auch nicht als „Aufhänger", als Motivationstrick benutzen, um die Kinder schneller und effektiver zum Lesenlernen zu bringen. Die Kinder hören sich die Geschichten ja nicht nur – für eine kurze Zeit gespannt und dennoch passiv – an, sie nehmen sie in sich auf, beziehen einzelne Szenen auf sich und ihre innere und äußere Lebenssituation und verarbeiten sie. Diese Verarbeitung aber ist ein wichtiger Schritt im Prozeß des Lesenlernens: die Kinder werden graphisch und narrativ tätig, sie zeichnen Figuren und Szenen so, wie sie sie sehen, und sie erzählen die Geschichten noch einmal, mit eigenen Sätzen, oder auch weiter, mit eigenen kleinen Geschichten. Mißverständlich ausgedrückt bedeutet diese Aktivität der Kinder, daß sie beginnen, in sich selbst und sich selbst zu lesen – und damit die Voraussetzung dazu entwickeln, auch außerhalb von sich – also fremde Wörter und Texte – zu lesen.

Die Vorlesegeschichten

In mehreren Fortsetzungsgeschichten – es sind insgesamt dreißig – wird von der kleinen weißen Ente „Loni" erzählt und von ihren Erlebnissen mit dem Kaninchen „Lino" und dem kleinen roten Männchen „Zwerg Otto".

In den Erzählungen geht es thematisch um Aufbruch und Abenteuer, um Gefangenschaft, Heimweh, um Angst, Verlorengehen, Freunde gewinnen, um Träume und Phantasien gleichermaßen wie um die Bewältigung realer Lebenssituationen. Die Tiere stoßen im Verlauf der Erzählungen auch auf Menschen, auf die Kinder Simon und Ute, die die Tiere einfangen und bei sich wohnen lassen möchten, was allerdings auf Dauer nicht gelingt. Dank Ottos Hilfe kommen sie frei. Ute und Simon sind betroffen über die Flucht der Tiere, sie hatten es doch so gut bei ihnen.

Im Stadtpark suchen sich die Tiere eine Bleibe, die ihren animalischen Bedürfnissen besser entspricht, als die Unterbringung im Pappkarton bei Ute oder in der Babybadewanne in Simons Garage.
Im Verlauf der Erzählung bauen sich die Kinder dann mit Freunden im Park ein Baumhaus und sind den Tieren nah, ohne es zu wissen. Nur der Zuhörer weiß Bescheid:

(Diese Arbeit entstand gegen Ende der ersten Klasse)

Während des Erzählens und Vorlesens sitzen die Kinder im Kreis, oder sie setzen sich auf Kissen und Matratzen, in die sogenannte Kuschelecke, die manche Lehrer in ihren Klassen einrichten können.

Indem wir den Kindern regelmäßig vorlesen, schaffen wir eine quasi familiäre Situation: das nun schon große Schulkind darf jetzt noch einmal klein sein wie zu Hause, wenn ihm Mutter oder Vater etwas vorlesen.

> Ich will noch nicht schlafen
>
> Zu Hause las meine Mutter meinem älteren Bruder und mir regelmäßig vor dem Schlafengehen Geschichten vor, kurze abgeschlossene und auch über mehrere Abende hinweg längere Erzählungen, wobei mir „Fridolin, der freche Dachs“ besonders im Gedächtnis geblieben ist.
> Wir saßen dann zu dritt in einem Bett – unsere Mutter in der Mitte – und lauschten gespannt ihren Worten. Dies muß so motivierend auf mich gewirkt haben, daß ich beinahe von selbst das Lesen lernte.
> Erinnerung von Susanne in: Lesegeschichten, unveröff. Bericht aus einem Seminar an der Hochschule der Künste Berlin (1983) unter Leitung von D. Mauthe-Schonig.

Viele Kinder verhalten sich beim Vorlesen entsprechend familiär: Sie wollen dem Erzähler ganz nah sein, sie möchten ihr Kuscheltier in der Hand halten, sie stecken sogar verstohlen den Daumen in den Mund. Wenn die Kinder es sich in dieser Weise bequem machen, reagieren sie auf das regressive Angebot, das im Vorlesen liegt, aber sie faulenzen nicht. Beim Zuhören müssen sie sich innerlich bereitmachen, Bilder aufsteigen lassen und Situationen antizipieren, d. h. die Kinder geraten in aktives Imaginieren und bleiben nicht allein rezeptiv:

„Ich habe Loni in der Wiege gemalt, obwohl du es gar nicht vorgelesen hast.“

Wie stark die in den Kindern beim Vorlesen angeregten Gedanken nach Ausdruck verlangen, beschreibt Mechthild Speichert in ihren Unterrichtserzählungen über die Vorlesesituation (Vortexte zu den Geschichten). Die Kinder wollen selbst das Kaninchen sein, wollen durch die Klasse hoppeln und Haken schlagen, wollen selber Loni sein, die den Kopf unter die Federn steckt und leise quakt, und sie wollen das Problem, wie man als Hase, Zwerg und Ente einen Fluß überquert, der keine Brücke hat, selber lösen:

> Die Vorschläge der Kinder werden umgesetzt. Die schnellste Lösung: Loni trägt die beiden anderen an das andere Ufer, klappt nicht. Keiner ist allein so stark, daß er einen anderen durch den ganzen Klassenraum tragen kann.
> Eine brauchbare Lösung weiß Pedro: er nimmt zwei Stühle, hockt sich auf den einen und setzt den anderen davor. Dann springt er auf diesen und setzt den hinteren vor, solange, bis er den Raum durchquert hat.
> Wir versuchen das alle mit zwei DIN A 4-Blättern, das sind jetzt „Steine“, und passen dabei auf, daß wir nicht ins „Wasser“ fallen.
>
> (Auszug aus den Unterrichtshinweisen zur 6. Geschichte)

Das Zuhören fällt vielen Kindern anfangs schwer, sie müssen es regelrecht lernen. Die Versammlung der Kinder im Kreis oder in der Kuschelecke erleichtert ihnen diese Aufgabe. Jeder kann jeden sehen und man kann sich besser verständigen. Kurze Spielsequenzen, die das Vorlesen unterbrechen, und die den motorischen Bedürfnissen der Kinder entgegenkommen, aber auch mimische und gestische Imitationen lassen sich leichter inszenieren, und der Erzähler bemerkt auch eher, wenn ein Kind der Geschichte nicht folgen kann. Es ist möglich, sogar wünschenswert, daß die Geschichten während des Erzählens verändert werden. Sie können – besonders am Anfang – verkürzt und später entfaltet werden, und aus der Schilderung eines Kartoffelfeldes bei Regen kann so die Darstellung eines Schneefeldes werden, weil es gerade geschneit hat, und die Kinder – beeindruckt vom vielen Schnee – diese Vorstellung besser ausspinnen können.
Durch das regelmäßige Vorlesen und Erzählen wächst bei den Kindern nicht nur die Bereitschaft, sondern auch die Fähigkeit, selber zu erzählen, nimmt zu:

Illustration zu Christian Morgensterns Gedicht „Die drei Spatzen“.

Beispiel aus dem selbstgemachten „Buch“: „Meine Osterferien“.

Das Baumhaus

Ute, Simon, Nele und Ingo
haben ein Baumhaus,
ausgerechnet da,wo auch
Otto,Loni und Lino ihren Baum
haben. Otto sagt:
»Habt ihr eine schräge Hütte,
mein Lilienschloss ist viel
schöner.
Ich habe ein goldenes Zimmer
Alles ist aus Gold darin.«

Freier Text von Max am Ende des ersten Schuljahrs, von ihm ausgedacht, aufgeschrieben, gesetzt und gedruckt.

> Ein Kind, das gern vorgelesen bekommt, lernt Bücher lieben. Es ist beeindruckt vom Interesse der Eltern am Lesen und von ihrer Freude am Vorlesen und studiert mit regem Interesse die Geschichten, die es faszinieren. Ganz von sich aus fängt es an, bestimmte Wörter herauszulesen (...) (Bettelheim, S. 17).

> Erinnerungen an mein erstes Buch
>
> Meine Mutter hat meinen Geschwistern und mir immer sehr viel vorgelesen. Noch bevor ich in die Schule kam, war mein Wunsch, endlich selber lesen zu können, sehr groß.
> Zunächst konnte ich mich an kein ganz frühes Kinderbuch erinnern. Doch dann fiel mir ein ganz bestimmtes Bild aus einem Bilderbuch ein: Ein Kind liegt schlafend in einer Wiege. Nur der kleine Kopf mit ganz roten Wangen schaut unter einer dicken Decke hervor. Die Wiege mit dem Kind steht unter einem großen Baum. – Ich erinnere mich noch ganz genau daran, daß ich beim Betrachten dieses Bildes ein sehr starkes Gefühl von Wärme und Geborgenheit empfunden habe. Mir war nur dieses eine Bild im Gedächtnis geblieben. Erst nach einem Gespräch mit meiner Mutter erfuhr ich den Titel des Buches: „Das Schlaftürlein" von Paul Alverdes. Leider habe ich es nicht mehr.
>
> Christine Rohrer
>
> Ich möchte zu dem Erstlesen und dem ersten Buch noch etwas ergänzen:
> Während der Seminarsitzungen haben wir uns Kinderbücher angesehen. Es war ein tolles Erlebnis, als ich auf einmal ein Buch „Die Hasenschule" in den Händen hatte und ich merkte „Das kennst du!"
> Es war ein aufregendes Gefühl, ein Buch, das man vor vielen Jahren gelesen oder angeschaut hat und das im Unterbewußten versteckt war, plötzlich wieder in der Hand zu halten.
> Ebenso ging es mir auch beim „Struwwelpeter".
> Ich wußte noch genau, wie die Fische bei der Geschichte „Hans guck in die Luft" angeordnet waren und wie sie guckten. Beim Lesen der Geschichte vom „fliegenden Robert" bekam ich wieder dasselbe beklemmende Gefühl, denn Robert hängt an seinem Schirm und fliegt während eines großen Sturms in den Himmel, kehrt nie wieder zurück.
> Bei der Erzählung von Almut über ihre Vorliebe für Astrid Lindgren-Bücher sind bei mir auch wieder die schönen Erinnerungen hochgekommen. Besonders gern habe ich das dicke Buch „Astrid Lindgren erzählt" gelesen.
> Ich habe mir vorgenommen, in den Ferien auf dem Dachboden herumzusuchen und meine geliebten Kinderbücher noch einmal neu/wieder zu entdecken.
>
> Ines Trivukas
>
> (Texte aus: Erste Leseerlebnisse, a. a. O.)

Das Arbeitsheft

Wenn eine Geschichte vorgelesen ist, wenn die Kinder in der beschriebenen Weise ihre spontanen Kommentare und Assoziationen dazu geäußert haben, erfolgt eine *Erzählpause,* die die Kinder durch eigene Arbeiten füllen.
Im Erzählen, Lesen, Basteln, Spielen, Schreiben, Singen und Malen entwickeln sich die unterschiedlichen Fähigkeiten und Fertigkeiten, die sich die Kinder im Verlauf ihres ersten Schuljahrs aneignen müssen. In diesen Prozeß aktiver Auseinandersetzung wird auch das *Arbeitsheft* einbezogen.
Als erste Lesewörter, mit denen wir in der Klasse die ersten Buchstaben erarbeiten, haben wir bewußt die Namen „Loni" und „Lino" gewählt, weil sie Buchstaben (Grapheme) repräsentieren, die sich *eindeutig* bestimmten Lauten (Phonemen) zuordnen lassen. Solche eindeutige Zuordnung zwischen Laut und Buchstabe ist aber in unserer Sprache der Sonderfall. Viel häufiger kommt es vor, daß derselbe Laut mit verschiedenen Zeichen dargestellt wird (z. B. „sch" in „Stift" und „Schule") und umgekehrt, daß verschiedene Laute nur durch ein Zeichen repräsentiert werden (z. B. hat das „e" im Wort „Knesebeckstraße" drei verschiedene Lautvarianten!). Durch das dritte Wort „Otto" wird die Doppeldeutigkeit des Buchstabens „o" erfahren. Die Kinder erkennen, daß mit *einem* Buchstaben verschiedene Laute repräsentiert sein können und lernen an der Verdoppelung des „t", daß diese beiden Buchstaben nur wie *ein* Laut klingen.
Diese lesedidaktischen Besonderheiten und Überlegungen wollen wir hier nicht weiter auflisten, denn sie sind in den Kommentaren zum Arbeitsheft enthalten. Wir formulieren sie hier nicht abstrakt-theoretisch, sondern unterrichtsprozeßbezogen im Arbeitsheft, jeweils an der Stelle, an der sie bedeutsam werden:

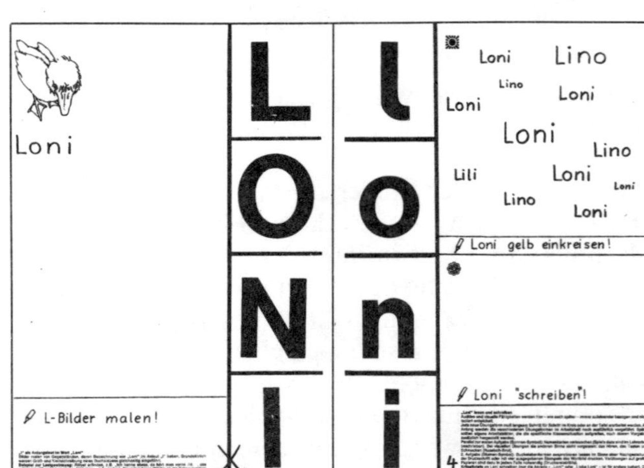

„l“ als Anfangslaut im Wort „Loni“
Bilder malen von Gegenständen, deren Bezeichnung wie „Loni“ im Anlaut „l“ haben. Grundsätzlich werden Groß- und Kleinschreibung eines Buchstabens gleichzeitig eingeführt.
Beispiel zur Lautgewinnung: *Rätsel* erfinden, z.B. „Ich kenne etwas, da hört man vorne ‚llll...‘, das schmeckt süß und ist an einem Stäbchen ...“ (Lutscher). Die gefundenen Wörter an die Tafel schreiben und dazu malen. Danach „L-Blatt“ für den Schnellhefter anlegen (Malen, Stempeln, Ausschneiden).
Die Buchstabenkarten auf dem rechten Randstreifen ausschneiden, legen und nach einigen Tagen aufkleben lassen. Schon jetzt auf die anderen Laute im Wort „Loni“ achten und sie benennen.

„Loni“ lesen und schreiben
Auditive und visuelle Fähigkeiten werden hier – wie auch später – immer aufeinander bezogen und nicht isoliert entwickelt.
Jede neue Übungsform muß langsam Schritt für Schritt im Kreis oder an der Tafel erarbeitet werden. Am Anfang werden die verschiedenen Übungsformen im Arbeitsheft noch ausführlich vorgeführt. Später sollten eigene Arbeitsblätter, die die spezifische Klassensituation aufgreifen, nach diesen Vorgaben zusätzlich hergestellt werden.
Parallel zur ersten Aufgabe (Sonnen-Symbol): Namenkarten vertauschen (Spiele dazu sind im Lehrerheft beschrieben). Bei visuellen Übungen die anderen Sinne nicht vergessen: das Hören, das Tasten und Schmecken (Russisch-Brot).
2. Aufgabe (Blumen-Symbol): Buchstabenformen ausprobieren lassen im Sinne einer Nachgestaltung der Druckschrift oder mit vier ausgegebenen Stempeln das Wortbild drucken. Vorübungen auf großen Papieren sind dazu in jedem Falle notwendig (Druckereiabfälle).
Kritzelbriefe an Loni schreiben (nur die Anrede – „Loni“ oder „Liebe Loni“ – ist für andere lesbar). Der Brief besteht in der Regel aus einer Imitation von Handschrift, wie sie von Erwachsenen abgeguckt ist. Was die Kritzelei bedeutet, weiß hier nur der Schreiber. Durch diese frühe Schreibpraxis entsteht bei leseungeübten Kindern eine Ahnung von der verweisenden Bedeutung des geschriebenen Wortes.

Kommentare zu S. 3 und S. 4 im Arbeitsheft

Bei der Erarbeitung der Leseprinzipien stützen wir uns insbesondere auf die Veröffentlichungen von Marion Bergk-Mitterlehrer und Hans Brügelmann[5].
In den oben genannten Kommentaren sind zum Beispiel folgende Leselernprinzipien enthalten:

- wir erarbeiten hier den Anfangslaut „l“ sowohl auditiv als auch visuell, d. h. wir beziehen beide Tätigkeiten aufeinander. Die optische Analyse geschieht also immer gleichzeitig mit der akustischen Analyse eines Lautes;
- auditive und visuelle Unterscheidungsaufgaben verknüpfen wir von Anfang an mit dem Selberschreiben des gesuchten Lautes;
- wir unterscheiden die Stellung eines Lautes im Wort grob nach drei Kategorien „am Anfang“ – „in der Mitte“ – „am Ende“;
- wir führen Groß- und Kleinschreibung gleichzeitig ein;
- wir fixieren uns nicht auf den Anfangslaut eines Wortes, sondern achten auf die anderen Laute im Wort „Loni“;
- wir fördern das aktive Manipulieren mit den Buchstaben (Seitenstreifen wird ausgeschnitten) und geben den Kindern eine erste Ahnung von der sinngebenden Bedeutung des Zeichens, je nach Stellung im Wort:
  An Lonis Namen erfahren die Kinder Grundsätzliches über die Struktur der Schrift: Buchstaben sind Bedeutungsträger; in Wörtern haben sie bedeutungsunterscheidende Funktion: Aus den Buchstaben L-O-N-I entsteht je nach Stellung der Buchstaben der Name der Ente (Loni) oder der Name des Kaninchens (Lino):

5 Marion Bergk: Leselernprozeß und Erstlesewerke, Analyse des Schriftspracherwerbs und seiner Behinderungen mit Kategorien der Aneignungstheorie, Bochum 1980. Hans Brügelmann: Kinder auf dem Weg zur Schrift, Konstanz 1983.

- Wir achten darauf, daß den Kindern der Sinnbezug erhalten bleibt, indem wir die Wörter, an denen analytisch gearbeitet wird, aus Sinnzusammenhängen nehmen, mit denen die Kinder eigene Ideen und Erfahrungen verbinden.

Diese ausgewählten Beispiele für einige unserer Leseprinzipien machen deutlich, daß wir in unserem Konzept analytische und synthetische Prinzipien miteinander verbinden: Das heißt der Leselehrgang ist methodenintegrierend. Alle Teilhandlungen, die für das Lesenlernen bedeutsam sind, werden von Anfang an miteinander durchgeführt und im Zusammenhang erarbeitet. Diese Verbindung von optischer, akustischer und gedanklicher Durchdringung von Einheiten der Schriftsprache verhilft den Kindern zum Aufbau *individueller Lesestrategien.* Das heißt, manche Kinder brauchen den Schwerpunkt im optischen Bereich, andere können sich bestimmte Laut-Zeichen-Phänomene rasch gedanklich vorstellbar machen. Der Lehrer muß auf diese verschiedenen Aneignungsformen der Kinder achtgeben und bei der Unterrichtsorganisation bedenken, daß unterschiedliche Kinder unterschiedliche Leselernstrategien entwickeln. Diese verschiedenen Zugänge der Kinder zum Lesenlernen beruhen zum Teil auch auf ihren unterschiedlichen Vorerfahrungen. Die Berücksichtigung didaktisch-struktureller Aspekte geht in unserem Konzept Hand in Hand mit der Berücksichtigung der psychischen Motive kindlichen Denkens und Handelns, wie wir in zahlreichen Beispielen bereits an den Arbeiten der Kinder gezeigt haben. Diese enge Verzahnung von kognitiven, sozialen und emotionalen Aspekten soll die Kinder in ihrer Gesamtperson ansprechen und damit einige vermeidbare Lernbehinderungen beim Lesen- und Schreibenlernen ausschließen. Dabei sind wir uns der Tatsache bewußt, daß diejenigen Kinder, die zu Hause nur erleben, daß Lesen

der raschen Informierung dient – Zeitungsüberschriften, Wetterbericht, Fußballergebnisse –, von vornherein weniger motiviert und weniger abgesichert in ihren Lernbemühungen sein können als diejenigen, denen häufig vorgelesen wird und die ihre Eltern und Geschwister als Leser erleben.
Die einzelnen Leseschritte werden im Arbeitsheft – besonders zu Beginn – systematisch eingeführt und gefestigt. Ab der Mitte ändert sich die Struktur des Arbeitsheftes.
Die Kinder haben im bisherigen Verlauf des Lehrgangs an Arbeitswörtern die Prinzipien des Lesenlernens so weit erfaßt, daß sie jetzt selbständiger weiterarbeiten können. Die Schriftzeichen werden von nun an nicht mehr in der gleichen Ausführlichkeit erarbeitet und vertieft wie zuvor. Die noch ausstehenden Buchstaben werden zwar alle repräsentiert, jedoch mehr im Sinne eines Wörterbuches:

Bb Bett
Otto hat ein kleines Bett. Es ist nett in Ottos Bett.
Baum Ball
Jj Jacke
Ist Ottos Jacke rot?
Ist Ottos Jacke warm?
Ist Ottos Jacke klein?
48
Eu eu Feuer
Otto macht Feuer
59

Wenn neue Buchstaben im Unterricht gebraucht werden, stehen diese Seiten zur Orientierung bereit. Otto ist dabei jeweils derjenige, der die Buchstaben vorführt.
Wenn es organisatorisch möglich ist, befreien sich die Kinder jetzt von den Vorgaben des Lehrers, aber es spricht auch nichts dagegen, weiter wie gewohnt chronologisch fortzufahren. Um diese Zeit wird es die ersten Leser geben. Sie brauchen Zusatzmaterial und Bilderbücher, damit ihre Freude am Lesen erhalten bleibt. Die Fibel zur kleinen weißen Ente ist ein solches Bilderlesebuch, sie reicht aber nicht aus, um den Lesehunger einzelner Kinder zu befriedigen. Im Anhang ist eine Auswahlliste für eine Klassenbücherei zu finden. Ebenso brauchen die langsameren Kinder breit angelegtes Material zur Wiederholung und Festigung des bisher Gelernten. Wir zeigen solche Übungszeiten als Bildvorlagen ebenfalls im Anhang dieses Buches.

Klebearbeit mit Buchstaben und erste Schreibversuche.

Otto, der sich groß und klein machen kann.

Illustration zur 4. Vorlesegeschichte: „Die Befreiung“.

Die Fibel

Die Fibel, die die Kinder von uns bekommen, ist ein großformatiges Buch mit zum Teil bunten Bildern. Auf den ersten Fibelseiten findet das Kind zunächst hauptsächlich Bilder zum „Lesen“. Loni wird in ihrer Lebenswelt gezeigt, der See ist zu sehen mit vielen Details – die Bucht, Pflanzen und Tiere –, dann geht es weiter mit Lino: Wald, Feld und Kaninchenhöhle sind seine Lebensräume. Besonders Stadtkinder und ausländische Kinder, die Sprachprobleme haben, erfahren auf diesen Bildern Wissenswertes zu den Geschichten, in denen diese Lebensräume ausführlich beschrieben sind. Zugleich werden in Bildern und kurzen Zeilen einige frühe und entscheidende Erfahrungen des lesenden Kindes – hier in der durchsichtigen Verkleidung der Tiere – skizziert: die Neugier, das treibende Motiv zum Aufbruch der kleinen weißen Ente, ist für die Kinder gleichermaßen das Motiv, sich der Welt zuzuwenden. Gierig sein auf Neues, d. h. auf die Schule, den Schulweg, die Lehrer, die anderen Kinder – auch auf das Lesen-Schreiben- und Rechnenlernen – bedeutet auch immer Trennung von Altem. Insofern ist diese Neugier gleichzeitig mit einem Gefühl der Angst gepaart. Nur die Gewißheit, daß die zurückbleibenden Eltern groß

sind, daß sie dem Kind Schutz und Sicherheit geben können, daß man jederzeit zu ihnen zurückkehren kann, und sie dann wiederfindet, befähigt das Kind, sich mit *allen* seinen Sinnen und mit ungeteilter Aufmerksamkeit dem Neuen zuzuwenden.
Die ersten Fibelseiten dienen der sozialen, emotionalen und kognitiven Annäherung der Kinder an das Thema, das sie zu Beginn ihrer Einschulung am meisten angeht: Großsein, Kleinsein, Weggehen, Wiederkommen, vor neuen Situationen stehen, Angsthaben, sich der Eltern versichern, Freunde gewinnen. Die Identifikation mit den dargestellten Figuren, die sich wie „Hänschen klein" von zu Hause wegbewegen, geschieht vorrangig auf der unbewußten Ebene. Die Kinder erfassen die Thematik von Freiheit und Bindung und die Spannung, die in beidem liegt, intuitiv als ihre eigene Problematik:

Sascha läßt „Otto seine Mama" ihrem kleinen Otto zurufen: „Paß gut auf dich auf, Otto!"
(Beispiel einer Arbeit aus der Eigenfibel)

Die Kinder können beim Lesen und Blättern in der Fibel das Gefühl haben, daß Verständnis für ihre eigene Situation aufgebracht wird; dadurch machen die Kinder von Anfang an die Erfahrung, daß zwischen ihrem Innenleben und den Geschichten eine Verbindung besteht:

Gefahren für ein Kaninchen (Beispiel aus der Fibel S. 17).

Gefahren für Kinder (Arbeiten aus der Eigenfibel, die durch das Lesen in der Fibel angeregt wurden).

Den Kindern wird der Zugang zu ihrer Fibel leicht, weil sie darin Figuren und Personen wiederfinden, die ihnen aus den Vorlesegeschichten schon bekannt sind. Außerdem geht es in der Fibel thematisch immer um Inhalte, die der Lebenserfahrung der Kinder entnommen sind: Schule, Tiere, Bücher, Essen, Schlafen, Spielen, Ferien, Toben, Konflikte mit jüngeren Geschwistern und Erwachsenen u. a. m. Beim Ansehen der Fibel kann es auch zu enttäuschten Reaktionen kommen: Zwerg Otto haben sich manche Kinder „ganz anders" vorgestellt.

Es ist interessant zu beobachten, daß die Kinder, wenn sie Otto malen, trotz dieser Fibelillustration an ihrer Vorstellung von Otto festhalten und ihn weiterhin als niedlichen Zwerg mit roter Zipfelmütze malen. Otto hat in besonderem Maße das Mitgefühl der Kinder. Dadurch, daß er sich groß und klein machen kann, ist er eine für die Kinder faszinierende Märchenfigur. Aber alles kann er auch nicht. Oft fühlt er sich klein und ohnmächtig und möchte immer viel mehr können, als er kann. Er neigt dann zu Übertreibungen, gibt kräftig an und greift zu Notlügen.

Otto, Otto
hat es wirklich schwer.
Alles kann er auch nicht,
doch das weiß nur er.
Lino und die Ente
wissen es bald auch:
Otto kann zwar sehr viel,
doch Manches können wir auch.

(Otto-Lied von Rüdiger Arndt und Regina Hirschmann)

In der Fibel geht es weiter mit Texten und Bildern zu Ute und Simon. Beide Kinder sind etwas größer und auch schon länger in der Schule als die Schulanfänger, und deshalb sind sie für die Sechsjährigen besonders interessant. Sie kommen aus unterschiedlichen Familien. Ute ist als Einzelkind etwas verwöhnt; Simon hat jüngere Geschwister und muß schon Pflichten übernehmen. Aber beide Kinder dürfen die Tiere, die sie aufgelesen haben, nur für kurze Zeit bei sich zu Hause behalten. Hier wird der starke Wunsch vieler Kinder nach eigenen Haustieren thematisiert.
Es ist interessant, daß die Kinder beim Zuhören und Lesen der Geschichten an dieser Stelle – wo die Tiere auf die Kinder stoßen – in einen inneren Loyalitätskonflikt geraten. Den Tieren wünschen sie, daß sie wieder vereint werden, und den Kindern Simon und Ute wünschen sie, daß sie die Tiere behalten dürfen.

Wie sollen sich die Leser nun verhalten? Auf wessen Seite sollen sie stehen? Max löst diese innere Spannung produktiv. Er teilt seine entgegengesetzten Empfindungen auf beide Parteien gerecht auf. In der Fibel sind auch Bilder und Texte zu finden, die von der Thematik der Vorlesegeschichten wegführen. Wir haben freie Texte von Kindern aufgenommen, die das lesende Kind dazu anregen können, selber Texte zu verfassen. Diese Texte sind grafisch in der Fibel durch ein Piktogramm (einen Bleistift) gekennzeichnet. In diesen freien Texten formulieren die Kinder u. a. Träume und Wünsche, die die wichtige Funktion haben, das in der Phantasie zu kompensieren, was den Kindern im wirklichen Leben versagt bleibt:

Wenn,
wenn, wenn . . .

Heiko: Wenn ich
Lino wäre,
dann wäre ich
Ottos Freund . . .

Susanne: Wenn ich
eine Hexe wäre,
würde ich mir
ein Pferd hexen

Pedro: Wenn ich hexen könnte,
hätte ich mir
ein Motorrad gehext.
Mit dem Motorrad
würde ich herumflitzen.
Dann würden meine Freunde
staunen.

Sevim Wenn ich
eine Königin wäre,
würde ich
eine Leiter aus Silber
haben
und damit
zur Sonne steigen.

Diese Texte sind in Mechthild Speicherts Klasse entstanden. Vorgegeben war lediglich die dreimalige Wiederholung des Wortes „Wenn“. (Textbeispiel aus der Fibel S. 67)

Zum Schluß möchten wir noch einmal erwähnen, obwohl dies sicherlich deutlich geworden ist, daß die Arbeiten der Kinder, ihr Lesen, Erzählen und ihre schriftlichen Produktionen als Einheit zu verstehen sind und dementsprechend fächerübergreifenden Charakter haben. *Fibel* und *Arbeitsheft* sind gleichermaßen als *Einheit* zu betrachten, auch wenn wir sie in zwei verschiedene Arbeitsmaterialien aufgeteilt haben.

Unterrichtsmaterialien: vorgeben oder selbst entwickeln?

Wir können uns vorstellen, daß unser Lesekonzept von Lehrern kritisch und skeptisch betrachtet wird, die sich dazu entschlossen haben, mit ihren Kindern die Schritte zur Aneignung des Lesen- und Schreibenlernens nicht an vorstrukturierten Unterrichtsmaterialien zu machen, sondern in der ganz freien Form des offenen Unterrichts. Freinet hat gerade an den Fibeln alle Makel der traditionellen Schule festmachen können:

- das schrittweise Fortschreiten in der Entzifferung von Buchstaben – was kommt vorher, was kommt nachher?;
- die Trennung des Schreibens vom Lesen – darf man etwas aufschreiben, wenn man die Rechtschreibung nicht kennt?;
- das aussichtslose Bemühen, in Fibeln eine bestimmte Ordnung beim Erlernen der Laute einzuhalten;
- die Konzentration des Kindes auf Wörter und Texte, die nicht seine eigenen sind;
- die Mißachtung der Handlungsfreude des Kindes und seiner Spontaneität u. a. m.

Freinet hat folgerichtig die Abschaffung aller Schulbücher gefordert.

> Das Kind hat durch das tägliche Leben Sprechen gelernt, und das Spiel war nur eine natürliche Äußerung seines außerordentlich reichen Lebens. Ebenso muß es durch das Leben Lesen und Schreiben lernen, also ohne Anstrengungen, die seine Persönlichkeit spalten, sondern einzig durch den Willen nach Weiterentwicklung und Bereicherung.
>
> (Elise Freinet: Erziehung ohne Zwang. Stuttgart 1981, S. 40)

So plausibel und pädagogisch richtig Freinets Gedanken zum Lesenlernen des Kindes sind, so schwierig und aufwendig ist es auch, sie im Anfangsunterricht der Grundschule zu praktizieren. Aus eigener Erfahrung wissen wir, wie tiefgreifend die Veränderungen in der Wahrnehmung und Praxis unseres Unterrichtens sind, wenn wir den Schritt vom frontal gesteuerten Unterricht zum offenen Unterricht machen. Wir haben erlebt, daß eine solche Umstrukturierung des Unterrichts keinesfalls nur eines einzigen Schrittes bedarf,

sondern vieler einzelner Schritte, wenn wir uns und die Kinder nicht überfordern wollen.
Mit den von uns entwickelten Materialien für den Erstleseunterricht können einige dieser Schritte getan werden. Unser Hauptaugenmerk liegt dabei auf der emotionalen Entfaltung des Kindes und auf seinem Bedürfnis, ständig selber aktiv werden zu wollen. Eine Freinet-Druckerei stand den Kindern in unserer Klasse erst gegen Ende des ersten Schuljahrs zur Verfügung. Dennoch haben die Kinder Lesen und Schreiben vorrangig an ihren eigenen Texten gelernt. Dies wurde dadurch möglich, daß sie ihrer Lehrerin ihre Gedanken zunächst diktiert haben, daß sie einzelne Wörter gestempelt und abgemalt und schließlich selber Texte verfaßt haben. Der Austausch der Kindertexte untereinander wurde durch die in der Klasse zusammengestellten Bücher möglich, die die Kinder rege ausgeliehen haben und die auch in der Klasse gelesen und vorgelesen wurden.
Wir haben uns bewußt zu dieser Mischform von freier Arbeit und Arbeit an unseren Materialien entschieden und uns nicht auf den Ansatz von Freinet fixiert, weil wir wissen, daß sich viele Lehrer bemühen, Unterrichtselemente von Freinets aktiver Methode in ihren herkömmlichen Unterricht zu integrieren. Individualisierende, handlungsorientierte und binnendifferenzierende Lernformen werden durch unser Angebot von Geschichten, einem darauf bezogenen Arbeitsheft und der dazugehörigen Fibel unterstützt, sind aber nicht die unbedingte Voraussetzung dafür, um mit unseren Materialien arbeiten zu können. Wer sich für unser Konzept entscheidet und damit arbeiten will, bekommt durch die Vorstrukturiertheit des Materials Sicherheit und eine gewisse Orientierung. Trotz der vorgegebenen Struktur ist das Material offen genug, um an jeder Stelle – beim Vorlesen der Geschichten, beim Arbeiten im Arbeitsheft und beim Lesen in der Fibel – auf die individuelle Ausgangslage und das Interesse eines jeden Kindes eingehen zu können.
Wenn wir vorschlagen, am Wort „Loni" die ersten vier Buchstaben zu lernen, dann heißt das eben nicht, daß die Kinder nur an diesem Wort arbeiten und in ihrem Erfahrungshunger gebremst werden. Diese vier Buchstaben sind nur der Anlaß, um von dort aus zu Erkenntnissen zu gelangen, die mit der individuellen Situation des Kindes, seinem Namen, seinen Lieblingswörtern, seinen Geschichten zu tun haben.

Der Junge, der dieses Bild von seiner Familie gemalt hat, ist selbst auf seinem Bild nicht zu sehen. Die Erklärung dafür diktiert er seiner Lehrerin, die den Text neben sein Bild schreibt.

Wir haben uns bemüht, den im Material verborgenen produktiven Charakter an den vielen Schülermaterialien, die wir aus unserem Unterricht dokumentieren, deutlich werden zu lassen. Das auf den ersten Blick statisch wirkende Leselernangebot zur kleinen weißen Ente beginnt in dem Augenblick zu leben, indem sich der vorlesende und erzählende Lehrer für die Reaktionen seiner Kinder interessiert, und indem sich die Kinder ihrerseits mit dem Gehörten in Spielen, in Zeichnungen und eigenen Texten beschäftigen. Wir haben feststellen können, daß das Erzählen, Vorlesen und Zuhören und die darauf bezogenen Arbeiten der Kinder die Erzählfähigkeit der Kinder im Laufe des ersten Schuljahrs in einer frappierenden Weise befördern können. Dabei zeigt sich, daß die Kinder den durch die Entengeschichten vorgegebenen Rahmen bald sprengen und anfangen, von sich zu erzählen:

Aber auch dann, wenn die Kinder von Loni, Lino oder Zwerg Otto etwas aufschreiben, sind sie in den Texten und Wörtern selbst enthalten.
Vom anfänglichen Kritzeln, über das Nachahmen von Buchstaben kommen die Kinder zur richtigen Schreibform und vom Scheinlesen (Brügelmann) kommen sie zum Kontextlesen und zum bewußten Lautieren. Diese Lernschritte werden von den einzelnen Kindern in unterschiedlichem Lerntempo vollzogen.
Nach unserer Auffassung schließen sich die beiden Fragen: Unterrichtsmaterialien vorgeben oder selbst entwickeln? gegenseitig nicht aus.

> Man bemüht sich eifrigst um bessere Lesemethoden. Man erfindet Lesekästen und Karten. Man macht aus der Kinderstube eine Druckerei. Locke empfiehlt Würfel zum Lesenlernen. Wahrlich eine geniale Erfindung! Es ist ein Jammer! Das sicherste Mittel, das man aber immer wieder vergißt, ist natürlich der Wunsch, Lesen zu lernen! Erweckt diesen Wunsch im Kinde, laßt dann eure Kästen und Würfel sein, und jede Methode ist ihm recht.
>
> J. J. Rousseau: Emil oder über die Erziehung. Paderborn 1975, S. 100f. (zit. nach C. L. Hart Nibbrig, Warum lesen? Frankfurt 1983, S. 29).

Dieser von Rousseau im „Emil" genannte Wunsch des Kindes, Lesen zu lernen, als hauptsächliche Triebfeder seiner Bemühungen steht auch im Mittelpunkt unseres Lesekonzepts. Wir erziehen aber – anders als Rousseau – viele Kinder gemeinsam. Diese vielen einzelnen Kinder, die in unsere ersten Grundschulklassen kommen, sind darauf angewiesen, sich als Gruppe auf einen Inhalt beziehen zu können, der ihnen das Gefühl der Vereinzelung und Heimatlosigkeit nimmt. Kinder in der ersten Grundschulklasse werden einen sozialen Gewinn aus der Tatsache ziehen können, daß sie sich gemeinsam auf den Geschichtenzyklus beziehen können, egal welche Lernformen vorherrschen. Der Erlebnis- und Erfahrungsraum, der allen Kindern in den Entgengeschichten gleichzeitig vermittelt wird, ist gerade für Klassen, in denen stark differenziert wird, ein Bezugsrahmen, in dem die Vereinzelung des Kindes aufgehoben ist.

Teil 2: Die Geschichten von der kleinen weißen Ente – Unterrichtshinweise und Erzählungen

Für Barbara

und für Thomas und Hannah
und Jana und Verena und Ricarda

und für Manuela und Sonja und
Sevim und Forella und Dimitrios
und Pedro und Yvonne und Sascha
und Heiko und Benni und Eva und
Sebastian und Susanne und Tamara
und Mahbouba und Stephanie und
Max

1. Die kleine weiße Ente hat einen Traum

Unterrichtshinweise

Zum Inhalt:

LONI – das ist der Name der kleinen weißen Ente und für unseren Leselehrgang ein wichtiges Lesewort – macht sich in dieser Geschichte auf in eine unbekannte Welt, zu ersehnten Abenteuern und neuen Freunden. Sie verläßt den vertrauten See, hier war sie mit anderen Enten zusammen, hier kannte sie sich aus und watschelt davon, in den Wald.
Dies ist genau die Situation, in der sich die Schulanfänger befinden, wenn damit begonnen wird, ihnen die Entengeschichten zu erzählen oder vorzulesen: Die Welt der Schule mit neuen Freunden, anderen und neuen Erfahrungen, öffnet sich ihnen in dem Maße, wie sie sich selbst von Gewohntem und Vertrautem trennen können, wie sie Ängste überwinden und Fremdheit ablegen können. Wie sehr sich die Kinder unbewußt mit LONI identifizieren, mit deren Aufbruch und Trennung vom heimatlichen See, offenbaren sie in spontanen Kommentaren beim Hören der Geschichten, die sich auf ihre eigene Situation beziehen.

Einstimmung:

Zum Vorlesen und Zuhören setzen wir uns in einen Kreis. Ich sage den Kindern, daß ich von einer kleinen weißen Ente erzählen will und zeige ein Bild von ihr. Das Bild liegt dann in der Kreismitte auf dem Boden. Daneben wird die Wortkarte LONI gelegt. Da die Kinder bereits mit den eigenen Namenskarten umgegangen sind, genügt an dieser Stelle der Hinweis: „Das ist ihr Name: LONI."
(Die ersten Wortkarten sind doppelseitig beschriftet, vorne mit großen Blockbuchstaben, hinten mit den kleinen Zeichen. Wenn wir die Wörter zerlegen, zerschneiden wir die Wortkarten und haben dann die Möglichkeit, durch Umdrehen der Buchstabenkarten mit beiden Zeichen zu arbeiten.)

Vortrag:

Beim Zuhören äußern sich die Kinder. Sie assoziieren zu verschiedenen Wörtern. – „Da war ich schon", sagt Pedro, als das Wort „Schweden" fällt – oder sie antworten, sagen ihre Sicht, ihr Verständnis vom Gehörten. „Nein, die Welt ist groß!" sagt Stephanie, als das kleine, rote Männchen in Lonis Traum großspurig behauptet, daß die Welt klein sei.
Diese Kommentare lasse ich zu. Sie stören nicht. Zuweilen greife ich sie sogar auf für ein kurzes Gespräch, um zu sehen, ob die Kinder zugehört haben (das ist am Anfang noch nicht selbstverständlich) bzw. ob alle die Geschichte bisher verstehen konnten.
Nach der Traumerzählung halte ich ein. Wir sprechen über Träume. Einige Kinder erzählen ein eigenes Traumerlebnis. Erst dann geht das Vorlesen weiter.

Anschluß:

Nach dem Vorlesen betrachten wir gemeinsam das Seebild in der Fibel und malen dann die LONI *(mit ihrer Federhaube, „Stirnlocke“, evtl. mit den drei anderen Enten). Bevor das Seebild aufgeschlagen wird, ist es wichtig, die Kinder in ihrem neuen Buch, der Fibel, blättern und suchen zu lassen.*

Die Geschichte

Weit im Norden, in einem Land, das Schweden heißt, lebte eine kleine weiße Ente an einem See. Der See war so groß, daß Loni – so hieß die kleine weiße Ente – noch nie von einem Ufer zum anderen geschwommen war. Das schaffte sie nicht.
Loni wohnte in einer Ecke des Sees, in einer Bucht. Da kannte sie sich ganz genau aus. Da kannte sie jede Wasserpflanze und jeden Baum am Ufer.
Die kleine weiße Ente lebte nicht allein in ihrer Bucht. Sie war mit drei anderen Enten zusammen. Eine war grau, eine schwarz mit ein paar weißen Federn und die dritte war schwarz-weiß. Diese Enten waren größer als Loni und konnten sehr viel weiter in den See hinausschwimmen.
Jeden Morgen schwammen die großen Enten los und kamen erst am Abend wieder zurück. Die kleine weiße Ente blieb allein in ihrer Bucht und schwamm darin umher. Sie wäre so gern mit den großen Enten hinausgeschwommen, aber sie war noch zu klein.
„Werde ich denn nie groß genug sein?“ fragte sie sich und schwamm traurig um eine Wasserrose herum. Die Rose sagte nichts, sie konnte nicht sprechen.
„Du hast es gut“, sagte die kleine weiße Ente, „du wirst immer größer.“
Und dann schwamm sie in eine andere Ecke ihrer Bucht, kletterte aus dem Wasser und watschelte ans Ufer. Hier gab es viel zu sehen: Steine, Schilfgras, gelbe Blumen und einen Baum.
Loni ging auf den Baum zu und kuschelte sich unter ihn ins Gras. Sie sah auf ihren See hinaus. Von hier aus gesehen kam ihr die Bucht sehr groß vor. Und erst der See! Er schien kein Ende zu nehmen. Loni dachte daran, wie schön es sein müßte, über den großen See bis ans andere Ufer zu schwimmen – und dabei schlief sie ein. Sie hatte einen Traum: Sie schwamm mitten auf dem großen See, und neben ihr ruderte ein kleines rotes Männchen in einem winzigen Boot. Das rote Männchen rief ihr zu:
„Heh, kleine weiße Ente! Wo willst du hin?“
„Ich schwimme an das andere Seeufer“, rief die Ente zurück.
„Und was willst du da?“ fragte das rote Männchen.
„Ich will in die weite Welt hinaus und alles ansehen“, rief Loni zurück.
„Die Welt ist klein“, antwortete das rote Männchen, „ich kenne sie. Ich war schon überall.“
„Und wo ruderst du jetzt hin?“ fragte die Ente.
„Ich will zum Lilienschloß“, sagte das Männchen, „ich muß da alle Türen rot anstreichen.“
„Darf ich mitkommen?“ bettelte Loni.
„Komm mit. Du kannst die Fenster im Lilienschloß alle weiß anstreichen“, rief das rote Männchen zurück.
Und sie schwammen und ruderten zusammen weiter, immer weiter, bis sie an das andere Ufer kamen. Als sie an Land gehen wollten, rutschte die kleine weiße Ente aus und plumpste ins Wasser zurück. Es machte einen Platsch, und Loni fing ein bißchen an zu frieren. Wo war das rote Männchen geblieben? Hatte es nicht eben noch gelacht?
Loni schlug die Augen auf und merkte, daß sie im Regen saß. Große Regentropfen platschten in den See. Der Himmel war ganz dunkel geworden.
„Ich werde tiefer ins Gebüsch hineinkriechen“, dachte die kleine weiße Ente, „vielleicht finde ich einen schönen Schlafplatz.“ Sie watschelte um den Baum herum und kroch ins Gebüsch.
Als sie sich unter einen Busch gekauert hatte und wieder die Augen zuklappen wollte, sah sie vor sich einen Weg.
„Ob ich den einmal entlanggehen sollte?“, fragte sie sich, „vielleicht kann ich etwas Neues entdekken?“ Und sie watschelte los. Durch den Regen. Aber der machte ihr gar nichts aus. Sie war ja ein Wassertier.
Sie ging weiter und weiter und kam in einen Wald. Es wurde immer dunkler, und Loni bekam ein klein bißchen Angst. Sie drehte sich um und ging zum See zurück. Sie flog ein Stückchen am Ufer entlang und in den See. Langsam schwamm sie in ihrer Bucht umher und suchte nach den drei großen Enten. Aber die waren noch nicht zurück.
„Ob ich nicht doch noch einmal den Weg hinter dem Baum entlanggehen sollte? Durch den Wald hindurch. Ich möchte so gern wissen, wie es hinter

dem Wald aussieht', sagte sich die kleine weiße Ente. „Vielleicht finde ich das rote Männchen. Vielleicht steht hinter dem Wald das Lilienschloß, von dem das Männchen im Traum erzählt hat."
Loni schwamm ans Ufer zurück, watschelte zu dem großen Baum und fand im Gebüsch dahinter den Weg. Sie ging so schnell sie konnte und kam bald in den Wald. Wieder wurde es dunkler, und wieder hatte sie ein bißchen Angst. Aber sie dachte an das rote Männchen und an das Lilienschloß und ging immer tiefer in den Wald hinein.

2. Im Kaninchenstall

Unterrichtshinweise

Zum Inhalt:

Mit dieser Geschichte wird den Kindern deutlich, welches Wagnis es sein kann, Gewohntes und Vertrautes zu verlassen. LONI *wird von Waldarbeitern gefangen und in einen Stall gebracht. Hier trifft sie* LINO, *das Kaninchen, mit dem sie Freundschaft schließen und viele spannende Erlebnisse haben wird.*

Einstimmung:

Ein kurzer Rückblick auf die erste Geschichte leitet heute das Vorlesen ein. Die Kinder wissen noch, daß LONI *in den Wald ging, um das Lilienschloß zu suchen. Wir wollen hören, ob sie es findet ...*

Vortrag:

Im Kreis hatte ich meinen Mantel über die Rückenlehne meines Stuhles gehängt, und als die Gefangennahme LONIS *erzählt wird, werfe ich diesen auf einen der kleinen Zuhörer, hebe ihn – so eingehüllt – vom Stuhl, zeige ihn den anderen und frage: „Ist sie nicht niedlich, die kleine weiße Ente?" Und die Kinder spielen sofort mit, geben entsprechende Antworten. „Was sollen wir mit ihr machen?" – „Laufen lassen!" – „Nach Hause, zum See bringen!" – „Mitnehmen!" ... „Hört weiter zu, was die beiden Männer mit ihr machen ..."*
Dann spielen wir die Begegnung der Ente mit dem Kaninchen. Zuerst müssen alle einmal LONI *sein und watscheln schnatternd durch die Klasse. Dann sind alle* LINO, *hoppeln und schnuppern, wie ein Kaninchen. Und dann begegnen sich Enten und Kaninchen ... Das Durcheinander (!) in der Klasse beende ich nach einer Weile, indem ich von der müden* LONI *erzähle, die so viel an diesem Tag erlebt hat und jetzt schlafen muß. Mit immer leiser werdender Stimme, zuletzt ist es nur noch ein Flüstern, lese ich den Schluß der Geschichte vor.*
Ich verspreche den Kindern, daß sie in der folgenden Geschichte hören werden, wie LINO *in den Stall gekommen ist, dann gehe ich mit ihnen zur Pause auf den Schulhof. (Im 1. Schuljahr gehe ich mit den Kindern nach Arbeitsphasen, in denen sie konzentriert und angestrengt sind, häufig – auch außerhalb der zwei großen Hofpausen – nach draußen. Die Erstkläßler haben große motorische Bedürfnisse. Nach einigen Minuten Bewegung in der frischen Luft können sie sich wieder leichter auf den Unterricht einstellen.*

Da Loni aus allen Enten der Welt durch ihre Federkrone herauszufinden ist und der braune Lino durch sein Knickohr, ist es leicht, diese beiden Figuren schnell und erkennbar zu skizzieren.
Die Kinder kennen LONI, *verbinden Wort und Bild mit einem weißen Kreidestrich. Das andere Wort heißt* LINO, *ein Kind zieht eine braune Verbindungslinie. Und dann werden die beiden Wortbilder miteinander verglichen, Gleiches und Anderes festgestellt. Hierbei kläre ich mit den Kindern Begriffe wie „vorne", „hinten", „in der Mitte" ...*
Dann wird die Wortkarte LONI *in Buchstaben zerschnitten. Durch Umlegen von O und I erfahren die Kinder die bedeutungsunterscheidende Funktion von Buchstaben im Wort: „Aus* LONI *kann ich* LINO *machen!"*
Bei diesen ersten Legeübungen mit Buchstabenkärtchen und den Namen der Tiere wird bereits von mir darauf hingewiesen, daß es alle Buchstaben zweimal gibt: „groß" und „klein" und daß nur „vorne" im Wort ein großer Buchstabe ist. Um die Einhaltung einer solchen Regel geht es dabei nicht. Große Blockbuchstaben sind den Kindern zunächst vertrauter, sie schreiben weiter ihre ersten Wörter damit. Für den Leselehrgang haben wir vorgesehen, immer den Groß- und den Kleinbuchstaben bei der Erarbeitung eines Lautes und seiner Verschriftlichung gleichzeitig einzuführen.
Nach diesen Leseübungen kneten die Kinder LONI *und* LINO *– als Wortbilder, indem sie die einzelnen Buchstaben aus langen „Schlangen" formen und zusammensetzen, oder als Tierfiguren.*

Die Geschichte

Loni, die kleine weiße Ente, watschelte immer tiefer in den Wald hinein und langsam gewöhnte sie sich an die Dunkelheit unter den Bäumen. Sie konnte den Weg und die Blumen, Pflanzen und Büsche am Rand immer besser erkennen. Und sie hatte auch keine Angst mehr im Wald. Manchmal setzte sie sich mitten auf den Weg in den Sand und ruhte sich aus. Wenn sie dann den Kopf weit nach oben streckte, konnte sie ein Stückchen vom blauen Himmel sehen. Der war so hoch, daß es Loni ein bißchen schwindlig wurde, und sie steckte ihren Kopf schnell unter die Federn. Aber lange Zeit zum Ausruhen hatte sie nicht, denn sie wollte ja möglichst schnell durch den Wald hindurch und nachsehen, was auf der anderen Waldseite sei.
Sie ging weiter und weiter. Es wurde dunkler, und die kleine weiße Ente dachte an die Nacht. Wo sollte sie schlafen? Einfach mitten auf dem Weg im

Sand? Das war zu gefährlich. Wer weiß, wer in der Nacht alles den Weg benutzen würde.
Plötzlich hörte sie in der Ferne ein singendes Geräusch. Das Geräusch wurde immer lauter. Wer da wohl so laut im Wald sang? Aber je näher Loni an das Geräusch herankam, um so schneller merkte sie, daß es kein Singen war. Es war eine Mischung zwischen Kreischen und Singen. Und dann konnte sie sehen, daß zwei Männer mit einem riesigen Messer an einem Baum standen und das große Messer an den Baum hielten. Das singende Kreischen kam aus dem riesigen Messer heraus. Die kleine weiße Ente bekam es jetzt doch mit der Angst zu tun. Sie versteckte sich unter einer Jacke, die einer der beiden Männer an den Wegrand gelegt hatte. Sie zitterte vor Angst und Aufregung und plötzlich hörte sie ein lautes Donnern direkt neben sich. Sie flatterte aus der Jacke und konnte sehen, daß der Baum umgestürzt war.
„Sieh mal", rief einer der Männer. „Was ist denn das bei meiner Jacke? Da hab ich doch was Weißes flattern sehen."
Er ging auf die Jacke zu und warf sie mit einem Ruck über die kleine weiße Ente. Sie war gefangen.
„Heh, sieh mal, was ich da gefangen habe", rief der Mann dem anderen zu.
Sie besahen sich beide die Ente in der Jacke. „Die sieht niedlich aus. Die nehm ich mit nach Hause", sagte der Mann, der Loni gefangen hatte. „Wir müssen jetzt Feierabend machen und nach Hause fahren."
Vorsichtig packte er die Jacke mit der Ente unter seinen Arm und stieg mit dem anderen Mann in ein Auto. Jetzt fuhr Loni zum ersten Mal in ihrem Entenleben in einem Auto. Sie wunderte sich über das Brummen und streckte schüchtern ihren Kopf aus der Jacke. Sie konnte neben dem Auto die Bäume vorbeifliegen sehen und wunderte sich. Hatten die Bäume etwa Flügel bekommen?
Da machte es einen Ruck, das Auto blieb stehen. Einer der beiden Männer nahm die Jacke mit der kleinen weißen Ente und stieg aus. Loni konnte sehen, daß sie in einen Garten getragen wurde, auf ein kleines schwarzes Haus zu. Davor blieb der Mann stehen, legte die Jacke vorsichtig auf den Boden, öffnete eine kleine Tür in dem schwarzen Häuschen und setzte Loni hinein.
„So, Lino, jetzt bekommst du Gesellschaft", sagte der Mann in das schwarze Häuschen hinein.
Loni konnte im Dunkeln nichts sehen, aber sie merkte, daß sie von einer weichen Nase beschnuppert wurde.
„Wer bist du?", fragte sie ängstlich.
„Hab keine Angst. Ich bin Lino, das Kaninchen", antwortete eine Flüsterstimme. „Und wer bist du?"
„Ich bin Loni, die kleine weiße Ente", sagte die kleine weiße Ente.
„Kuschel dich ins Heu und schlaf ein", sagte Lino. „Es ist schon spät."
Aber Loni konnte noch lange nicht schlafen. Wie wohl dieser Lino, das Kaninchen, aussehen mochte? In der Dunkelheit war nichts zu erkennen. Sie hatte nur eine weiche Nase gespürt. Und jetzt hatte sie Hunger. Den ganzen weiten Weg durch den Wald hatte sie nichts gegessen.
„Lino", flüsterte sie, „Lino, gibt es bei dir etwas zu essen?"
„Ich hab nur Heu und noch drei Blätter Löwenzahn. Willst du die?"
Loni verschlang gierig den Löwenzahn. Das Heu war ihr zu trocken. „Morgen erzähl ich dir eine Geschichte", flüsterte Lino, „du wirst dich wundern."
Die kleine weiße Ente blieb noch lange wach. Sie dachte an ihren Traum von dem roten Männchen, sie dachte an die großen Enten und an ihren See mit der kleinen Bucht. Alles war weit weg. Ob sie morgen wieder nach Hause gehen sollte? Aber dann müßte erst die Tür des schwarzen Häuschens, in dem sie mit Lino saß, aufgeschlossen werden. Ob sie gefangen war und hier nicht mehr herauskommen würde?

3. Linos Geschichte

Unterrichtshinweise

Zum Inhalt:

So wie die kleine, weiße Ente hat auch das Kaninchen LINO *seine vertraute Lebenswelt verlassen. Nicht wie* LONI *in ihrem Traum, sondern wirklich trifft es dabei im Wald ein kleines rotes Männchen, das ihm sein Baumhaus zeigt. Dadurch wird in ihm die Neugier auf die unbekannte Welt außerhalb seiner Höhle und seines Feldes geweckt. Aber nachdem* LINO *noch einmal nach Hause zurückgekehrt war und danach seinen neuen, kleinen roten Freund sucht, wird er von den Waldarbeitern gefangen und in den Stall gebracht. Während er* LONI *diese Geschichte erzählt, zeigt er ihr ein rotes Tuch mit schwarzen Punkten, das er von dem kleinen Mann bekommen hat. Mit diesem Tuch verknüpft sich nun die Hoffnung der Tiere auf Befreiung. Sie hängen es „wie eine Fahne" aus dem schwarzen Stall und warten ...*

Einstimmung:

Das Spiel, während des Vortrages der 2. Geschichte, von der Gefangennahme LONIS, *hat die Kinder so beeindruckt, daß es jetzt wiederholt werden muß. Sicher ist hierbei der Körperkontakt mit der Lehrerin bedeutsam. Erstkläßler haben in diesem Zusammenhang noch große Bedürfnisse, deren Befriedigung ihnen die Schule normalerweise versagt. Deshalb ist es wichtig, Situationen zuzulassen, in denen Gefühle auch auf diese direkte Weise ausgedrückt werden.*
Jetzt fordere ich die Kinder auf, sich selbst mit beiden Armen zu umschlingen: „Den Kopf in die Federn stekken, wie LONI *es tut, wenn sie schläft. Dann wacht ihr auf und stupst vorsichtig das Kind neben euch an, berührt seinen Arm, sein Knie, so, wie* LONI *es bei* LINO *macht, und jetzt erzählt* LINO *die Geschichte, wie er in den Stall gekommen ist."*

Vortrag:

Bei der Darstellung von LINOS *Lebenswelt zeige ich den Kindern das entsprechende Bild in der Fibel. Die Kinder erzählen von Erlebnissen mit Kaninchen. „Im Schloßpark sind welche. Meine Mutter hat gesagt, die sind krank. Ich soll die nicht fangen!" Pedro erzählt, daß sein Opa in Portugal ganz viele Kaninchen in „ganz vielen Ställen" hat, die geschlachtet und gegessen werden. Wir sprechen über den Unterschied zwischen wilden und Hauskaninchen.*

Weil LINO *Schwierigkeiten hat, sich* LONIS *Namen zu merken, spreche ich ihn mit den Kindern ganz langsam, so, daß jeder der vier Laute ganz deutlich zu hören ist. In* LINOS *Geschichte erleben die Kinder das Ereignis der Gefangennahme nicht so bedrohlich wie bei* LONI. *Die Verbindung der beiden gefangenen Tiere zum kleinen roten Männchen, die in dem roten Tuch mit den schwarzen Punkten sinnfällig zum Ausdruck kommt, ist eine große Erleichterung: Hier sehen die Kinder eine Möglichkeit der Befreiung für die Tiere.*

Anschluß:

Das rote Tuch mit den schwarzen Punkten malen die Kinder für ihren Schnellhefter.

Die Geschichte

Gleich nach dem Aufwachen fing Lino an zu flüstern: „Du, kleine weiße Ente, ich wollte dir doch eine Geschichte erzählen, Hör zu! – Ich war nicht immer in diesem schwarzen Stall. Früher wohnte ich mit meinen Brüdern und Schwestern in einer Höhle. Ich hatte viele Geschwister. Ich glaube, mehr als zehn. Und abends krochen wir alle aus unserer Höhle heraus und liefen auf ein Feld mit gelben Rüben. Das war ganz in der Nähe. Da knabberten wir an den süßen Rüben herum, bis es dunkel wurde. Wenn wir genug von den Rüben hatten, spielten wir auf dem Feld zwischen den Rübenpflanzen Verstecken. Ich hatte ein gutes Versteck am Feldrand unter einer alten Kiste. Da hat mich nie einer gefunden. Von da aus konnte ich weit sehen, wenn ich meinen Kopf aus der Kiste streckte. Bis zum Wandrand konnte ich sehen. Ich war noch nie im Wald gewesen, kleine weiße Ente. Wie heißt du noch? Ich habe schon wieder deinen Namen vergessen."

„Ich heiße Loni", sagte die kleine weiße Ente, „aber erzähl weiter."

„Unsere Mutter", erzählte Lino weiter, „hatte uns verboten, in den Wald zu gehen. ‚Es ist zu gefährlich für euch', sagte sie. Aber ich wollte so gern einmal den Wald von innen sehen. – Eines Abends, als ich wieder unter meiner Kiste saß und die anderen nach mir riefen, bin ich schnell aus meinem Versteck zum Wandrand gelaufen. In den Wald hinein traute ich mich nicht. Ich blieb am Rand sitzen und sah in den Wald hinein. Viel war nicht zu sehen. Hauptsächlich Gräser, riesige Gräser. Auf einmal huschte etwas an mir vorbei. Ich bekam einen Schrecken und dachte, das ist bestimmt der Fuchs, vor dem uns die Mutter immer gewarnt hat. Ich duckte mich tief ins Gras und wartete. Jetzt sah ich, daß etwas an einem Baum hochkletterte. Ich sah genauer hin: Es war ein kleines rotes Männchen. Es hatte mich vom Baum aus gesehn und winkte mir zu. ‚Heh, du kleiner Hase!', rief es. ‚Warum versteckst du dich im Gras? Ich hab dich gesehen. Komm heraus, ich zeige dir mein Haus.' – Ich hüpfte aus meinem Versteck auf den Baum zu. Aber wie sollte ich da hinaufkommen? ‚Ich kann nicht klettern', rief ich dem roten Männchen zu. – ‚Warte, ich laß dir eine Leine herunter. Die bindest du dir um den Bauch, und ich ziehe dich hoch in mein Baumhaus.' – ‚Hast du denn so viel Kraft?', rief ich zurück. – ‚Das laß meine Sorge sein', rief das Männchen vom Baum herunter. ‚Ich habe Riesenkräfte.' – Und dann ließ es die Leine vom Baum herunter, ich band sie mir um den Bauch – und dann wurde ich in die Luft gehoben. Als ich so in der Luft baumelte, hatte ich doch ein bißchen Angst. Aber das rote Männchen hatte wirklich große Kräfte. Es zog mich hoch auf den Baum hinauf. Stell dir vor, kleine weiße Ente. Wie heißt du noch?"

„Ich heiße fast so wie du", antwortete die kleine weiße Ente.

„Dann heißt du Lina", sagte Lino.

„Nein, so heiße ich nicht. Aber erzähl doch bitte weiter, wie es mit dem roten Männchen auf dem Baum weiterging."

„Erst, wenn du mir noch einmal deinen Namen gesagt hast", beharrte Lino.

„Also gut, zum letzten Mal sage ich dir, wie ich heiße. Ich heiße Loni", sagte die kleine weiße Ente ganz langsam. „Loni, kannst du dir das merken?"

„Ich will es versuchen", versprach Lino. „Wo war ich mit meiner Geschichte stehengeblieben?"

„Wie du den Baum hochgezogen wurdest", half ihm Loni weiter.

„Ach ja, stell' dir vor, Loni. Das Männchen hatte auf dem Baum in einer Astgabelung sein Haus gebaut. Aus Ästen und Holzstücken, mit einem Dach aus Moos. Das Haus hatte ein Fenster, aus dem wuchs eine Glockenblume heraus. Stell' dir vor, kleine weiße Ente, eine Glockenblume auf einem Baum!"

„Hast du schon wieder vergessen, wie ich heiße?" fragte die kleine weiße Ente.

„Nein“, beteuerte Lino, „ich weiß, wie du heißt. Aber ich wollte doch nicht von deinem Namen etwas erzählen, sondern von dem Baumhaus, in dem das rote Männchen wohnte. Das Haus hatte eine grüne Tür, und das Männchen öffnete sie und wir gingen in das Haus hinein. Es sah ganz anders darin aus als in unserer Höhle. Es standen komische Sachen herum, die mir das Männchen erklärte: ein Stuhl, ein Tisch, ein Bett. Das rote Männchen zeigte mir, wie man diese Sachen benutzt. – Bei unserer Hausbesichtigung war es schon fast dunkel geworden. Ich mußte unbedingt nach Hause. Das rote Männchen band mir wieder die Leine um den Bauch und schenkte mir zum Abschied ein rotes Tuch mit schwarzen Punkten darauf. Das wickelte ich mir um den Bauch, damit die Leine sich nicht so tief eindrückte. Dann ging's wieder herunter vom Baum, in die Tiefe. Mir wurde schwindelig, aber nicht sehr. Unten knotete ich das Seil wieder los, rief noch schnell ‚Auf Wiedersehn und gute Nacht!‘ nach oben und lief, so schnell ich konnte, nach Hause in unsere Höhle.
Die Mutter schimpfte mit mir. Sie hatte sich Sorgen gemacht. Ich wickelte mir das rote Tuch mit den schwarzen Punkten, das ich von dem roten Männchen bekommen hatte, um die Pfote und schlief ein.“
„Und wie ging es weiter?“ fragte Loni neugierig.
„Am nächsten Morgen konnte ich nicht erwarten, bis es Abend wurde. Ich wollte wieder zum Waldrand und das rote Männchen besuchen“, erzählte Lino weiter. „Aber ich fand den Baum nicht mehr. Ich hoppelte tiefer in den Wald hinein und sah mir alle Bäume genau an. Einer sah aus wie der andere. Wo wohnte das kleine rote Männchen? Ich lief immer tiefer in den Wald hinein und auf einmal sah ich etwas Helles, ein Feuer. Am Feuer saßen zwei Männer. Ich hatte große Angst vor dem Feuer und blieb starr im Gras davor sitzen. Plötzlich wurde es ganz dunkel, und das Feuer war weg. ‚So, den Burschen hab ich gefangen. Den nehm ich mit nach Hause‘, hörte ich jemand rufen. Es blieb dunkel um mich herum. Ich wurde weggetragen, das spürte ich, und am nächsten Morgen sah ich, daß ich in einem Haus eingesperrt war. Es ging mir erst sehr schlecht, weil ich große Angst hatte und zu meiner Mutter wollte. Aber nach ein paar Tagen gewöhnte ich mich an mein Haus. Ich saß im Heu und bekam jeden Morgen und Abend frische Löwenzahnblätter zu fressen. Aber es war so langweilig. Ich wollte hinaus ins Freie, zu meinen Geschwistern zurück und in unsere schöne Höhle. Aber es ging nicht. Ich war eingesperrt. Und jetzt bist du auch eingesperrt, du kleine weiße Ente. Jetzt bin ich wenigstens nicht mehr allein.“
„Hast du das rote Tuch mit den schwarzen Punkten noch“, fragte Loni, als Lino mit seiner Geschichte fertig war.
„Ja, das habe ich noch“, sagte Lino und kroch in eine Ecke, grub mit den Pfoten im Heu herum und kam mit dem Tuch zwischen den Zähnen zurückgehoppelt.
„Weißt du was, Lino?“ fragte die kleine weiße Ente. „Das Tuch hängen wir aus unserem Haus heraus wie eine Fahne. Vielleicht kommt das rote Männchen vorbei und sieht das Tuch. Dann kann es uns befreien.“
Lino band das Tuch um einen kleinen Stock und schob es durch das Drahtgitter. Dann setzten sich beide nebeneinander und warteten.

4. Die Befreiung

Unterrichtshinweise

Zum Inhalt:

LONI und LINO werden wirklich von dem kleinen roten Männchen aus dem schwarzen Stall befreit. Er nimmt die beiden mit in das Baumhaus, das schon von Lino beschrieben wurde. Die Schwierigkeit, auf den hohen Baum zu kommen, löst jeder nach seinem Vermögen: Der kleine rote Mann klettert flink hoch, LINO schafft es nur mit Hilfe, er wird heraufgezogen, und LONI fliegt mühsam hinauf. Jeder schafft es, in das Haus zu kommen, so, wie es ihm seine Bedingungen und Fertigkeiten erlauben.

Einstimmung:

Betrachten der Bilder, die im Anschluß an die 3. Geschichte gemalt wurden: Der Hilferuf der beiden gefangenen Tiere an die Adresse des roten Männchens, die rote Fahne mit den schwarzen Punkten. Die Kinder äußern ihre Erwartung, daß die Befreiung gelingt. Sie erzählen, wie sie sich diese konkret vorstellen.

Vortrag:

Da die Kinder das Ereignis der Befreiung antizipieren, reagieren sie gleich mit entsprechenden Vermutungen auf das Klopfen, das LONI und LINO in ihrem Stall hören. An dieser Stelle sollten die Kinder ihre Vermutungen noch einmal verbalisieren, wie wohl das kleine rote Männchen die Tiere befreit.
Mit einer lustigen Tafelzeichnung der beiden Heukugeln wird danach die Aufmerksamkeit der Zuhörer wieder auf die Geschichte gelenkt.

Anschluß:

Wir stellen uns den hohen Baum vor, in dessen dichtem Laub das Haus von dem kleinen roten Männchen versteckt ist und malen ihn, zusammen mit dem Baumhaus. Bei dieser Arbeit gehe ich von Kind zu Kind und lasse mir zu seinem Bild seine Geschichte erzählen, die ich ihm dazu neben seine Zeichnung schreibe. Die Kinder

erinnern sich dabei an die bisher gehörten Entengeschichten und setzen sie in Relation zu eigenen Erfahrungen und Gefühlen. So diktierte mir Manuela: „Schreib hierhin, daß Loni und Lino wieder zu ihrer Mutter und ihrem Vater nach Hause kommen!" Eine bestimmende Erfahrung für alle Kinder ist das Erlebnis von Geborgenheit und Trennung. Im Zusammenhang mit den Geschichten werden solche Erfahrungen artikuliert. Andere Kinder diktieren ganz einfach: Das Haus. Das ist der Baum. Da ist der rote Mann.
Die Kinder machen bei dieser Arbeit eine grundlegende, wichtige Leseerfahrung: Mit Schrift können eigene Gedanken, Vorstellungen, Wünsche, Gefühle ... ausgedrückt und festgehalten werden. Nachdem wir die fertigen Bilder in Klarsichthüllen gesteckt und in einem Schnellhefter zusammengeheftet hatten, nannten wir unser erstes gemeinsam gestaltetes Bilderbuch für die Klassenbücherei

Das Buch
vom Haus
vom kleinen
roten Männchen.

Ich mußte dieses Buch in den folgenden Tagen immer wieder gemeinsam mit den Kindern ansehen und ihnen daraus die Geschichten, ihre Geschichten, vorlesen. Es behielt seinen Reiz durch das ganze Schuljahr hindurch und wurde später von ihnen selbst gelesen.

Die Geschichte

Lino und Loni saßen den ganzen Tag in ihrem schwarzen Häuschen hinter der Tür mit dem Drahtgitter und warteten. Nachmittags kam der Mann vorbei, der sie im Wald gefangen hatte, steckte ein paar Blätter Löwenzahn durch das Gitter und warf ein paar Stückchen Brot in das schwarze Häuschen.
„So, ihr beiden, hier habt ihr etwas zu fressen. Wasser bring ich gleich noch."
Und er kam mit einer Schüssel Wasser zurück. Das rote Tüchlein, das draußen am Käfig flatterte, hatte er anscheinend überhaupt nicht gesehen. – Die beiden Tiere fraßen ein bißchen, nicht viel, denn beide hatten vor lauter Warten keinen Hunger.
„Ich habe zu viel Zeit gegessen", sagte Lino.
„Daß du davon satt werden kannst", wunderte sich Loni.
Dann setzten sie sich wieder hinter die Gittertür und warteten. Aber es geschah nichts. Niemand kam vorbei. Das rote Tuch flatterte draußen im Wind. Das war alles.
Als es dunkel wurde, hatten sie alle Hoffnung aufgegeben. Sie schliefen vor Erschöpfung ein, so sehr hatte sie das lange Warten müde gemacht. Plötzlich hob die kleine weiße Ente ihren Kopf unter dem Flügel hervor. Sie war wach. Sie hatte ein Geräusch gehört. Da klopfte jemand an das schwarze Haus, in das sie eingesperrt waren. Sie stieß Lino vorsichtig mit dem Schnabel an. Der wachte gleich auf und spitzte die Ohren. Das Klopfen war jetzt lauter zu hören.
„Wir müssen antworten", flüsterte Loni und schlug mit ihrem Schnabel an die Wand.
Lino schlug mit einer Pfote auf den Boden.
„Pst, macht doch nicht solchen Lärm", flüsterte draußen jemand. „Ich werde versuchen, eure Tür aufzumachen. Wickelt euch beide gut in Heu ein, damit man euch draußen im Mondschein nicht erkennen kann."
„Wer bist du?", fragte die kleine weiße Ente.
„Das erzähl ich euch später", flüsterte die Stimme von draußen zurück. „Wickelt euch jetzt mit Heu ein. Ich komme gleich wieder."
Wie sollten sie sich aber mit Heu einwickeln?
Loni hatte eine Idee: Sie steckte sich Heu unter die Federn. Sie sah aus wie eine Heukugel.
Aber Lino? Was sollte er machen?
Die kleine weiße Ente nahm das rote Tuch mit den schwarzen Punkten vom Stock ab, tat Heu in das Tuch und wickelte alles Lino um den Bauch. Er sah aus wie ein dickes rotes Kissen mit schwarzen Punkten.
„Die Hauptsache ist, daß du nicht mehr wie ein Kaninchen aussiehst", sagte Loni, „jetzt kann uns keiner mehr erkennen."
„Seid ihr endlich fertig?", flüsterte es von draußen.
Die Tür wurde vorsichtig einen Spalt breit geöffnet, aber nicht breit genug für die beiden Heukugeln.
„Wir passen nicht durch", wisperte Lino.
Die Tür ging etwas breiter auf. Jetzt paßten sie so eben durch und huschten in den Garten hinaus. Draußen im Mondschein stand ein kleines rotes Männchen und grinste.
„Immer hinter mir her, ihr Rollmöpse", kicherte es. Und dann schlichen sie durch den mondhellen Garten in den Wald. Das heißt, sie rollten wie dicke Bälle in den Wald hinein. Als sie weit genug von ihrem Gefängnis entfernt waren, sagte das rote Männchen:
„So, jetzt könnt ihr eure Verkleidung abnehmen."
Sie schüttelten sich das Heu ab. Lino nahm sein Tuch ab. Er zerrte solange mit den Vorderpfoten daran herum, bis es auf dem Waldboden lag. Dann liefen sie hinter dem roten Männchen her, immer tiefer in den Wald hinein. Auf einmal blieb das rote Männchen vor einem Baum stehen und sagte:
„Hier wohne ich. Ihr könnt bei mir übernachten. Du, weiße Ente, du kannst auf den Baum fliegen. Und dich, kleiner Hase, dich werde ich mal wieder mit einer Leine hochziehen."
„Ich bin kein Hase, ich bin ein Kaninchen", protestierte Lino.
„Und ich kann nicht so hoch fliegen", schnatterte Loni.
„Du wirst es schon schaffen", meinte das rote Männchen. „Und was der Unterschied zwischen einem Hasen und einem Kaninchen ist, das mußt du mir erst mal erklären."
Und damit kletterte es flink den Baumstamm hoch und verschwand in den Ästen.
Loni nahm einen Anlauf und flatterte in die Luft. Sie landete auf dem untersten Ast des Baumes und

blieb da erst einmal sitzen. Lino wurde mit dem Seil um den Bauch hochgezogen und schwebte an der kleinen weißen Ente vorbei.
„Du mußt höher fliegen", rief er Loni zu.
„Du hast gut reden", rief Loni zurück und flatterte von Ast zu Ast immer höher in den Baum hinauf. Schließlich sah sie ein Haus in einer Astgabel und blieb davor sitzen. Jetzt fiel ihr die Geschichte ein, die Lino von seiner Begegnung mit dem kleinen roten Männchen erzählt hatte.
„Komm ruhig herein", sagte das rote Männchen jetzt. Es stand vor seiner grünen Haustür und winkte Loni zu.
Sie watschelte etwas schüchtern in das Haus hinein. Das war nicht so einfach. Sie mußte sich ganz klein machen und tief ducken, aber sie paßte hinein. Drinnen saß Lino auf einem Stuhl. Er hatte die Augen fast geschlossen, aber nicht ganz.
„Er schläft schon wieder", sagte das rote Männchen. „Wir müssen leise sein."
„Wer bist du denn?" fragte Loni. „Bist du das rote Männchen, von dem ich geträumt habe?"
„Du hast von mir geträumt? Hoffentlich etwas Schönes. Aber jetzt träumst du nicht, jetzt bist du wach, oder?"
Die kleine weiße Ente war sich nicht ganz sicher.
„Kannst du ein bißchen an meiner Flügelfeder ziehen?"
Das kleine rote Männchen griff mit beiden Händen in die Flügelfedern und zerrte daran herum.
„Au", rief Loni, „hör auf, du reißt mir ja alle Federn aus!"
Das rote Männchen sprang auf sein Bett und sagte: „Quiek nicht so, sonst wird der Hase noch wach. Du kannst hier unter dem Stuhl schlafen. Morgen erzähl ich euch, wer ich bin."
„Enten quieken nicht, Enten quaken", sagte die kleine weiße Ente noch und machte ihre Entenaugen zu.

5. Das rote Männchen gibt sich zu erkennen

Unterrichtshinweise

Zum Inhalt:

„OTTO" heißt das rote Männchen. LONI und LINO müssen seinen Namen raten, und dann erzählt OTTO ihnen von einem goldenen Zimmer, das er in einem weißen Haus bei den Menschen bewohnt. Obwohl die beiden Tiere starke Zweifel an Zwerg OTTOS Geschichte haben, folgen sie ihm, als er sie auffordert, mit ihm zu gehen, um das goldene Zimmer zu suchen. Es bleibt offen, ob er seine Angebereien beweisen kann.

Einstimmung:

Im Kreis schaue ich mir die Kinder genau an und erfinde für sie Namen, die ihr farbiges Aussehen an diesem Tag beschreiben. „Du bist heute unser Blaumann!" sage ich zu Sebastian, der blaue Jeans und ein blaues T-Shirt trägt. Entsprechend ist Susanne „Rosenrot" und Dimi der „Grünfrosch", Pedro der „Buntstrumpf" und Eva das „Streifenkind". Die Kinder machen bald mit und erfinden selbst entsprechende Namen. Mich erstaunt, daß bei diesem Namenratespiel sogar Schimpfwörter ertragen werden (Rotfuchs, Brillenschlange, fette Kuh ...), die solche Kinder nennen, die das Prinzip der Namensfindung nicht verstehen und keine entsprechenden Bezeichnungen erfinden können. Sie albern ohne böse Absicht mit diesen Wörtern herum, und offensichtlich fühlt sich niemand getroffen.

Vortrag:

Ich erzähle dann den Anfang der Geschichte: LONI und LINO raten den Namen des kleinen roten Männchens. Die Kinder helfen ihnen:
„Fliegenpilz!" wußte Max, „Rotauge" und „Knallrot" waren weitere Vorschläge. Den richtigen Namen „OTTO" nenne ich den Kindern und zeige die entsprechende Wortkarte. Hier muß mit den Kindern erarbeitet werden, daß OTTO zwar vorne genau so aussieht wie hinten, daß wir jedoch vorne etwas anderes hören als hinten! Es ist wichtig, daß den Kindern von Anfang an die Uneindeutigkeit von Laut- und Zeichenentsprechungen bewußt ist bzw. bewußt gemacht wird. Mit dem „O" lernen die Kinder ein Zeichen für zwei verschiedene Laute kennen, das sollte schon bei der Einführung deutlich werden.
Beim Vortragen (Vorlesen/Erzählen) können wir grundsätzlich nicht davon ausgehen, daß die Erstkläßler die Sprache in den Geschichten (bzw. unsere Sprache) bis hin zu den einzelnen Wortbedeutungen verstehen können. Deshalb sollte man sich regelmäßig vergewissern, ob und wie die Kinder den Verlauf der Geschichte mitvollziehen und verstehen. Ich fragte beim Vortrag dieser Geschichte nach dem Wort „Zweifler", worauf Sascha, von den anderen unbeanstandet, antwortete: „Das sind zwei!" Das war dann der Anknüpfungspunkt für ein ausführliches Unterrichtsgespräch über Ottos Eigenschaften, auf die LONI und LINO mit ganz bestimmten Gefühlen reagieren. (OTTO gibt an, kann sich groß und klein machen, verschwindet, ist wieder da ..., die Tiere staunen, bewundern ihn, haben Zweifel ...)

Anschluß:

Die Kinder wählen, was sie tun möchten:
1. *OTTO kneten (Figur oder Wort);*
2. *ein „ROT"-Poster herstellen, dafür werden aus Katalogen rote Sachen ausgeschnitten und auf einen DIN A 2-Bogen geklebt.*

Die Geschichte

„Wenn ihr wissen wollt, wer ich bin, dann müßt ihr meinen Namen raten", verkündete das rote Männchen, als alle aufgewacht waren.

Loni und Lino fingen gleich an zu raten.
„Rotkäppchen“, schlug Lino als erster vor.
„Falsch“, sagte das Männchen.
„Rotkopf“, meinte die kleine weiße Ente.
„Wieder falsch“, tönte das rote Männchen.
„Rotkehlchen“, sagte Lino.
„Ich bin doch kein Vogel“, antwortete das rote Männchen.
„Rotnase“, schlug die kleine weiße Ente vor. „Mehr weiß ich nicht.“
„Alles falsch“, kicherte das Männchen, „ich habe einen Namen, den kann man von vorn und von hinten lesen. Aber darauf kommt ihr nie!“
Lino und Loni dachten lange nach. Aber es fiel ihnen nichts ein, was man von vorn und von hinten lesen konnte.
Schließlich sagte das rote Männchen: „Ich bin der Zwerg Otto. Und ich kann Kunststücke.“
Und schon kletterte er wie ein Äffchen den Baum herunter und sofort wieder hinauf.
„Nachmachen!“, rief er.
Lino sprang mit einem großen Satz vom Baum herunter und landete zum Glück mit seinen vier Pfoten auf dem weichen Waldboden.
„Jetzt auch wieder hinauf auf den Baum!“, schrie der Zwerg Otto.
Aber das schaffte Lino nicht. Er blieb unten am Baumstamm sitzen und wartete darauf, welches Kunststück Loni zeigen würde.
Loni flatterte hoch in den Baum hinauf, immer höher und höher, bis sie ganz oben in der Spitze saß. Darüber mußte Zwerg Otto staunen und rief: „Jetzt runterfliegen!“
Und tatsächlich! Die kleine weiße Ente breitete ihre Flügel aus und schwebte langsam vom Baum hinunter. Es sah sehr elegant aus, und Lino und Otto klatschten Beifall. Das heißt, eigentlich klatschte nur Otto. Lino klopfte mit einer Pfote auf den Waldboden. Es war kaum zu hören.
„Aber das könnt ihr nicht!“, rief Zwerg Otto, und im nächsten Augenblick war er im Baum verschwunden. Er war einfach weg.
„Der Baumstamm ist bestimmt hohl“, meinte Lino.
Und da hörten sie auch schon eine tiefe Stimme aus dem Baum: „Hoho, hoho, habt keine Angst. Ich bin der gute Baumgeist.“
Und plötzlich saß Zwerg Otto wieder auf einem Ast, draußen im Baum, und baumelte mit seinen Beinen.
„Wie machst du das?“, fragte Loni.
„Das ist kein Problem für einen Zwerg Otto. Ich kann mich klein und groß machen, ich kann mich stark und schwach machen. Je nachdem, was ich gerade brauche. Aber das ist mein Geheimnis“, flüsterte er, „das dürft ihr keinem verraten.“
„Machen wir bestimmt nicht“, riefen Lino und Loni gleichzeitig.
„Jetzt müßt ihr ‚Adam‘ und ‚Eva‘ sagen, weil ihr gleichzeitig geredet habt. Dann müßt ihr euch die Hand geben und euch leise etwas wünschen.“
Lino reichte Loni seine rechte Pfote und Loni reichte Lino ihren rechten Flügel. Dann flüsterte Lino „Adam“ und Loni „Eva“. Und sie wünschten sich beide etwas.
„Das dürft ihr nicht laut sagen“, kommandierte Zwerg Otto.
„Und weil wir schon bei den Geheimnissen sind, will ich euch gleich noch eines verraten: Ich habe noch eine zweite Wohnung“, flüsterte er und streckte seinen Zeigefinger in die Höhe.
„In dem hohlen Baum?“, fragte Lino.
„Nein“, sagte der Zwerg geheimnisvoll, „ich wohne in einem wunderschönen, weißen Haus in einem goldenen Zimmer. Alles ist aus Gold. Tisch, Stühle, Bett, Teller, Türklinken, Messer und Gabel, überhaupt alles.“
„Ich glaub, du spinnst ein bißchen“, sagte die kleine weiße Ente.
Aber dann sagte sie nichts mehr. Sie mußte an das weiße Lilienschloß denken, von dem sie geträumt hatte. Ob der Zwerg Otto das kleine rote Männchen aus ihrem Traum war?
„Und wißt ihr auch, bei wem ich wohne in dem weißen Haus?“ fragte Zwerg Otto jetzt. „Da kommt ihr ja doch nicht drauf. Ich wohne da bei den Menschen. Die denken, ich sei der Zwergenkönig. Darum habe ich da auch ein goldenes Zimmer und esse von goldenen Tellern. Außerdem sitze ich da auf einem goldenen Thron und alle machen vor mir Verbeugungen, wenn sie an mir vorbeigehen.“
Das glaubte ihm Loni aber denn doch nicht. Und Lino sagte leise:
„Du bist ein Angeber, Otto.“
„Soll ich euch das alles zeigen?“, fragte da Zwerg Otto ganz empört, „soll ich euch hinführen?“
Ja, das wollten Lino und Loni auf jeden Fall. Sie wollten so gern das weiße Haus und das goldene Zimmer sehen.
„Gibt es da große oder auch kleine Menschen?“, erkundigte sich die kleine weiße Ente.
„Große und kleine“, antwortete Otto, „alles, was du dir an Menschen denken kannst.“
„Wieviele denn?“ fragte Loni weiter.
„Vielleicht hundert, vielleicht tausend. Ich hab sie nicht gezählt“, prahlte Zwerg Otto.
„Das glaub ich nicht“, rief Loni, „du erzählst uns Märchen.“
„Ich hör' aber gerne Märchen“, flüsterte Lino.
Zwerg Otto aber wurde böse.
„Märchen?“, rief er empört. „Kommt doch mit, ihr Zweifler, wenn ihr mir nicht glauben wollt!“
Und damit kletterte er von seinem Ast herunter, sprang vom Baum und lief in den Wald hinein. Lino hoppelte hinterher. Die kleine weiße Ente kam so schnell gar nicht mit.
„Wartet doch!“, schnatterte sie und flatterte hinter den beiden her.

6. Eine Brücke wird gebaut

Unterrichtshinweise

Zum Inhalt:

Auf ihrer Suche nach dem weißen Haus mit dem goldenen Zimmer kommen OTTO, LONI *und* LINO *an einen Bach (*OTTO: *„Fluß!"), den sie überqueren müssen. Ein gemeinsames Problem: „Wie kommen wir an das andere Ufer?" wird von den dreien unterschiedlich gelöst, wobei Zwerg* OTTO *nicht zugeben mag, was er nicht kann,* LONI *nicht angibt mit dem, was sie kann (schwimmen), und* LINO *sich als zuverlässiger, tatkräftiger Helfer beim Brückenbau erweist. Erst als* OTTO *sich einsetzt wie die anderen und richtig mitmacht, wird eine gangbare Brücke fertig.*

Einstimmung:

Den Anfang der Geschichte spielen wir gleich, nachdem das Problem kurz dargestellt ist: Bei ihrer Wanderung kommen die drei an einen Bach. Wie kommen sie hinüber?
*Die Vorschläge der Kinder werden umgesetzt. Die schnellste Lösung (*LONI *trägt die beiden anderen an das andere Ufer) klappt nicht. Keiner ist allein so stark, daß er einen anderen durch den ganzen Klassenraum tragen kann.*
Eine brauchbare Lösung weiß Pedro: Er nimmt zwei Stühle, hockt sich auf den einen und setzt den anderen davor. Dann springt er auf diesen und setzt den hinteren vor, solange, bis er den Raum durchquert hat.
Wir versuchen das alle mit zwei DIN A 4-Blättern, das sind jetzt „Steine", und passen dabei auf, daß wir nicht ins „Wasser" fallen.

Vortrag:

Ohne Unterbrechung durch die Kinder lese ich die Geschichte vor.

Anschluß:

Fibelbild und -text „Otto in Not" werden gemeinsam angesehen. Die Kinder erlesen selbst die neuen Wörter und äußern sich zu der Geschichte.

Die Geschichte

Zwerg Otto hatte es sehr eilig, zu seinem goldenen Zimmer zu kommen. Er flitzte nur so durch den Wald, zwischen den Baumstämmen hindurch und war immer vorneweg. Dann kam Lino, das Kaninchen, das eigentlich viel schneller als der Zwerg laufen konnte, aber den Weg nicht wußte und sich darum an zweiter Stelle hielt. Am Schluß watschelte die kleine weiße Ente Loni. Manchmal flog sie auch ein Stückchen, wenn sie zu weit hinter den anderen zurückblieb.
Sie kamen an einen kleinen Bach. Zwerg Otto aber machte den Bach gleich zum Fluß.
„Alle stehen bleiben!", rief er, „es kommt eine gefährliche Flußüberquerung."
Sie blieben alle am Ufer stehen und überlegten, wie sie da hinüberkommen könnten.
„Du hast es einfach, Loni, du kannst schwimmen", sagte Lino.
„Aber was soll ich machen?"
„Wir bauen uns eine Brücke", schlug Zwerg Otto vor. „Sucht Holzstücke. Ich geh ins Wasser und baue die Brücke."
„Soll ich nicht lieber ins Wasser gehen?", fragte Loni.
„Nicht nötig. Du bist zu schwach zum Brückebauen", trompetete Otto und krempelte seine roten Hosenbeine hoch. Dann kletterte er vom Bachufer hinunter ins Wasser.
Lino und Loni suchten Holzstücke, schleppten sie zu Otto, und der stapelte sie unten am Wasser.
„Ich dachte, du wolltest eine Brücke bauen", sagte Lino.
„Geduld, Geduld", antwortete das rote Männchen mit den aufgekrempelten Hosen, „erst mal muß ich genug Baumaterial haben."
Zum Holzsuchen war er anscheinend zu faul. Er ließ die anderen beiden schleppen.
Als ein ziemlich großer Haufen Holzstücke zusammengetragen war, schlug Otto vor, daß nun doch die kleine weiße Ente ins Wasser gehen sollte. Er wollte ihr die Holzstücke vom Ufer aus zureichen und erklären, wie sie zu einer Brücke übereinandergelegt werden sollten.
Loni flatterte ins Wasser, Lino blieb beim Holzhaufen und sollte die einzelnen Holzstückchen an Zwerg Otto weiterreichen. Sie bildeten eine Kette.
Und zunächst ging auch alles gut. Loni war eine gute Brückenbauerin. Zuerst steckte sie dicke Holzstäbe fest ins Wasser. Auf die Stäbe legte sie breite Holzstücke als Bretter. Sie brauchte keine Anweisungen von Otto.
Aber der schrie trotzdem immer: „Leg das Stück da links hin! Und das in die Mitte! Bau die Brücke nicht schief! Paß doch auf!" und so weiter.
Als die Brücke bis zur Hälfte des Baches fertig war, rief Zwerg Otto:
„So, jetzt kommt der große Brückentest! Ich werde als erster die halbe Brücke ausprobieren."
Loni schnatterte: „Laß das lieber! Die Brücke ist noch wackelig."
„Das werden wir sehen!", rief Zwerg Otto und

kletterte auf die halbfertige Brücke. Er ging mit festen kleinen Schritten immer weiter auf die Brücke und schrie:
„Seht ihr? Sie hält! Ich der größte Brückenbauer der Welt."
Und dann machte es plötzlich „Krach!", die Holzstücke flogen durch die Luft – und Zwerg Otto flog in den Bach.
„Hilfe!", schrie er, „Hilfe! Ich ertrinke!"
Loni flatterte, so schnell sie konnte, ins Wasser, schwamm in die Mitte des Baches und packte mit dem Schnabel Zwerg Otto an seiner roten Jacke. Sie schwamm mit ihm ans Ufer und legte ihn aufs Land.
„Danke, Loni, danke!", prustete Zwerg Otto, „aber das war nicht nötig. Ich hätte auch selbst ans Ufer schwimmen können."
„Aber du hast doch um Hilfe gerufen", sagte Lino, „wir dachten, du würdest ertrinken."
„Ich dachte das auch", sagte Loni.
„Hab ich wirklich ‚Hilfe!' gerufen?", fragte Zwerg Otto, „das hatte ich ganz vergessen. Los, jetzt müssen wir die Brücke reparieren. Sie war ja viel zu schwach für mich."
Aber Lino und Loni hatten keine Lust zum Brückereparieren.
„Das kannst du alleine machen", murmelte Lino.
Und die kleine weiße Ente sagte: „Trockne du erst mal deine Kleider, sonst erkältest du dich noch."
Zwerg Otto zog sich bis auf die Unterhose und das Unterhemd aus und hing seine rote Hose und seine rote Jacke auf einen Ast.
„Aber dein Unterzeug ist doch auch ganz naß", sagte Lino.
„Das trockne ich später", antwortete Zwerg Otto, „jetzt wird erst mal die Brücke repariert. Bitte, helft mir doch mit."
Und weil er so komisch in seinem nassen Unterzeug aussah und so bettelte, flatterte Loni wieder in den Bach, fischte die Holzstücke zusammen und baute sie wieder aneinander. Lino schleppte das Holz, und Otto reichte es ohne Geschrei und ohne Befehle an Loni weiter.
Es war eine harte Arbeit, aber nach ein paar Stunden war die Brücke fertig.
„Geh du als erste 'rüber, kleine weiße Ente", schlug Zwerg Otto vor, „wenn du ins Wasser fällst, ist es nicht so schlimm."
Er stand immer noch in seinem feuchten Unterzeug herum.
Loni watschelte langsam über die Brücke. Sie hielt.
„Jetzt du, Kaninchen", sagte Otto.
Auch bei Lino hielt die Brücke. Als letzter ging Zwerg Otto hinüber. Und diesmal hielt die Brücke auch bei ihm.
Vor lauter Begeisterung lief er mehrmals hin und her und wäre fast doch noch von der Brücke gefallen. Aber er hatte Glück.
Er zog sein Unterzeug aus und seine trockenen Obersachen an, nahm das feuchte Unterzeug als Bündel auf den Rücken – und die Wanderung ging weiter.

7. Im Wald verirrt

Unterrichtshinweise

Zum Inhalt:

Wieder sind LONI, LINO *und* OTTO *mit Schwierigkeiten konfrontiert. Sie haben Hunger, und es ist nicht leicht, wegen ihrer unterschiedlichen Freß- bzw. Eßgewohnheiten die passende Nahrung zu finden. Dann verlaufen sie sich im Wald ...*
Der Wald und das Verirren im Wald ist ein bekanntes Märchenmotiv. Es mobilisiert bei den Kindern Gefühle von Verlassenheit. So wie Hänsel und Gretel aktiv werden, um aus dem Wald herauszufinden, bewältigen auch die drei in unserer Geschichte die gefährliche Situation durch gemeinsames Handeln.
Erst als sie erkennen, daß nur planvolles, gemeinsames Vorgehen sie auf den richtigen Weg bringen kann, löst sich die angstmachende Situation des Verirrtseins: Sie suchen und finden geeignete Schlafplätze, wo sie die Nacht verbringen können.

Einstimmung:

Ich gebe den Titel der neuen Geschichte an, die Kinder vermuten sofort ein aufregendes Abenteuer. Pedro erzählt: „Ich war auch 'mal verirrt. Im Kaufhaus. Da war auf einmal meine Mutter weg."
Ich erkläre anhand von Tafelskizzen die Wörter „Löwenzahn" und „Kreuzweg". (Am nächsten Tag überrascht uns Forella mit einem Strauß „Kuhblumen", die gerade im Park blühen. Das nehme ich zum Anlaß, ganze Pflanzen dort auszugraben und sie von den Kindern in der Klasse untersuchen zu lassen. Dabei finden sie die Erklärung für den Namen „Löwenzahn".)

Vortrag:

Diese lange Geschichte lese ich den Kindern in vier Abschnitten an einem Tag vor:

- *Nahrungssuche (bis: Wir sollten uns Löwenzahnfresserbande nennen ...)*
- *Herumirren (bis: Aber ich geh nicht mehr weiter. Wir haben uns verirrt.)*
- *Pläne machen (bis: Es wurde immer dunkler.)*
- *Schlafplatzsuche.*

Nach jedem Abschnitt denken wir gemeinsam über die Situation von LONI, LINO *und* OTTO *nach und erfinden Fortsetzungen für die Handlung.*
Die Länge dieser Geschichte fordert von den Kindern ein Höchstmaß an Konzentration. Die Unterbrechungen aktivieren sie so, daß das Zuhören leichter wird. – Denkbar ist, daß diese lange Geschichte auch auf zwei Tage verteilt wird.

Anschluß:

Lied: „Ein Männlein steht im Walde"
Suchbild in der Fibel: Wo ist LONI*? ...*

Die Geschichte

Als es Mittagszeit war, machten die drei Wanderer eine Pause. Alle hatten Hunger. Lino suchte sich am Wegrand Löwenzahnblätter, und die kleine weiße Ente fraß ein bißchen nasses Gras. Zwerg Otto aber wußte nicht, was er essen sollte. Er hatte großen Hunger, aber es gab nichts zu essen für ihn im Wald. Blaubeeren oder Erdbeeren waren noch nicht reif, Haselnüsse oder Pilze auch nicht. Also blieb ihm nichts anderes übrig, als Löwenzahnblätter zu essen. Zunächst spuckte er sie aus und rief: „Ih, ist das Zeug bitter!"
„Du muß die kleinen, frischen Blätter essen, die sind nicht bitter", schlug ihm Lino vor.
Alle aßen jetzt mit gutem Appetit Löwenzahnblätter, und Zwerg Otto sagte:
„Wir sollten uns die Löwenzahnfresserbande nennen. Das wär der richtige Name für uns."
Lino und Loni mußten ein bißchen lachen, aber Otto hatte es mit seinem Vorschlag ernstgemeint:
„Wir sollten uns eine kleine Fahne mit einem Löwenzahnblatt machen", sagte er ernst, „und sie immer abwechselnd tragen. Dann weiß jeder gleich, wer wir sind."
„Das können wir später machen", meinte Loni. „Jetzt müssen wir weiter. Hast du ganz vergessen, daß wir dein Haus mit dem goldenen Zimmer suchen, Otto?"
„Und ich will zum Lilienschloß", bettelte Lino.
„Ihr braucht mich an all das gar nicht zu erinnern", antwortete der Zwerg, sprang auf und rannte weiter, Lino und Loni hinterher.
Nach einiger Zeit kamen sie an einen Kreuzweg. Ein Weg, der sich nach allen vier Richtungen gabelte. Zwerg Otto wußte nicht, welchen der vier Wege sie gehen sollten.
„Ich glaube, am besten werfe ich einen Stein in die Luft, und wir gehen dann den Weg weiter, auf den der Stein fällt", schlug er vor.
Lino hielt das für Quatsch, traute sich aber nicht, das laut zu sagen. Loni wartete ab, wie es weitergehen sollte. Zwerg Otto nahm einen kleinen Stein, machte die Augen zu und warf den Stein in die Luft. Er fiel mitten auf die Wegkreuzung.
„Jetzt ist nichts geklärt", sagte Otto ärgerlich, „ich muß nochmal werfen."
Er nahm denselben Stein, machte wieder die Augen zu und warf ihn mit aller Kraft in die Luft. Diesmal fiel der Stein in ein Gebüsch. Lino und Loni mußten grinsen.
„Aller guten Dinge sind drei", schrie Otto und warf einen neuen Stein in die Luft.
Diesmal fiel er auf den Weg, der nach rechts abging.
„Den gehen wir", kommandierte Zwerg Otto und ging los. Die beiden anderen gingen mißtrauisch hinterher: Lino hoppelte ganz langsam auf dem Weg umher, Loni watschelte unlustig durch den Sand. Wer weiß, wohin der Weg sie führen würde? Der Weg ging immer tiefer in den Wald hinein, in einen tiefen Tannenwald. Sie konnten den Himmel über sich kaum noch sehen, so dunkel wurde es von den großen Tannenästen.
„Ich glaube, hier waren wir eben schon einmal", meinte Lino plötzlich, „an diesem Grasbüschel sind wir eben schon vorbeigekommen."
„Das kann nicht sein", sagte Otto, „die Grasbüschel sehen doch alle gleich aus."
„Wenn du genau hinsehen würdest", murmelte Lino, „dann könntest du erkennen, daß jedes Grasbüschel anders aussieht."
„Die Grasbüschel sind mir egal", sagte Loni. „Aber ich geh nicht mehr weiter. Wir haben uns verirrt. Am besten machen wir eine Pause und gehen dann zurück und versuchen, den alten Weg von vorhin zu finden."
„Gut, wenn du unbedingt willst", stimmte Zwerg Otto zu, und alle setzten sich auf den Waldboden.
Nach einer Weile stand die kleine weiße Ente auf, plusterte ihre Federn und sagte: „Wir müssen einen Fluß finden. Den können wir entlanggehen und irgendwann kämen wir dann aus dem Wald."
„Siehst du hier einen Fluß?", fragte Otto, „hier gibt's doch nur Tannen."
„Ich fliege auf einen Baum und halte Ausschau", schlug Loni vor und schon flog sie auf eine hohe Tanne, flatterte von Ast zu Ast, bis sie oben in der Tannenspitze war.
„Siehst du was?", brüllte Zwerg Otto von unten hinauf.
„Ja", schnatterte die kleine weiße Ente oben, „ich sehe Wasser. Einen See oder einen Fluß."
Aber es war unten nicht zu hören, und Lino und Otto mußten warten, bis die kleine weiße Ente wieder von der Tanne heruntergeflattert war.
„Wir müssen in diese Richtung", zeigte sie mit ihrem Flügel.
„Also nach links", rief Zwerg Otto, „das hab ich doch schon immer gesagt."
„Hör mit deiner Angeberei auf!", protestierte Lino. „Du hast uns ganz schön in die Irre geführt."
„Otto war beleidigt. Sie gingen langsam weiter. Es wurde immer dunkler.
„Werden wir heute noch zum Fluß kommen?", fragte Lino.
„Ich glaube nicht", antwortete Loni.
„Dann sollten wir einen Schlafplatz suchen", schlug Otto vor.
Alle setzten sich erschöpft unter eine Tanne und ruhten sich aus. Dann stand Lino als erster auf. Er wollte sich Löwenzahnblätter zum Abendessen suchen, aber die gab es hier nicht. Er fand ein bißchen Sauerklee. Der schmeckte ihm auch gut. Loni und Otto aßen auch von dem Sauerklee.
„Und wo soll ich schlafen?", fragte Zwerg Otto nach dem Essen.
„Wo steht hier ein Bett?"
„Das wirst du dir suchen müssen", meinte die kleine weiße Ente.
„Ich jedenfalls schlafe hier auf dem Baum."
„Und ich schlafe hier unter dem Baum im Tannengebüsch", sagte Lino.
„Und ich schlafe hier überhaupt nicht", maulte Otto, „hier gibt's kein Bett, hier schlafe ich nicht."
„Dann kannst du ja Nachtwache halten", schlug Loni vor, „damit uns nichts passiert."

„Das werde ich auch tun", sagte Otto trotzig und lehnte sich an den Baumstamm. Aber nach fünf Minuten war er schon eingeschlafen.

8. Eine Flußfahrt

Unterrichtshinweise

Zum Inhalt:

LONI, LINO und OTTO finden einen Weg aus dem Wald, indem sie einem Flußlauf folgen. LONI schwimmt auf der Wasserstraße und trägt dabei den kleinen OTTO auf ihrem Rücken. Nach dem vergeblichen Versuch, sich auf einem Brett von der Wasserströmung den Fluß hinuntertragen zu lassen, rennt LINO am Ufer entlang. Am vereinbarten Treffpunkt kommen LONI und OTTO an, LINO ist verschwunden.

Einstimmung:

Gespräch über Möglichkeiten für LONI, LINO und OTTO, aus dem Wald herauszufinden.
Zur Erläuterung des Textes werden einige Begriffe anhand von Tafelskizzen geklärt, nachdem mit der Angabe „Die Geschichte heißt ‚Eine Flußfahrt'" das Spekulieren über den richtigen Weg aus dem Wald beendet ist. So müssen „Strömung, Flußbiegung, schlingern" verstanden werden, damit die Dramatik der Handlung begriffen werden kann.

Vortrag:

Beim Vorlesen singe ich das Lied OTTOS „Eine Seefahrt, die ist lustig". Einige Kinder kennen es und singen mit.

Anschluß:

Fibelbild: eine Flußfahrt, S. 20/21.

Die Geschichte

Zwerg Otto wachte sehr früh auf an seinem Baumstamm, und weil er nichts Besseres zu tun hatte, kletterte er auf die hohe Tanne hinauf und suchte von oben aus nach dem Fluß oder dem See, den die kleine weiße Ente Loni gestern gesehen hatte. Tatsächlich sah er auch in weiter Ferne etwas glitzern, das Wasser sein konnte, und darum rief er, so laut er konnte:
„Wasser in Sicht! Alle aufwachen! Wasser in Sicht!"
Aber unten konnte ihn keiner hören, und er mußte von der Tanne herunterklettern und die beiden anderen aufwecken. Die kleine weiße Ente war sofort wach, aber Lino, der sich unter dem Baum aus Tannenästen ein Schlafnest gebaut hatte, mußte von Otto wachgerüttelt werden. Heute mußten sie ohne Frühstück weiterwandern, denn sie fanden nichts zu essen. Loni flatterte zwischendurch immer wieder auf einen Baum, um die Richtung zu bestimmen. Manchmal kletterte auch Zwerg Otto flink wie ein Wiesel auf eine Tanne und sah nach der Richtung. Aber die kleine weiße Ente traute ihm nicht recht und flatterte immer auch selbst mit hoch. Sie kamen dem Wasser immer näher, und plötzlich schimmerte es durch die Bäume. Es war ein schmaler Fluß.
Loni hatte eine Idee: „Wißt ihr was?", fragte sie, „wir schwimmen den Fluß hinunter. Irgendwann muß er aus dem Wald hinausführen."
„Du hast gut reden", sagte Otto. „Du kannst schwimmen. Aber was soll Lino machen?"
„Und was sollst du machen, Otto?", fragte Lino zurück. „Kannst du etwa so weit schwimmen?"
„Ich weiß, wie wir es machen", sagte Loni. „Ich nehme Zwerg Otto auf den Rücken. Er ist ja nicht schwer. Und du, Lino, du schwimmst auf einem Floß hinterher. Wir müssen nur ein Brett für dich finden."
Sie fanden ein kleines Brett am Ufer, auf dem Lino sitzen konnte. Er hatte große Angst vor dem Wasser und wollte sich nicht auf das Brett setzen, das Zwerg Otto und die kleine weiße Ente ins Wasser schoben.
„Das Brett ist zu schmal", jammerte Lino. „Ich werde herunterfallen, umkippen und untergehen."
„Versuch es doch wenigstens einmal", schlug Loni vor. „Ich rette dich, wenn du ins Wasser fällst."
Nach vielem Hin und Her war Lino schließlich bereit, sich auf dem Brett ins Wasser schieben zu lassen. Das Brett schwamm sofort los und wurde immer schneller.
Lino schrie: „Hilfe! Hilfe!"
Loni nahm Otto auf den Rücken. „Halt dich an meinen Federn gut fest", rief sie und flatterte mit ihm ins Wasser. Sie schwamm schnell hinter Lino her und hatte ihn bald eingeholt.
Der schrie immer noch mit seiner Kaninchenstimme: „Hilfe! Hilfe!" Es war so leise, daß Otto es kaum hören konnte.
„Hab keine Angst", rief er Lino zu und beugte sich zum Brett herunter. „Wir sind bei dir. Es kann dir nichts passieren."
Er beugte sich tief zu Lino hinunter und sagte: „Gib mir deine rechte Pfote. Dann nehmen wir dich ins Schlepptau."
Es ging tatsächlich. Lino war beruhigt, und sie schwammen gemeinsam den Fluß hinunter. Aber plötzlich kam eine Biegung. Otto mußte Linos Pfote loslassen, Linos Brett wackelte, kam ins Schlingern und wurde Richtung Ufer getrieben. Es blieb im Schilf hängen. Loni und Otto waren weitergeschwommen.
Lino rief, so laut er konnte: „Anhalten! Haltet an! Ich kann nicht weiter!"
Zwerg Otto und die kleine weiße Ente mußten umkehren und Linos Brett aus dem Schilf holen.
„Ich will nicht mehr auf dem Floß fahren", sagte Lino. „Ich laufe viel lieber neben euch her am Ufer entlang. Ich kann doch sehr schnell laufen."
„Gut, das ist eine prima Idee", meinte Loni. „Aber wir müssen einen Treffpunkt ausmachen, damit wir uns wiedertreffen." „Ich schlage vor, wir treffen uns

an der Stelle, wo der Fluß aus dem Wald herauskommt. Wer zuerst da ist, wartet auf die anderen."
So wurde es gemacht. Lino lief los, schlug ein paar Haken und war im Ufergebüsch verschwunden. Die kleine weiße Ente nahm Otto wieder auf den Rükken und flatterte ins Wasser. Zwerg Otto saß oben auf der Ente und sang aus vollem Hals:

„Eine Seefahrt, die ist lustig,
eine Seefahrt, die ist schön,
ja, da kann man viel erleben
und Zwerg Otto reiten sehn."

Es dauerte gar nicht lange, und der Wald war zu Ende. Der Fluß floß jetzt durch eine Wiese, und Otto rief:
„Anhalten, Loni! Wir sind da."
Sie stiegen aus dem Wasser und sahen sich nach Lino um. Aber der war nirgends zu sehen.
Wo der wohl geblieben war?

9. Lino trifft Verwandte

Unterrichtshinweise

Zum Inhalt:

Inzwischen hat LINO *zwei Verwandte getroffen: Cousine* PUCKI *und Vetter* KNUBBEL. *In dieser Geschichte geht es um Geborgenheit (Kaninchenhöhle) und Gefahren (Fuchs, Eule), denen sich ein Kaninchen ausgesetzt sieht. Die Kinder werden beim Zuhören eigene Gefahren reflektieren und bearbeiten.*

Einstimmung:

Vor dem Lesen und Hören der Geschichte denken wir gemeinsam darüber nach, was dem LINO *wohl passiert sein mag.*
„Warum ist LINO *nicht am vereinbarten Treffpunkt?"*
Dabei nennen die Kinder die natürlichen Gefahren für ein Kaninchen (Hunde, Fuchs ...), aber auch die Identifikation mit dem Tier, eigene Ängste werden deutlich. So sagte z. B. Manuela, die den ganzen Tag in Schule und Hort verbringt und die Mutter vermißt, in diesem Zusammenhang: „Vielleicht ist LINO *wieder bei seiner Mutter!" Sie äußert ihre Trennungsangst als Hoffnung und Wunsch.*

Vortrag:

Nach der Schilderung des Wiedersehens von PUCKI, KNUBBEL *und* LINO *spielen mehrere Dreiergruppen hintereinander diese Szene. Sie wird dabei immer weiter unter der Fragestellung entfaltet: Was möchte man vom anderen wissen, wenn man sich lange nicht gesehen hat? Und das Kind, das* LINO *spielt, muß sich überlegen, was müssen meine Verwandten unbedingt von mir erfahren*

Anschluß:

Gedicht in der Fibel: Buddeln.

Zuerst übe ich mit den Kindern den Refrain und lasse sie die entsprechenden Bewegungen dabei machen. Dann lese ich die einzelnen Strophen vor, die Kinder sprechen jedesmal den Refrain und begleiten sowohl Text als auch Refrain mit Bewegungen. Dieses Gedicht provoziert geradezu zum motorischen Agieren. Nach mehrmaligem Sprechen können die Kinder es selbst „auswendig" sagen. Jetzt können sie die entsprechende Fibelseite aufschlagen und es zu „lesen" versuchen. Die Kinder haben schon große Fortschritte in ihrem Leselernprozeß gemacht, wenn sie einen solchen Text zwar noch nicht selbst entziffern, aber Sprech- und Schriftfolge einander zuordnen können.

Die Geschichte

Zwerg Otto und die kleine weiße Ente Loni warteten umsonst auf das Kaninchen Lino. Lino kam und kam nicht. Auf seinem Zickzackweg am Flußufer entlang hatte er nämlich zwei Kaninchen getroffen, die mit ihm verwandt waren.
Als er um eine Flußbiegung lief, sah er sie am Ufer sitzen. Sie saßen in der Sonne im Sand und blinzelten ihm zu. Zunächst erkannte er sie gar nicht und wollte schnell vorbei, aber da rief das eine Kaninchen:
„Lino, kennst du uns nicht mehr?"
Lino blieb stehen und blinzelte zurück. Aber natürlich: Das waren ja seine Cousine Pucki und sein Vetter Knubbel. Lino freute sich sehr, wieder einmal Verwandte zu treffen, und fing als erstes eine kleine Schnupperunterhaltung an:
„Na, wie geht es euch denn?" Danach Schnuppern.
Und: „Wie geht es Tante und Onkel?" Wieder Schnuppern.
Und: „Wie kommst du denn hierher?" Und wieder Schnuppern.
So ging die Unterhaltung schnupperhin und schnupperher. Und dann sagten Pucki und Knubbel fast gleichzeitig:
„Lino, wir haben uns eine Höhle ganz nahe am Fluß gebaut. Die mußt du dir unbedingt ansehen."
Sie liefen zum Fluß und krochen in ein Loch am Ufer und waren unter der Erde verschwunden. Lino staunte, wie geräumig die Höhle war und wie gemütlich mit den Schlafstellen aus Heu und Blättern. Als sie die Höhle lange genug bewundert hatten, schlugen die beiden Verwandten Lino vor, doch mit ihnen auf das Kohlfeld zu kommen.
„Es ist ganz in der Nähe", sagte Pucki.
„Mit frischen Kohlblättern", fügte Knubbel hinzu.
Da konnte Lino nicht widerstehen. Er hatte großen Hunger, und Kohlblätter war eines seiner Lieblingsgerichte. Er lief mit zum Feld. Sie knabberten und knabberten an den frischen Blättern auf dem Kohlfeld, bis sie alle dicke Bäuche hatten.
Knubbel schlug vor: „Jetzt ruhen wir uns erst einmal in unserer Höhle aus."

„Aber ich muß weiter", sagte Lino zögernd. „Meine Freunde warten auf mich."
„Die holst du doch spielend ein", meinte Pucki. „Du bist doch wohl schneller als eine Ente."
Also krochen sie in die Höhle. Lino kuschelte sich in eines der Schlafnester und war sofort eingeschlafen.
Als er aufwachte, war es schon dunkel. Er kroch vorsichtig aus der Höhle, die anderen beiden schliefen noch, schnupperte draußen in die frische Luft und stellte fest, daß es eine schöne Mondnacht war. Der Fluß rauschte, alle Bäume standen still, ab und zu war ein Nachtvogel in der Luft zu hören.
„Ich muß auf die Eule aufpassen", dachte Lino. „Ich werde eine Nachtwanderung zu meinen beiden Freunden machen."
Er hoppelte los. Plötzlich blieb er wie angewurzelt sitzen: Er sah vor sich einen Fuchs! Linos Herz klopfte vor Angst, er kauerte sich tief in den Sand, machte keine Bewegung mehr und wartete. Der Fuchs vor ihm bewegte sich nicht. Lino stellte sich starr. Er blinzelte den Fuchs an, blinzelte noch einmal und sah, daß der Fuchs in Wirklichkeit eine Baumwurzel war.
„Ich bin doch zu ängstlich", sagte sich Lino und hoppelte weiter.
Der Fluß machte eine Biegung, und Lino mußte einen großen Bogen schlagen. Er lief ein Stückchen in den Wald, dann wieder zum Fluß zurück. Immer im Zickzack. Plötzlich hörte er über sich ein Rauschen. Lino wußte sofort: „Das ist eine Eule. Ich muß mich ganz schnell in Sicherheit bringen!"
Er sprang zum Fluß hinunter, raste an der Uferböschung entlang, immer auf der Suche nach einem Loch, in dem er verschwinden konnte. Da war eines! Schnell hinein! Lino war verschwunden.
Er wartete in dem Loch, bis es hell wurde. Dann lief er weiter und fand die kleine weiße Ente und den Zwerg Otto im Ufergebüsch. Beide schliefen noch, und Lino wollte sie nicht wecken. Er kauerte sich neben sie und wartete, bis sie aufwachten.

10. Ein Tag zum Spielen

Unterrichtshinweise

Zum Inhalt:

Die vielen Aufregungen der letzten Zeit (Aufbruch und Trennung, Gefangenschaft, Irrwege, LINOS Verschwinden) werden in dieser Geschichte durch die Freude über das Wiedersehen mit LINO vergessen.
LONI, LINO und OTTO erleben einen glücklichen Tag. Sie bleiben auf der Wiese am Fluß, erfinden Spiele und Wettkämpfe, bei denen ihre spezifischen Fähigkeiten zum Ausdruck kommen. Jeder kann einmal siegen, es gibt keinen traurigen Verlierer. So gewinnt natürlich LONI das „Wettwatscheln", LINO das „Wetthoppeln", und Zwerg OTTO hat seine Chance beim Bockspringen. Hierbei macht er vor allem durch schlagfertige Sprüche wett, was ihm vorher nicht so ganz gelang.
Jeder zeigt also, daß er etwas Bestimmtes besonders gut kann, besser als die beiden anderen, weil er dafür bestimmte Bedingungen erfüllt. Jeder wird in seiner Individualität angenommen und bestätigt.

Einstimmung:

Die Kinder spielen das Wiedersehen mit LINO. – LINO und OTTO wachen auf und sehen den schlafenden LINO neben sich. Sie wecken ihn, freuen sich laut oder lassen ihn schlafen ...

Vortrag:

Diese Geschichte lese ich den Kindern an zwei Tagen vor:
1. Tag: Spiele auf der Wiese (bis: Jetzt waren alle erschöpft und setzten sich ins Gras.)
2. Tag: Ratespiele.

Anschluß:

Die Darstellung der Spielverläufe im ersten Teil der Geschichte macht die kleinen Zuhörer auf ihren Stühlen zappelig. Sie möchten mitspielen. Heiko hüpft bei der Schilderung des Bockspringens mit beiden Füßen auf seinen Stuhl und bleibt so hocken, einige machen es ihm nach. Ich vertröste sie auf die nächste Turnstunde. Beim Bockspringen fallen die Kinder als „Böcke" leicht um und dabei gefährlich auf die Nase. In der Turnhalle können sich die „Böcke" vor Matten stellen. So fallen sie weich.
Jetzt lenke ich die Schüler/innen im Gespräch nach meiner Erzählung auf die unterschiedlichen Fertigkeiten von LONI, LINO und OTTO. Die Zusammenhänge mit den Ergebnissen der Wettspiele finden die Kinder selbst. Und sofort erzählen sie von sich: „Max ist ganz schnell beim Rechnen!" „Manuela malt so schöne Bilder mit Wachsstiften!" An der Tafel protokolliere ich die Aussagen der Kinder:

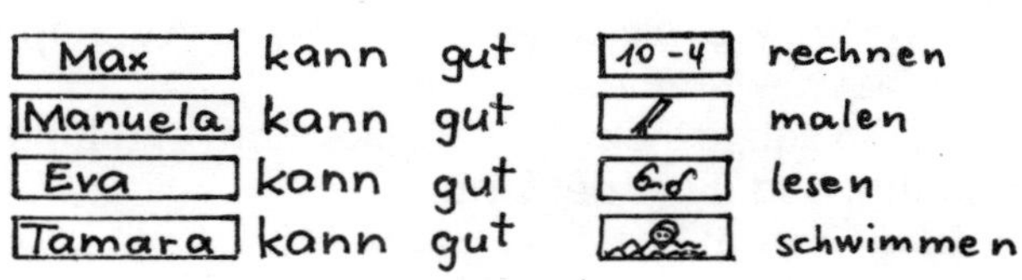

Die Symbole für die Tätigkeiten „schreiben" die Kinder. Einige sind vom Tagesplan bekannt:

Danach stellt sich Max einem Rechenwettkampf. Jeder kann gegen ihn antreten. Ein anderes Kind stellt eine Aufgabe, wer zuerst das Ergebnis nennt, hat gewonnen. Heute geht dieses Spiel ohne Neid und Aggressionen. Sogar Sebastian, Maxens Kontrahent, reagiert gelassen. Vielleicht hat ihm schon eine neue Einsicht dazu verholfen: „Ich kann dafür etwas anderes gut!"
Am nächsten Tag erfinden wir im Anschluß an die Vorlesegeschichte selber Rätsel. („Es ist rot. Es ist hier in der Klasse. Es ist manchmal da und manchmal weg." Sebastians Rätsel hat niemand gelöst. Es war: die Zunge!)

Die Geschichte

Als Zwerg Otto am Morgen Lino vor sich im Gebüsch sitzen sah, fing er sofort einen Freudengesang an:
„Tritratrallala, tritratrallala,
der Lino, der ist wieder da,
tritratrallala, der Lino, der ist da."
Und dann schrie er so laut er konnte:
„Alle aufwachen! Frühstücken auf der Löwenzahnwiese!"
„Mach bloß nicht so einen Krach", murmelte die kleine weiße Ente.
„Ist Lino wieder da?"
Dann sah sie ihn im Gebüsch sitzen und schlafen.
„Weißt du was", sagte sie zu Otto, „wir lassen ihn noch ein bißchen schlafen und sammeln für ihn ein schönes Frühstück."
Zwerg Otto sammelte große Löwenzahnblätter und Loni kleine.
„Damit er mehr Geschmack im Frühstück hat", sagte Otto.
Sie legten einen großen Strauß aus Löwenzahnblättern direkt vor Linos Nase und Zwerg Otto nahm ein Blatt und kitzelte damit Lino am Ohr. Lino wachte sofort auf, blinzelte und fragte erschrocken:
„Wo bin ich?"
„Na, bei uns, bei deinen Wandergesellen", antwortete Otto. „Und jetzt wird gefrühstückt."
Lino sah den großen Löwenzahnstrauß vor sich und fing gleich daran zu knabbern an. In Windeseile hatte er den Strauß verputzt. Zwerg Otto aß mit großem Schmatzen kleine Löwenzahnblättchen, Loni fischte nach Wasserpflanzen im Fluß herum.
„Wißt ihr, was wir heute machen?" fragte Zwerg Otto schmatzend.
„Ich hab *die* Idee: Wir machen einen Spieltag auf der großen Wiese hier."
„Oh ja", rief Lino. „Ich weiß ein spannendes Spiel: Wetthoppeln. Wer als erster über die Wiese gehoppelt ist, hat gewonnen."
Zwerg Otto setzte sich in die Hocke, Loni und Lino neben ihn, und dann rief Lino:
„Achtung! Fertig! Los!"
Und alle drei hoppelten los, so schnell sie konnten. Lino war bald an erster Stelle, aber es gab einen spannenden Kampf um den zweiten Platz zwischen Loni und Otto. Lino feuerte sie an, er war schon am Ziel.
Zwerg Otto ging immer wieder neu in die Hocke, dann wieder in die Höhe: hoch – runter, hoch – runter. Er sah wie ein Stehaufmännchen aus. Die kleine weiße Ente flog immer ein bißchen hoch, dann setzte sie sich wieder auf den Wiesenboden: hoch – runter, hoch – runter. Plötzlich rutschte Otto aus und fiel lang ins Gras. Die kleine weiße Ente hüpfte an ihm vorbei und war im Ziel. „Mist!" schimpfte Otto. „Jetzt bin ich dritter. Der Dritte darf ein neues Spiel vorschlagen. Los, wir machen Bockspringen!"
Und schon stellte er sich hin und beugte sich vor. Loni sprang als erste über ihn, das heißt: sie flatterte über ihn, setzte sich dann ins Gras und beugte den Kopf zum Boden. Lino nahm Anlauf, machte einen gewaltigen Sprung in die Luft – und blieb auf Zwerg Ottos Kopf sitzen. Er hatte falsch gezielt. Beide fielen übereinander ins Gras.
Otto schrie: „Wiederholung!"
Lino nahm neuen Anlauf, sprang auf Zwerg Otto zu und setzte mit einem eleganten Sprung über ihn, machte einen neuen Sprung und flog über die kleine weiße Ente. Er konnte sehr gut springen, aber Zwerg Otto rief: „Achtung! Jetzt kommt der größte Bockspringer der Welt!" und sprang auf Lino los, der sich ins Gras gekuschelt hatte. Aber er blieb an Linos Ohren hängen, fiel auf die Wiese, rappelte sich wieder auf, rannte auf Loni los und sprang ihr auf den Rücken. Da saß er wie ein Reiter auf dem Pferd und jubelte:
„Gewonnen! Über alle bin ich rübergesprungen."
„Jetzt schlage *ich* etwas vor", rief die kleine weiße Ente. „Wettwatscheln."
„Aber wie sollen wir das machen?" fragte Lino. „Wir haben doch keine Entenfüße."
„Ihr könnt das schon", meinte Loni. „Ihr müßt eure Füße ganz nach außen drehen und dann losgehen. So", und sie zeigte es ihnen. Alle stellten sich wieder in eine Linie, Zwerg Otto rief:
„Achtung, fertig, los!", und dann watschelten sie los.
Otto stolperte schon nach vier Schritten, Lino kam mit seinen vier Füßen überhaupt nicht von der Stelle. Loni war weit vorn.
„Lino, du mußt nur zwei von deinen vier Füßen nach außen stellen", riet Zwerg Otto.
Und Lino stellte seine beiden Vorderläufe nach außen und watschelte mit Otto um den zweiten Platz. Aber es war mehr ein Hoppeln. Diesmal wurde Otto Zweiter.
Jetzt waren alle erschöpft und setzten sich ins Wiesengras.
„Laßt uns Ratespiele machen", schlug Loni vor. „Das ist nicht so anstrengend."
„Diesmal fang ich an", sagte Lino. „Ist grün und kann nicht fliegen. Was ist das?"
„Eine Gartentür!" schrie Zwerg Otto gleich.
„Falsch", antwortete Lino.
„Eine Wiese", meinte Loni.
„Falsch."
„Ein grüner Hering", schlug Otto vor.
„Wieder falsch", rief Lino. „Es ist ein Löwenzahnblatt."
„Jetzt bin ich dran", rief Otto. „Ist weiß und redet viel."
„Ein Schneemann, der eine Schallplatte verschluckt hat", riet die kleine weiße Ente.
„Witzig, aber falsch", sagte Otto.
„Zwerg Ottos rotes Tuch, wenn er es sich vor die Nase hält", schlug Lino vor.
„Ganz falsch", antwortete Zwerg Otto.
„Linos Pfote, wenn er sie sich vor seinen Mund hält", sagte Loni.
„Falsch", sagte Ott. „Alles falsch. Du bist es, Loni", kicherte er.
„Ist naß und bewegt sich schnell", sagte die kleine weiße Ente, ohne auf Ottos Kichern zu hören.

„Ein Frosch", riet Lino.
„Falsch."
„Ein Regentropfen, der gerade vom Himmel fällt", schlug Otto vor.
„Schlau, aber falsch", sagte Loni.
„Zwerg Otto, der ins Wasser gefallen ist", schlug Lino vor.
Otto machte ein wütendes Gesicht, aber die kleine weiße Ente sagte: „Witzig, aber falsch. Es ist der Fluß hier vor uns."
„Ach sooo", riefen Otto und Lino.
„Und was sollen wir jetzt machen?", fragte Lino.
„Noch ein Stückchen am Fluß entlang weitergehen", schlug Loni vor.
„Ich will endlich das Haus mit dem goldenen Zimmer sehen, von dem uns Otto erzählt hat."
„Das hatte ich ganz vergessen", murmelte Lino und hoppelte los.

11. Auf dem Kartoffelfeld

Unterrichtshinweise

Zum Inhalt:

Auf ihrer Suche nach dem Haus mit dem goldenen Zimmer kommen LONI, LINO *und* OTTO *durch ein riesiges Kartoffelfeld. Für die drei ist die Wanderung durch das Feld mit den hohen Kartoffelstauden sehr beschwerlich, und als es auch noch anfängt zu regnen, fühlen sie sich bald so schlecht, daß sie nur noch schimpfend miteinander reden. In dieser aggressiv aufgeladenen Stimmung wollen* LONI *und* LINO *nun von* OTTO *die Wahrheit wissen: Wo und was ist das goldene Zimmer?* OTTO *muß zugeben, daß er den beiden seine Wünsche als Wirklichkeit dargestellt hat. Nach diesem Geständnis sind alle stumm, sogar* OTTO, *der immer kleinlauter wurde. Sinn und Zweck ihrer weiten, strapaziösen Wanderung sind auf einmal in Frage gestellt. Von dem goldenen Zimmer im Menschenhaus bleibt jedoch für* OTTO *der Wunsch ein Haus zu finden mit vertrauten Menschen und die Tiere dorthin zu führen.*

Einstimmung:

Als ich mit meiner Klasse diese 11. Entengeschichte erreicht hatte, war es Januar und Winter. Seit Tagen freuten wir uns über den Schnee und hatten im nahen Schloßpark Körner an den Vogelhäusern verstreut und eine Schneeballschlacht gemacht. Wir hatten die Wasservögel am halb zugefrorenen Teich beobachtet und einige Lonis unter den Enten entdeckt. Spuren im Schnee hatten uns auch dazu angeregt, über die erschwerten Bedingungen im Winter für Tiere nachzudenken. In dieser Unterrichtssituation erschien es mir sehr fremd, mit meinen Schulkindern jetzt – wenn auch nur in der Phantasie – ein Kartoffelfeld aufzusuchen. Also stellten wir uns vor, wie mühsam es für die drei sein müßte, durch tiefen Schnee zu laufen, und ich formulierte dann die Geschichte entsprechend um.
Beim Verändern der Geschichte benutze ich auch Motive aus dem Gedicht von Christian Morgenstern „Die drei Spatzen", das die Kinder schon kennen. Nach dem Beobachten der Vögel im verschneiten Park hatte ich es den Kindern vorgelesen, sie hatten die Vögel gespielt und geknetet. Jetzt ist es der „freche" OTTO, *der sich seinen warmen Platz zwischen* LONI *und* LINO *erobert und nicht mehr der „freche" Spatz Hans.*

Vortrag:

Das Kartoffelfeld ist in der Wintergeschichte ein Schneefeld, über das sich LONI, LINO *und* OTTO *mühsam kämpfen müssen. Es fängt an zu schneien, und immer beschwerlicher wird der Weg, immer tiefer versinken sie im Schnee. Schließlich bauen sie sich zwischen hohen Schneeverwehungen einen Schlafplatz.* LINO *wühlt den Schnee beiseite,* LONI *klatscht ihn mit den Flügeln fest und Zwerg* OTTO *darf zwischen den beiden, geschützt und gewärmt von Fell und Federn, den Platz einnehmen. Und dann wird er einem strengen Verhör unterzogen, in dem er immer mehr seine aufgesetzte Sicherheit verliert, weil seine beiden neuen Freunde vor lauter Enttäuschung gar nichts mehr sagen können.*

Anschluß:

Wir spielen den Konflikt zwischen den drei Freunden. Die Kinder erleben dabei sehr unterschiedliche Lösungen: während Heiko als LINO *wütend auf* OTTO *losgeht, Benni ihn von seiner warmen Seite verbannt und ihn nicht mehr beachtet, verlangt Pedro, daß er ihn –* LINO *– und* LONI *sofort in sein Baumhaus zurückbringen soll. Da Konfliktbewältigung in meiner Klasse meistens durch Prügeleien stattfindet, wobei „Haareziehen", Anspucken, Kneifen, Boxen fast tägliche Auseinandersetzungen provozieren, bin ich froh, daß bei diesem Rollenspiel auch andere Strategien eingesetzt werden, über die wir dann gemeinsam nachdenken können.*

Die Geschichte

Die drei Wanderer waren am Ende der Wiese angelangt. Jetzt kam ein Kartoffelfeld. Unendlich weit streckte es sich vor ihnen aus, und die kleine weiße Ente sagte:
„Da müssen wir nun hindurch, durch dies riesige Feld."
„Das schaffen wir doch spielend", sagte Zwerg Otto.
Er marschierte los, mitten durch die Kartoffelfurchen. Die Kartoffelpflanzen waren so hoch, daß nur noch sein runder Zwergenkopf zu sehen war. Lino hoppelte hinterher und auch Loni watschelte los.
Nach einiger Zeit fing es an zu regnen. Zwerg Otto riß sich ein großes Blatt von einer Kartoffelpflanze ab und hielt es als Regenschirm über sich. Aber es tropfe durch, und Otto wurde langsam naß. Loni freute sich über den Regen. Sie hatte es gern naß. Lino merkte am Anfang gar nicht, daß er naß wurde, weil er ein dickes Fell hatte, aber als er naß wurde, jammerte er:
„Mein Fell wird naß."

Aber es war so leise gesagt, daß ihn keiner gehört hatte. Die Wanderung ging im Regen weiter.
„Wir wandern durch den Kartoffelwald", sagte Loni.
„Hast du gedacht, es sei der Pantoffelwald?" fragte Otto etwas mißmutig.
Der Regen hörte nicht auf, und Linos Fell wurde immer nasser. Plötzlich kauerte er sich unter eine Kartoffelpflanze und hoppelte nicht mehr weiter.
„Was ist los mit dir?" fragte ihn Zwerg Otto.
„Ich will nicht mehr weiter", sagte Lino. „Mein Fell ist ganz naß, und außerdem weiß ich nicht, wohin wir eigentlich gehen."
„In das Haus mit dem goldenen Zimmer, du kleiner nasser Hasenfuß", antwortete Zwerg Otto. „Komm doch, wir gehen weiter. Dein Fell wird schon wieder trocknen."
Mehr konnte er nicht mehr sagen, denn plötzlich sackte er bis zum Bauch in die Erde zwischen den Kartoffelpflanzen.
„Hilfe! Ich versinke!" schrie er los.
Lino und die kleine weiße Ente rannten zu ihm und zerrten ihn aus dem Loch heraus. Aber wie sah Zwerg Otto aus? Seine schöne rote Hose war naß und schwarz von der nassen Erde. Mitten auf dem linken Knie war ein Loch in der Hose. Otto zeterte: „So eine Schweinerei! Ich geh nicht mehr weiter. Laßt uns eine Pause machen."
„Jetzt können wir keine Pause machen", sagte Loni. „Wir müssen erst etwas zum Unterstellen finden. Lino ist ganz naß geworden."
Sie gingen langsam weiter. Zwerg Otto war brummig, Lino verzagt und nur die kleine weiße Ente Loni war guter Stimmung.
„Wenn wir nichts zum Unterstellen finden, müssen wir uns etwas bauen", schlug sie vor.
Sie fing an, unter einer Kartoffelpflanze ein Loch zu scharren. Lino half fleißig mit. Otto fragte:
„Was soll der Quatsch?"
„Du wirst es schon sehen, wenn es fertig ist", meinte Lino und buddelte mit allen vier Pfoten weiter, daß die Erde in die Luft flog.
Lino und Loni buddelten eine kleine Höhle unter der Kartoffelpflanze. Und als sie fertig war, hatten alle drei Platz darin und saßen im Trocknen.
„Ganz schön gemütlich, euer Erdloch", meinte Otto.
„Das ist kein Erdloch, das ist eine Höhle", protestierte Lino. „Und jetzt erzähl uns endlich mal genau, wie das Haus mit dem goldenen Zimmer aussieht."
„Und wie die Menschen darin aussehen", forderte die kleine weiße Ente.
„Ja", murmelte Zwerg Otto. „Erst mal muß ich die Höhle, wie ihr das nennt, noch mit Kartoffelkraut zudecken. Es regnet bei mir durch."
Er kroch nach draußen, rupfte ein paar Blätter von der Kartoffelpflanze und deckte die Höhle von oben zu.
„Wenn das der Bauer merk", schimpfte Lino, als Zwerg Otto wieder in der Höhle saß. „Du machst ja die Kartoffelpflanze kaputt."
„Wer hat denn hier Löcher unter die Pflanzen gebuddelt? Ihr oder ich?" schimpfte Otto zurück.
„Jetzt streitet euch nicht herum", sagte Loni streng. „Die Kartoffelpflanze wird das schon überleben. Du wolltest von dem goldenen Zimmer erzählen, Otto."
„Ich wollte nicht, ihr wolltet", antwortete Otto mürrisch. „Außerdem habe ich euch schon alles erzählt."
„Aber wir möchten es etwas genauer wissen", sagte Lino.
„Sonst geh ich nicht mehr weiter. Wir wandern schon so lange und haben das Haus nicht gefunden. Weit und breit ist kein Haus zu sehen." Lino hatte eine richtig lange Rede gehalten und Zwerg Otto sah ihn ernst an.
„Also", sagte er. „Das Haus steht in einem großen Garten und in dem Garten stehen Bäume. Tannenbäume. Und in dem Haus ist mein goldenes Zimmer. Und in dem goldenen Zimmer sind meine goldenen Teller und Löffel. Und in ..."
„Hör auf mit deinen goldenen Löffeln", unterbrach ihn die kleine weiße Ente ärgerlich. „Wir wollen mehr über das Haus wissen und über die Menschen, die darin wohnen."
„Die Menschen?" fragte Otto. „Die Menschen, die sehen so aus wie ich, nur ein bißchen größer. Und manche haben eine blaue Jacke an, manche eine grüne Jacke und manche haben überhaupt keine Jacke an."
Zwerg Otto fing an zu kichern.
„Was gibt es da zu lachen?" fragte die kleine weiße Ente.
„Ich mußte gerade an etwas denken", antwortete Otto und grinste.
„Und an was mußtest du denken?" fragte Lino neugierig.
„Ach, ich hab mich vertan", sagte Zwerg Otto leise. „Mein Zimmer ist gar nicht aus Gold und die Löffel und Teller auch nicht. Es ist alles aus Silber oder so ähnlich. Jedenfalls glänzen alle Sachen so schön."
„Was?" rief Lino ganz entrüstet. „Es ist gar kein Gold?"
Und Loni sagte mit ernster Stimme: „Zwerg Otto, sei einmal ehrlich. Hast du uns etwas vorgeschwindelt?"
„Nein, das nicht", sagte Otto kleinlaut. „Das mit dem Haus, das stimmt. Und das mit den Menschen auch."
„Und das mit dem Zimmer?" wollte Loni wissen.
„Ich habe da kein Zimmer, aber ich wünsche mir eines", murmelte Otto.
Keiner sagte mehr ein Wort. Lino war eingeschnappt, daß das mit dem Gold nicht stimmte. Loni dachte darüber nach, ob sie überhaupt noch weiterwandern sollten, wenn das meiste, was Zerg Otto immer erzählt hatte, doch nicht stimmte.
Zwerg Otto hatte seine schmutzige und zerrissene Hose ausgezogen und hielt sie aus der Höhle hinaus in den Regen. Er wollte sie waschen.

12. Zwerg Otto findet eine Straße

Unterrichtshinweise

Zum Inhalt:

Am nächsten Morgen macht sich OTTO *allein auf den Weg. Er ergreift die Initiative, er will eine Straße finden, die zu den Menschen führt. Die beiden Tiere läßt er zurück, sie sollen sich noch ausruhen können, während er sich jetzt nützlich machen will für die Gemeinschaft.* LONI *und* LINO *danken es ihm. Als er nach der Begegnung mit einer unheimlichen Maschine, die ihm große Angst macht, die Straße gefunden hat und zu den beiden zurückgekehrt ist, haben diese ihm verziehen. Sie haben für ihn inzwischen eine gemütliche Schlafhöhle gebaut.*

Einstimmung:

Ich erinnere die Kinder an die Enttäuschung der beiden Tiere über OTTOS *Angebereien und an den kleinen* OTTO, *den nun sein schlechtes Gewissen plagt. Dann lese ich die neue Geschichte vor.*

Vortrag:

Nach der Begegnung mit der Maus trifft OTTO *auf ein Maschinenungeheuer, das ihn in Angst und Schrecken versetzt. An dieser Stelle versuchen wir, uns in kleine Leute hineinzudenken, machen uns im Spiel ganz klein und haben dadurch eine andere Sichtweise auf die Gegenstände im Klassenraum. Wir versuchen uns vorzustellen, was man alles kann, wenn man kleinwüchsig ist, und was man dann alles nicht kann, z. B. aus dem Fenster sehen.*
Für die Kinder wird jetzt deutlich, daß für OTTO *und die Tiere mit völlig anderer Perspektive auf die Menschenwelt geblickt wird, die sie entdecken wollen, zu der sie sich aufgemacht haben, neugierig und abenteuerlustig.*

Die Geschichte

Am nächsten Morgen konnte Zwerg Otto seine Hose wieder anziehen, sie war fast trocken. Immer noch sagte keiner ein Wort. Zwerg Otto sagte schließlich: „Wenn wir das Haus finden wollen, dann müssen wir zuerst eine Straße finden. Das weiß ich genau. Ich werde jetzt eine suchen gehen. Ihr könnt dableiben, euch ausruhen und auf mich warten." Und damit verschwand er.
Es hatte aufgehört zu regnen, und er kam ganz gut vorwärts. Aber das Feld nahm kein Ende. Und niemand war zu sehen, den Zwerg Otto nach einer Straße hätte fragen können.
Einmal traf er eine Feldmaus, die schnell vor ihm weglaufen wollte. Aber Zwerg Otto bekam sie am Schwanzende zu fassen und rief: „Heh, du, lauf nicht weg. Ich will dich etwas fragen. Kennst du hier in der Gegend eine Straße?" – Die Feldmaus zitterte vor Angst und wisperte: „Was soll ich kennen?" – „Eine Straße", sagte Zwerg Otto. „Wo ist hier eine Straße?" – „Was ist das, eine Straße?" fragte die Feldmaus. „Ist das was zum Essen?" – „Du kennst keine Straße?", wunderte sich Zwerg Otto. „Das ist ein gepflasterter Weg, auf dem man gut vorankommt. Nicht so wie hier." – „Ich kenne nur Sandwege", sagte die Feldmaus. „Und jetzt laß mich los. Ich muß weiter." – Zwerg Otto ließ die ahnungslose Feldmaus laufen und marschierte weiter.
Plötzlich hörte er ein lautes Geknatter und duckte sich schnell. Das Geknatter und Gefauche wurde immer lauter. Vor Zwerg Otto tauchte eine riesige Maschine auf, die so groß war wie ein Haus. Zwerg Otto duckte sich tiefer. Was mochte das für ein Ungeheuer sein? Ob er einmal näher herankriechen solle? Erst mal um die Ecke gucken, dachte er. Das riesige Ungeheuer auf Rädern war gut zu sehen. Es bewegte sich auf einem Feld nebenan. Mitten auf dem Ungeheuer in einem kleinen Häuschen saß ein Mann, der lenkte das Ungeheuer über das Feld.
Ob Zwerg Otto hinterherkriechen sollte? Ganz vorsichtig, damit das Maschinenungeheuer ihn nicht sehen konnte, schlich er gebückt hinter der riesigen Maschine her. Die Maschine zog hinter sich einen großen Wagen. Sie fuhr ziemlich schnell, und Zwerg Otto mußte sich anstrengen, in ihrer Nähe zu bleiben. Es ging über das Feld und dann blieb die Maschine mit einem Ruck stehen. Zwerg Otto duckte sich in einer Furche. Jetzt fuhr das Ungeheuer wieder langsam an und dann in so schnellem Tempo weiter, daß Zwerg Otto nicht mehr mitkam. Aber er hatte genug gesehen: die Maschine mit dem Wagen hintendran war auf eine Straße gefahren, das war sicher. Zwerg Otto ging bis an den Straßenrand heran und besah sich die Straße. Sie war aus schwarzem Asphalt und schien endlos lang zu sein. „Die müssen wir entlanggehen, dann kommen wir zu dem Haus", murmelte er vor sich hin.
Dann machte er kehrt und ging durch die langen Furchen, immer weiter, bis er ganz erschöpft bei der Höhle ankam.
Da saßen Lino und die kleine weiße Ente und blinzelten ihm zu und sagten beide wie aus einem Mund: „Ein Glück, daß du wieder da bist. Wir haben so auf dich gewartet." – „Ich bin ganz kaputt", japste Zwerg Otto, „aber stellt euch vor, ich habe die Straße gefunden, die wir gehen müssen." – „Das hat bis morgen Zeit", sagte die kleine weiße Ente. „Komm erst einmal in unsere Höhle und ruh dich aus."
Zwerg Otto staunte, als er in die Höhle kroch. Sie war mit trockenem Stroh ausgelegt, und es waren drei Schlafnester gebaut. Für jeden eines. „Gut, daß er die Straße gefunden hat", flüsterte Lino der kleinen weißen Ente zu.

13. An der Bushaltestelle

Unterrichtshinweise

Zum Inhalt:

Die beiden Tiere und Zwerg OTTO kommen der Menschenwelt und damit der Zivilisation immer näher. In dieser Geschichte wird aus ihrer Sicht eine Asphaltstraße beschrieben, an der sie eine Weile entlanglaufen und auf der sie seltsamen Blechhäusern begegnen. Sie beschließen, sich von einem großen „Hauswurm" mitnehmen zu lassen, und warten in einem „Häuschen mit einer Stange und einem Schild davor", daß einer anhält und sie aufnimmt. In dem Häuschen müssen sie lange warten. Sie vertreiben sich die Langeweile mit dem Erzählen von Witzen.

Einstimmung:

Die Begegnung OTTOS mit der unbekannten, angsteinflößenden Maschine wird noch einmal thematisiert. Ich erzähle von meinem Kater Mikasch, der sich jedesmal unter das Bett flüchtete, wenn der Staubsauger angestellt wurde. Inzwischen bleibt er dabei ruhig sitzen. Auch die Kinder wissen ähnliche Geschichten. Beim Erzählen zeigen sie, wie gut sie sich in die Situation der Tiere hineinversetzen können.

Vortrag:

In dieser Erzählung heißt es von Zwerg OTTO, daß er nicht genau weiß, was „links" und „rechts" ist. Ich halte hier ein und lasse die Kinder die entsprechenden Richtungen anzeigen. Im Kreis wird sofort klar, daß diese Angaben relativ sind, wenn sie nicht einen bestimmten Bezugspunkt haben. Also setzen wir den in uns selbst und zeigen: „Meine rechte Hand lege ich auf mein linkes Knie, meine linke Hand auf meine rechte Schulter ..." Beim Weiterlesen erleben die Kinder mit LONI und LINO den Unterschied von Menschenstraßen und Tierstraßen. Die Erfahrung, barfuß durch weichen Sand oder Gras zu laufen, haben sie gemacht und können jetzt darüber nachdenken, warum LONI und LINO auf der Asphaltstraße nicht mehr weitergehen möchten.

Aus der Perspektive von LONI, LINO und OTTO sehen die Kinder Autos und Busse. Diese Sicht belustigt sie, macht sie aber auch nachdenklich. Sie erinnern sich an eigene bedrohliche Erlebnisse im Straßenverkehr. Mit dem Warten an der Bushaltestelle beende ich heute meinen Vortrag. (Am nächsten Tag lese ich dann die Witze vor, die sich die drei erzählen, damit die Zeit schneller vergeht. Wie ich vermutete, regte das die Kinder an, selber Witze zu erzählen, wobei man ihnen helfen muß. In diesem Alter erzählen sie häufig zuerst die Pointen, und der witzige Überraschungseffekt ist hin.)

Anschluß:

Malaufgabe: „Stell dir vor, du bist LONI oder LINO und schreibst einen Brief nach Hause. Darin willst du erzählen, was du in der Menschenwelt, an der Menschenstraße gesehen hast."

Es entstehen Bilder von richtigen Häusern – mit spitzen Ziegeldächern, rauchenden Schornsteinen und Gardinen an den Fenstern –, die auf große Räder montiert sind. Und wieder thematisieren einige der kleinen Briefeschreiber in ihren Zeichnungen Abschied und Trennung. So auch Sascha, auf dessen Bild LONI und LINO weinen, denn OTTO fährt weg. Den Text hat Sascha mir diktiert.

Die Geschichte

Nach dem Frühstück wanderten sie alle drei auf das Feld zu, das Zwerg Otto entdeckt hatte. Es dauerte lange, bis sie endlich da waren. Und die Straße war noch nicht zu sehen. „Erst müssen wir über dies Feld hier", sagte Zwerg Otto. „Hier habe ich gestern das Maschinenungeheuer gesehen. Wenn ihr das gesehen hättet, wäret ihr vor Angst gestorben. Aber ich ..." – „Hör auf mit deiner alten Angeberei", sagte die kleine weiße Ente. „Als ob du gar keine Angst gehabt hättest." – „Hatte ich auch nicht", sagte Zwerg Otto schnippisch, obwohl er wußte, daß das nicht stimmte.
„Hört auf, euch zu streiten", meinte Lino. „Laßt uns lieber über das Feld zur Straße laufen", und schon lief er los, schlug ein paar Haken und war bald nicht mehr zu sehen. Die kleine weiße Ente und Zwerg Otto kamen nicht mit, sie konnten nicht so schnell laufen und auch keine Haken schlagen, aber schließlich kamen sie auch am Ende des Feldes an und sahen Lino am Rand der Straße sitzen.
„So, jetzt sind wir da", sagte Zwerg Otto triumphierend. „Und in welche Richtung müssen wir gehen?", fragte die kleine weiße Ente. „Nach links oder nach rechts?" – „Ich glaube, nach dieser Richtung", sagte Zwerg Otto und zeigte nach rechts. Er wußte nicht genau, was links und rechts war. „Da ist die Maschine mit dem Mensch im Häuschen gestern langgefahren", fuhr er fort. – „Also gehen wir dem Ungeheuer nach?", fragte Lino ängstlich. – „Mach dir keine Sorgen", sagte die kleine weiße Ente. „Die Maschine ist längst weit

weg von hier. Mit der haben wir nichts mehr zu tun", und sie ging in die Richtung, in die Zwerg Otto gezeigt hatte. Die anderen beiden hinterher.

Am Anfang ging es sich sehr gut auf der festen glatten Straße. „Man kommt besser voran als auf den Sandwegen", meinte Zwerg Otto. – „Und außerdem kann man nicht in Löcher fallen", sagte die kleine weiße Ente und blinzelte zu Zwerg Otto hinüber. Aber als sie eine Zeitlang gegangen waren, taten der kleinen weißen Ente ihre Entenfüße weh. Auch Lino hatte Fußschmerzen, und als sie am Straßenrand eine Pause machten, zeigte er seine Vorderpfote. Sie hatte eine kleine Blase vom Hoppeln über den harten Asphalt. „Du mußt am Rand der Straße gehen", schlug Zwerg Otto vor. „Und du auch, kleine weiße Ente. Für euch Tiere ist die Straße nicht gut." – „Es ist ja auch eine Menschenstraße", sagte die kleine weiße Ente. – „Es ist nur weit und breit kein Mensch zu sehen." – „Bin ich denn kein Mensch?", fragte Zwerg Otto entrüstet. „Du bist doch bloß eine Taschenausgabe", sagte die kleine weiße Ente.

„Was ist das denn?", fragte Zwerg Otto neugierig. – „Na, jemand, den man in die Tasche stecken kann, so klein ist er", antwortete die kleine weiße Ente. – Jetzt war Zwerg Otto beleidigt. „Ich kann mich aber auch groß machen." Er ging mitten auf der Straße weiter und kümmerte sich nicht um die beiden anderen. Die humpelten im Straßengraben hinterher.

Plötzlich war ein lautes Getöse zu hören. Es kam immer näher, und Zwerg Otto blieb auf der Straße stehen. Er wollte unbedingt sehen, was da angerauscht kam. Lino und die kleine weiße Ente duckten sich in den Straßengraben. Jetzt war ein sehr lautes „Tuuut" zu hören, Zwerg Otto sprang schnell an den Straßenrand, und dann sauste ein Haus aus Blech mit Türen und Fenstern vorbei. „Was war das?", fragte die kleine weiße Ente ängstlich, als der Krach vorbei war. – „Das war ein Blechhaus auf Rädern", sagte Zwerg Otto. „Waren da Menschen drin?", fragte Lino. – „Bestimmt", sagte Zwerg Otto. „Denn irgendjemand muß doch das Ding lenken, damit es nicht von der Straße fällt." – „Du hast Glück gehabt, daß du nicht unter die Räder gekommen bist", sagte die kleine weiße Ente zu Zwerg Otto. „Wenn das Blechhaus nicht diesen Ton, dieses Tuuut, gemacht hätte, hätte es dich überfahren." – „Ach was", sagte Zwerg Otto. „Die Leute wollten mir mit dem Getute ‚Guten Tag' sagen." – Aber das glaubten ihm weder Lino noch die kleine weiße Ente, denn sie hatten beide gesehen, wie Zwerg Otto ängstlich zur Seite gesprungen war.

Sie gingen weiter. Zwerg Otto jetzt am Rand der Straße, in die Mitte traute er sich nicht mehr. Bald war wieder von weitem Lärm und Getöse zu hören. Diesmal war es noch lauter, aber sie hatten nicht mehr so große Angst. Sie stellten sich alle drei ganz an den Rand der Straße und warteten. Was da vorbeigerattert kam, war ein riesiges Haus mit vielen großen Fenstern. Hinter den Fenstern konnten sie Menschen sitzen sehen. „Das war ein Hauswurm", sagte Zwerg Otto, „damit fahren die Menschen von Ort zu Ort. Man muß sich an die Straße stellen, dann wird man mitgenommen." – „Wir standen doch an der Straße", sagte Lino. „Und das große Haus hat nicht angehalten." – „Es hält nicht überall", sagte Zwerg Otto, „nur an bestimmten Stellen." – „Ich würde gern mitfahren", sagte die kleine weiße Ente. – „Ja, laßt uns so eine Haltestelle suchen", bettelte Lino. „Erst mal finden", meinte Zwerg Otto. „Wir müssen auf große Stangen mit einem Schild daran am Straßenrand achten. Da hält der Hauswurm." Sie gingen weiter.

Aber sie sahen nur Bäume am Straßenrand, bis Lino plötzlich rief: „Ich habe ein Häuschen mit einer Stange und einem Schild davor gefunden!" Er war vorgelaufen, und als die anderen beiden bei dem Häuschen angekommen waren, sagte Zwerg Otto: „Das ist ein Wartehäuschen. Jetzt brauchen wir nur noch zu warten, bis ein Hauswurm kommt. Dann fahren wir los." – Aber es kam keiner. Sie warteten und warteten, und es wurde ihnen langweilig.

Die kleine weiße Ente fragte: „Wer von euch weiß einen Witz?" – „Ich weiß nur ein Rätsel", sagte Lino. „Ist grün und schmeckt gut." – „Ist ja babyleicht", rief Zwerg Otto. „Löwenzahn!" – „Falsch!" sagte Lino. – „Entengrütze", riet die kleine weiße Ente. – „Kenn ich nicht", sagte Lino, „also falsch!" – „Pfefferminzbonbon", schlug Zwerg Otto vor. – „Alles falsch", sagte Lino. „Es ist ein Kohlblatt." – „Wer darauf kommen soll!", stöhnte Zwerg Otto.

„Ich weiß einen Witz: Ein Hase hat sich verlaufen. Da trifft er einen Jäger mit einem Gewehr über der Schulter. Er fragt den Jäger: ‚Guten Tag, verzeihen Sie. Wissen Sie vielleicht, wo es zum Kohlfeld geht?' – ‚Immer geradeaus und hinter der nächsten Birke rechts', antwortet der Jäger. Der Hase rennt los. Als er weg ist, denkt der Jäger: ‚Komisch, daß der Hase reden konnte!'" – „Und wo ist da der Witz?" fragt Lino. – „Na, daß der Jäger den Hasen nicht erschossen hat, er hat das einfach vergessen", sagte die kleine weiße Ente.

„Aber ich weiß auch einen Witz: Trifft ein Riese einen Zwerg und wundert sich, daß es so kleine Riesen gibt. Trifft ein Zwerg einen Riesen und wundert sich, daß es so große Zwerge gibt. ‚Bist du ein Riese?', fragt der Riese den Zwerg. – ‚Bist du ein Zwerg?', fragt der Zwerg den Riesen." – „Komisch, zum Totlachen", sagte Zwerg Otto wütend. Aber da hörten sie wieder das Getöse in der Ferne. Es wurde lauter und lauter, und dann kam das große Haus auf Rädern. Zwerg Otto winkte und fuchtelte mit den Armen umher, aber das Haus hielt nicht. Es fuhr einfach vorbei. „So ein Mist!", schimpfte Zwerg Otto. „Der hat uns nicht gesehen." – „Du bist ja auch kein Riese", sagte die kleine weiße Ente. – „Und du auch nicht", gab Zwerg Otto zur Antwort. Was sollten sie jetzt bloß machen?

14. Die Busfahrt

Unterrichtshinweise

Zum Inhalt:

Während LONI, LINO *und* OTTO *noch an der Haltestelle auf den Bus warten, kommen zwei Kinder und setzen sich auf die Bank im Wartehäuschen. Sie unterhalten sich über ihre Schule und die Lehrerin. Von einem Kichern* OTTOS *aufmerksam geworden, entdecken sie die beiden Tiere unter der Bank;* OTTO, *unter* LONIS *Flügel versteckt, entgeht der Entdeckung. Simon und Ute, die beiden kleinen Menschen, greifen sich die Tiere und erklären sie zu ihrem Eigentum. Ute nimmt* LINO *und Simon* LONI *mit zu sich nach Hause.*

Einstimmung:

Wir sehen uns gemeinsam einige Bilder an, die die Kinder aus der Sicht der Tiere von Autos und Bussen gemalt haben, und versuchen uns vorzustellen, ob und wie es den dreien gelingen wird, von einem Bus aufgenommen und befördert zu werden. Die Schüler/innen halten das für unwahrscheinlich und zeigen damit, daß sie in diesem Gespräch plötzlich die Perspektive wechseln. Sie wissen, daß ein Busfahrer nicht darauf eingestellt ist, wegen Tieren anzuhalten, und befürchten, daß diese erst gar nicht wahrgenommen werden.

Vortrag:

Als ich dann die Geschichte vorlese, identifizieren sich die zuhörenden Kinder mit Simon und Ute, den beiden Menschen, die die Tiere einfangen.

„Ich hätte auch LINO *genommen!", sagt Forella, und viele unterstützen mit entsprechenden Bemerkungen Utes Wahl. „Und warum?" – „Kaninchen sind weich und kuschelig!"*
Erst als Sascha sich entrüstet: „Das haben die Männer nicht gemacht, als sie die beiden gefangen haben", sind die Kinder in ihren Gedanken wieder auf der Seite von LONI *und* LINO. *Und alle meinen, daß man die beiden auf keinen Fall hätte trennen dürfen.*

Anschluß:

Die Kinder erzählen von ihren Phantasien, Tiere als Freunde zu haben. Die meisten Kinder haben nie ein Tier halten dürfen, und einige haben anstelle ihres Wunschtieres (Hund oder Katze) ein ‚pflegeleichtes' Tier, nämlich eine Schildkröte, einen Vogel oder Fische. Von diesen Tieren erzählen sie nun und versuchen sich vorzustellen, wie sich ihre Eltern verhalten würden, wenn sie plötzlich aus der Schule mit einem Kaninchen oder einer Ente nach Hause kämen.

Die Geschichte

Vor lauter Warten an der Bushaltestelle waren die drei sehr müde geworden. In dem Wartehäuschen gab es eine Bank und unter die waren sie gekrochen. Es war wie in einem kleinen Haus unter der Bank, nicht ganz so gemütlich wie in der Erdhöhle, aber jedenfalls hatten sie ein Dach über dem Kopf. Plötzlich hörten sie Stimmen, und Zwerg Otto flüsterte: „Jetzt kommen bestimmt Menschen. Wir müssen ganz leise sein."
Er hatte recht. Es kamen zwei kleine Menschen in das Wartehäuschen und setzten sich auf die Bank. Ihre Füße baumelten der kleinen weißen Ente direkt ins Gesicht, und sie konnte sehen, daß sie schwarze und braune Dinger, die aussahen wie Tüten, an den Füßen hatten. In den Fußtüten steckten noch bunte Stoffstücke. „Was haben die denn an den Füßen?", flüsterte sie Zwerg Otto zu. Zwerg Otto sah sich die Füße an und flüsterte zurück: „Das sind Schuhe und Strümpfe. Sei leise, sonst finden sie uns noch." Oben auf der Bank saßen die beiden kleinen Menschen und redeten. Zwerg Otto, Lino und die kleine weiße Ente konnten das meiste verstehen, sie wußten nur nicht, was das Wort „Schule" bedeutete. Immer wieder redeten die da oben über „die Schule": „Weißt du, gestern in der Schule, da hat unsere Lehrerin vielleicht doof geguckt." – „Warum denn das?", fragte der andere kleine Mensch. – „Na weißt du, als sie zu uns in die Klasse kam, blieben wir alle ganz stumm auf unseren Plätzen sitzen, sagten kein Wort. Sie hat gefragt: ‚Was ist denn heute los mit euch?' Und keiner hat geantwortet. Wir saßen alle ganz still da und sahen auf unsere Tische. ‚Seid ihr alle krank?', hat die Lehrerin dann gefragt. Keiner hat geantwortet. Plötzlich mußte ich losprusten, und dann lachte die ganze Klasse, und die Lehrerin hat auch gelacht." – In diesem Augenblick konnte man unter der Bank ein lautes Kichern hören. Das war Zwerg Otto, der über die Geschichte aus der Schule so lachen mußte. – „Hast du das gehört?", fragte der eine kleine Mensch den anderen. „Da hat doch jemand gekichert." – „Das warst doch du selbst", sagte der andere kleine Mensch. „Wer soll es denn sonst gewesen sein. Hier ist doch niemand außer uns." – „Ich war es aber nicht", sagte der andere kleine Mensch. Dann beugte er sich vor und guckte unter die Bank. Zwerg Otto versteckte sich blitzschnell unter einem Flügel der kleinen weißen Ente, aber die anderen beiden konnten sich nicht verstecken. – „Sieh bloß, Ute, was ich gefunden habe", rief der eine kleine

Mensch. – „Ein Kaninchen!" – „Und da ist ja eine kleine weiße Ente!" rief der andere kleine Mensch und griff nach der kleinen weißen Ente. – „Ich nehm' das Kaninchen!" rief Ute. „Du kannst die Ente behalten, Simon." – Ute und Simon nahmen jeder ihr Tier auf den Schoß, streichelten es vorsichtig und flüsterten: „Na, du Süßer" zu Lino und: „Na, du Kleine" zur kleinen weißen Ente.
Und dann war ein lautes Getöse zu hören: Das Haus auf Rädern mit den vielen Fenstern hielt vor dem Wartehäuschen, und Ute und Simon stiegen ein.
„Was habt ihr denn da gefunden?", fragte der Mann, der vorn im Bus am Steuer saß. „Das sind unsere Tiere", antworteten Ute und Simon aus einem Mund. „Brauchen wir für die eine Fahrkarte?" – „Nein, die könnt ihr auf den Schoß nehmen. Die sind ja noch so klein", antwortete der Busfahrer. Und dann ruckte der Bus an und die Fahrt ging los.
Die kleine weiße Ente saß bei Simon auf dem Schoß. Sie konnte ein ganz klein bißchen aus dem Fenster gsehen. Zwerg Otto saß immer noch unter ihrem Flügel, zupfte sie ab und zu an einer Feder und wollte unbedingt etwas sagen.
Aber das war zu gefährlich, dachte die kleine weiße Ente. Und sie drückte ihn fester unter den Flügel. Sie wollte nicht, daß er auch noch entdeckt würde. Wer weiß, vielleicht konnte er ihnen noch einmal helfen, denn jetzt waren sie wieder gefangen.
Lino saß zusammengekauert auf Utes Schoß. Er hatte seinen Kopf zwischen die Pfoten gesteckt und wollte nichts hören und sehen. Hauptsache, diese Ratterfahrt war bald vorbei. Er hatte Angst, daß es ihm schlecht würde.
Draußen waren die Felder jetzt zu Ende. Die kleine weiße Ente konnte die ersten Häuser sehen. Ob da irgendwo das Haus sein mochte, von dem Zwerg Otto erzählt hatte?
Sie hätte ihn so gern danach gefragt, aber das ging jetzt nicht. Außerdem war er anscheinend unter ihrem Flügel eingeschlafen, denn er bewegte sich nicht mehr.
Dann hielt der Bus. Ute und Simon stiegen aus, mit den beiden Tieren auf dem Arm. „Tschüß, bis morgen", riefen sie sich zu und gingen jeder in eine andere Richtung.
Jetzt war Lino von der kleinen weißen Ente und Zwerg Otto getrennt – und die kleine weiße Ente und der Zwerg Otto waren von Lino getrennt.
Lino fing an, auf dem Arm von Ute zu zappeln. Er versuchte sogar, sie in die Hand zu beißen. Aber Ute hielt ihn fest und lief nach Hause.

15. Lino und Ute
16. Simon und die kleine weiße Ente

Unterrichtshinweise

Zum Inhalt:

Ute darf nach längerem Argumentieren schließlich LINO *auf dem Balkon in einer Kiste unterbringen. Die Mutter konfrontiert Ute, die für* LINO *am liebsten ein Kuschelnest neben ihrem eigenen Bett bauen möchte, mit der pragmatischen Feststellung: „Ein Tier ist anders als ein Spielzeug" und bringt sie dazu, die Haltung und Pflege des Kaninchens nach dessen spezifischen Bedürfnissen zu organisieren.*
Simon stellt von sich aus entsprechende Überlegungen an. Er bringt LONI *in einer Garage unter und füllt für sie sein altes, aufblasbares Schwimmbecken mit Wasser.*
Die Tiere verkraften die Trennung voneinander in unterschiedlicher Weise. Während LINO *– ganz allein bei Ute – vor Aufregung nicht fressen mag, beginnt* LONI*, gemeinsam mit Zwerg* OTTO*, der, unter ihrem Flügel versteckt, mit zu Simon gekommen war, darüber nachzudenken, wie sie wohl* LINO *finden könnte.*

Einstimmung:

Die Trennung LONIS *und Zwerg* OTTOS *von* LINO *haben den Spannungsbogen der Geschichten für die Kinder in einer Weise gestrafft, daß sie es kaum aushalten, diese Trennung für eine Weile zu akzeptieren.*
Sie wollen wissen, wie es LONI *und* LINO *weiter ergeht, bei der Trennung soll es nach ihren Vorstellungen nicht bleiben. Vom Fortgang der Geschichten erhoffen sie sich eine Auflösung der Trennung.*
Anknüpfungsgedanken entnehme ich dem Anschlußgespräch nach der 14. Geschichte. Da hatte Forella erzählt: „Ich habe gestern im Schloßpark ein Kaninchen gesehen. Ich wollte das fangen. Heiko hat gesagt: ‚Das kriegst du nicht, das ist doch wild!'" Wir überlegen, wie sich „wilde" und wie sich „zahme" Kaninchen verhalten. LINO *ist wie ein zahmes, weil „er ja schon Zwerg* OTTO *kennt", sagt Susanne.*

Vortrag:

Ich lese beide Geschichten zusammen vor. Dadurch sind beide Tiere, LONI *und* LINO*, so gegenwärtig, daß das Moment ihrer Trennung im Bewußtsein der zuhörenden Kinder durch die Informationen über ihre Aufnahme bei den Menschen entschärft und damit erträglicher wird.*
Aus den Reaktionen der Kinder entnehme ich, daß ein neues Maß von Realitätserfahrung in der Klasse aufkommt. LINO *und* LONI *werden aus der Sicht von Ute und Simon wie Tiere gesehen, die von ihnen, den Menschen, versorgt werden müssen. Damit lösen sich für die Kinder die Trennungsgefühle, und sie bearbeiten aktiv die neue Situation, die durch die Begegnung der Tiere mit den Menschen gegeben ist.*

Anschluß:

Wir gestalten ein Bilderbuch: LONI *und* LINO *bei Simon und Ute.*

Lino ist bei Ute	Loni ist mit Otto bei Simon	Ute holt für Lino Fressen
Loni und Otto machen einen Plan		

Die Texte schneiden die Kinder aus, kleben sie in ein selbstgebasteltes Buch, malen Bilder dazu und diktieren noch andere bzw. Fortsetzungsgeschichten dazu. Für das „Buch“ werden zwei DIN A 4-Blätter quer halbiert, in der Mitte gefaltet, ineinandergelegt und mit dem „Klammeraffen“ zusammengeheftet.
(Die meisten Kinder denken sich als Anschlußgeschichten Wiedersehensfeste aus.)

Die Geschichte: Lino und Ute

Ute lief, so schnell sie konnte. Lino hatte sie mit beiden Händen an sich gedrückt. Als sie die Haustür aufmachen wollte, wäre ihr Lino beinahe weggesprungen, aber sie konnte ihn so eben noch zu fassen kriegen. „Mama, Mama“, rief sie. „Sieh mal, was ich gefangen habe!“ – „Das ist doch ein Kaninchen, das mußt du wieder nach draußen bringen, damit es draußen leben kann, Ute“, sagte die Mutter. – „Aber es ist zahm, Mama“, sagte Ute. „Sieh mal, wie es sich an mich kuschelt.“ Und sie drückte Lino sanft an sich. „Aber Ute, Kind, das mußt du verstehen. Ein wildes Kaninchen kann nicht bei Menschen leben. Es ist doch an die Freiheit gewöhnt.“ – „Aber wenn ich ihm ein schönes Nest in meinem Zimmer baue, direkt neben meinem Bett. Dann hat es doch ein schönes Leben“, bettelte Ute. – „Gerade dann nicht, Ute“, sagte die Mutter. „Das Kaninchen ist doch kein Teddy und keine Puppe.“
Lino saß die ganze Zeit über mit hochgestellten Ohren auf Utes Arm. Er zitterte ein bißchen, und einmal kuschelte er sich an Utes Pullover und machte die Augen zu. „Also gut, Kind, wenn du es unbedingt willst, dann kann das Kaninchen auf unserem Balkon bleiben.“ – „Danke, Mama, danke“, rief Ute und lief schnell mit Lino auf den Balkon.
Aber so einfach auf dem Balkon konnte das Kaninchen nicht leben, der Boden war viel zu rauh und zu kalt. „Es braucht ein kuscheliges Nest“, dachte Ute. „Ich muß mir eine kleine Kiste und Heu besorgen.“
Sie ließ Lino einstweilen auf dem Balkon allein und ging eine Kiste und Heu suchen.
Lino lief in eine Ecke und drückte sich an die Wand. Die Wand war kalt und rauh. Lino lief in eine andere Ecke, aber da war es nicht anders.
Ute kam bald mit einem Pappkarton zurück, Heu hatte sie nicht gefunden. Sie hatte Blätter gesammelt, ein bißchen alte Wolle und Sand und alles in die Kiste gepackt. Jetzt wollte sie Lino in die Kiste setzen. Aber Lino ließ sich nicht so einfach einfangen. Er rannte von einer Ecke in die andere. Ute immer hinterher, und schließlich gelang es ihr, ihn zu fangen.
Er zappelte, so stark er konnte, aber Ute setzte ihn in die Kiste und sagte: „Geh' schön in deine Kiste, Häschen. Da ist es ganz schön weich und warm für dich. Ich hol' dir was zu fressen.“
Lino saß in der Kiste. Er wollte an den Wänden hochklettern, aber der Pappkarton war zu hoch. Er rutschte immer wieder ab. Wenn doch bloß Zwerg Otto und die kleine weiße Ente dagewesen wären! Die hätten ihm helfen können. Aber es war nur Ute da, und die sagte jetzt: „Bleib schön in der Kiste, Häschen. Ich hol' dir jetzt etwas zu fressen.“
Dann lief sie zu ihrer Mutter und fragte: „Mama, was fressen Kaninchen?“ – „Ich glaube, Löwenzahn, Getreidekörner und Mohrrüben“, sagte die Mutter. – „Dann geh' ich Löwenzahn suchen“, rief Ute und rannte in den Hof. Da war eine kleine Wiese.
Sie kam mit einer Handvoll Löwenzahnblätter zu Lino auf den Balkon zurück. Lino hatte sich in den Sand in der Pappkiste gesetzt und spitzte die Ohren. Sie hielt ihm die Löwenzahnblätter hin und sagte: „Da, friß, mein Häschen.“ – Aber Lino fraß nicht. Er hatte vor lauter Aufregung keinen Appetit. Er blieb unbewegt in der Kiste sitzen, spitzte die Ohren und zitterte. Ute legte die Löwenzahnblätter in die Pappkiste und sagte: „Willst du nicht fressen, wenn ich dabei bin? Soll ich weggehen?“ und ging vom Balkon weg. Sie stellte sich hinter die Balkontür und beobachtete das Kaninchen.
Ob es wohl endlich fressen würde? Oder ob es lieber Körner fraß? Aber wo sollte sie Körner herbekommen? Ob es die zu kaufen gab? – Sie wurde traurig, als sie sah, daß das Kaninchen immer noch nicht die Löwenzahnblätter anrührte.
Es war Abend geworden, und die Mutter rief: „Ute, laß' das Kaninchen jetzt, komm abendessen. Es ist Zeit.“ Und Ute ließ Lino allein auf dem Balkon. Da saß er in seiner Pappkiste, sah ein Stückchen vom Himmel über sich und lauschte auf die fremden Geräusche. Es klapperte und rauschte um ihn herum. Er konnte Stimmen hören. Der Mond war zu sehen. Lino hatte immer noch keinen Hunger. Er dachte an die kleine weiße Ente und an Zwerg Otto. Wo die wohl sein mochten?

Die Geschichte: Simon und die kleine weiße Ente

Simon ging langsam nach Hause. Die kleine weiße Ente trug er vorsichtig in beiden Händen und hatte sie an sich gepreßt. Er überlegte angestrengt, wo er die kleine weiße Ente verstecken sollte. In die Wohnung konnte er sie jedenfalls nicht mitnehmen. Das hätte seine Mutter ihm nie erlaubt. Ihm fiel auch ein, daß Enten nicht in Wohnungen leben können, sondern in Parks oder vielleicht auf Wiesen. Er hatte einmal im Stadtpark einen kleinen See gesehen.

Mitten darin war ein grünes rundes Entenhaus gewesen, um das die Enten immer herumgeschwommen waren. In den Park wollte er die kleine weiße Ente auf keinen Fall tragen. Das war ja viel zu weit von seiner Wohnung entfernt. Er wollte die kleine Ente ganz in seiner Nähe haben.
Simon schlich sich zu Hause auf den Hof und in eine Garage. Die Garagentür stand offen und hinten in der Ecke stand ein großer Eimer. In diesen Eimer setzte Simon die kleine weiße Ente, legte ein Brett darüber und sagte: „Warte da ein bißchen. Ich komm gleich wieder" und lief aus der Garage.
Kaum war er weg, da kroch Zwerg Otto unter dem Flügel der kleinen weißen Ente hervor und fragte aufgeregt: „Wo sind wir?" – „Ich weiß es nicht", antwortete die kleine weiße Ente. „Ich glaube, in einem Menschenhaus." – „Es ist so dunkel", sagte Zwerg Otto. „Wie kommen wir hier bloß heraus?" Er befühlte die Innenseite des Eimers und sagte: „Die Wand ist so glatt. Da kann ich nicht hochklettern. Kannst du nicht hochfliegen?"
Loni versuchte es. Aber in dem Eimer war es so eng, daß sie die Flügel nicht ausbreiten konnte. Es ging nicht. „Versuch' es noch einmal", sagte Zwerg Otto. „Wenn du in der Luft bist, halte ich mich an deinen Füßen fest und könnte mit dir wegfliegen." – Die kleine weiße Ente bewegte die Flügel, aber sie konnte sie nicht ausbreiten. „Wir müssen auf eine bessere Gelegenheit warten", schlug sie vor. – „Aber wir müssen doch unbedingt Lino suchen", sagte Zwerg Otto. „Ich will ihn sofort finden!" – „Dann versuch' du doch, ob du hier herauskommst", sagte die kleine weiße Ente. – „Wir sitzen in der Klemme", stellte Zwerg Otto fest.
Auf einmal wurde es heller über ihnen. Simon war zurückgekommen und hatte das Brett vom Eimer abgenommen. Zwerg Otto versteckte sich blitzschnell wieder unter einem Flügel der kleinen weißen Ente.
Simon hatte sein altes aufblasbares Schwimmbekken aus dem Keller geholt. Er ließ Wasser aus dem Wasserhahn in der Garage hinein, nahm die kleine weiße Ente aus dem Eimer und setzte sie in das Schwimmbecken. „So, jetzt schwimm schön, du kleine Ente. Ich geh' nur noch schnell, dir etwas zu fressen holen." Er lief wieder aus der Garage.
Die kleine weiße Ente schwamm ein Stückchen in dem Becken, aber Zwerg Otto zupfte sie so stark an ihren Federn, daß sie aufhören mußte. „Ich werd' ganz naß", jammerte er. „Gleich fall' ich ins Wasser!" – „Halt' dich gut unter meinem Flügel fest", sagte die kleine weiße Ente. „Dann kann dir gar nichts passieren." Und sie schwamm im Kreis im Becken herum. Es machte ihr Spaß, sie war so lange nicht im Wasser gewesen.
Simon kam mit einem Stück Brot zurück und warf kleine Stückchen davon ins Wasser. Die kleine weiße Ente fischte es mit dem Schnabel aus dem Wasser und aß es auf. Sie hatte großen Hunger. Zwerg Otto zupfte sie wieder heftig unter dem Flügel und wisperte: „Warum machst du immer so ruckhafte Bewegungen und streckst deinen Hals so vor? Ich fall' gleich ins Wasser." Die kleine weiße Ente konnte ihm nicht antworten. Sie drückte ihn fester unter den Flügel und fischte das Brot aus dem Wasser.
Seit sie auf dem Wasser war und etwas zu essen bekommen hatte, ging es ihr immer besser, und sie wartete nur darauf, daß endlich Simon weggehen sollte. Aber der versuchte, die kleine weiße Ente aus dem Schwimmbecken zu heben und auf den Arm zu nehmen. Aber die Ente blieb mitten im Schwimmbecken sitzen und kam nicht an den Rand. Simon zog sich Schuhe und Strümpfe aus und stieg ins Becken hinein. Jetzt kriegte er die kleine Ente zu fassen, nahm sie auf den Arm und streichelte sie. „Du wirst dich schon an mich gewöhnen", sagte er und setzte die Ente wieder ins Wasser.
Dann lief er aus der Garage, schlug die Tür hinter sich zu und ließ die kleine weiße Ente und Zwerg Otto in der dunklen Garage sitzen.
„Jetzt kannst du herauskommen", sagte die kleine weiße Ente zu Zwerg Otto. – „Aber ich fall' doch ins Wasser", jammerte der. „Kletter' auf meinen Rükken und halt dich fest", befahl die kleine weiße Ente, und Zwerg Otto kroch vorsichtig auf ihren Rücken. „Hier hast du ein Stückchen Brot. Ich hab es für dich aufgehoben", sagte sie und reichte ihm mit dem Schnabel ein Stückchen Brot. „Ii, das ist ja naß", rief Zwerg Otto.
„Wenn du keinen Hunger hast, gib es zurück", sagte Loni. Aber er hatte großen Hunger und schlang das Brot hinunter.
„Jetzt müssen wir überlegen, was wir machen können, um Lino zu finden", schlug die kleine weiße Ente vor. Sie schwamm ganz nah an den Rand des Beckens und ließ Zwerg Otto sich auf den Beckenrand setzen. „Und was mach' ich, wenn einer kommt?", fragte er. – „Dann mußt du dich ganz schnell klein machen und irgendwo verstecken", sagte Loni.
Sie schwamm wieder im Kreis im Becken herum und überlegte. Zwerg Otto saß am Rand und ließ die Beine über dem Wasser baumeln. Wie sollten sie Lino finden?

17. Lino bleibt wach

Unterrichtshinweise

Zum Inhalt:

Utes Familiensituation wird ausführlicher dargestellt: Sie lebt als Einzelkind mit Vater und Mutter, die sie entsprechend intensiv behüten, umsorgen und beobachten. Trotzdem gelingt es Ute, LINO für die Nacht in ihr Zimmer zu schmuggeln und im Wäschekorb neben ihrem Bett unterzubringen. Von dort aus sieht LINO seltsame, unerklärliche Dinge, die aus seiner Sicht beschrieben werden (Utes Ranzen mit Heften und Büchern und Utes Hand auf dem Bett).

Einstimmung:

Gespräch über Utes ambivalente Haltung gegenüber dem Kaninchen, das sie so gerne als Kuschel-Schlaf-Tier hätte.
Ich erzähle wieder einmal von unserem Kater Mikasch, der den Schmusebedürfnissen seiner Menschenfamilie deutliche Grenze setzt und sich mit Zähnen und Krallen gegen allzu menschliche Behandlung wehrt.

Vortrag:

Die Darstellung, wie sich Ute am Abend von den Eltern verabschiedet, um ins Bett zu gehen, provoziert zu einem längeren Gespräch über allabendliche Rituale in den unterschiedlichen Familien vor dem „Zubettgehen“. Ein zweites Mal unterbreche ich meinen Vortrag, um mit den Kindern zu klären, was LINO *durch die Ritzen des Korbes sieht.*

Anschluß:

Angeregt von LINOS *Erlebnis mit der menschlichen Hand, spielen wir mit unseren Händen und sprechen Fingerverse:*

Das ist der Daumen,
der schüttelt die Pflaumen,
der sammelt sie auf,
der bringt sie nach Haus,
und dieser klitzekleine
Kerl,
der ißt sie alle auf.

Zwei Mädchen wollen
Wasser holen,
zwei Jungen wollen
pumpen.
Da guckt 'ne Frau
zum Fenster 'raus
und sagt:
„Was wollt ihr da, ihr
Lumpen?“

Aus ihrer Kindergartenzeit kennen die Schüler/innen solche Spiele und erinnern sich jetzt gern daran. Schöne Anregungen gibt es auch in dem Buch von Susanne Stöcklin-Meier: Sprechen und Spielen. Ravensburg 1980.

Die Geschichte

Als es dunkel wurde und Zeit war, daß Ute schlafengehen mußte, schlich sie sich noch einmal auf den Balkon. Sie wollte ihrem Kaninchen Gutenacht sagen. Lino saß in der Pappkiste, ganz in der hintersten Ecke. Er knabberte an der Pappe herum. Vielleicht könnte er ein Loch hineinknabbern und dann aus der Kiste kriechen. Aber die Pappe war dick und hart. Lino hatte erst ein winziges Loch in sie hineingeknabbert.
Ute blieb vor der Kiste stehen und beobachtete das Kaninchen. Ob es ein Loch in den Karton beißen würde über Nacht? Und ob es dann vom Balkon springen würde? Das war doch viel zu hoch für ein kleines Kaninchen. Da konnte es sich wehtun, vielleicht sogar schwer verletzen. Nein, das konnte sie nicht zulassen. Sie beugte sich rasch über die Kiste, griff das Kaninchen, nahm es auf den Arm und versteckte es unter ihrem Pullover. Dann ging sie vom Balkon, machte die Tür hinter sich leise zu und lief durch das Wohnzimmer in ihr Kinderzimmer.
Aber im Wohnzimmer hielt der Vater sie auf. Er saß vorm Fernseher und las nebenher in der Zeitung. „Gute Nacht, mein Schatz“, sagte er. „Gib deinem Papa einen Gutenachtkuß.“ – Ute blieb stehen, hielt eine Hand an den Pullover gepreßt und sah ihren Vater etwas ängstlich an. „Hast du Bauchweh?“, fragte der Vater. „Du hältst eine Hand so an den Bauch gepreßt.“ – „Nein, es ist nichts, Papa“, sagte Ute schnell, lief zu ihrem Vater und gab ihm einen Kuß auf die Nase. „Gute Nacht, Papa.“ – „Gute Nacht, Ute. Soll ich dir nicht doch eine Wärmflasche bringen?“
Aber Ute war schon aus dem Wohnzimmer verschwunden und in ihrem Zimmer. Sie hielt Lino immer noch unter dem Pullover fest, mit der freien Hand räumte sie ihren Wäschekorb aus, stopfte die Sachen unter ihr Bett. Dann setzte sie das Kaninchen in den Wäschekorb und legte vorsichtig den Deckel darüber. Sie hörte, wie ihre Mutter auf dem Flur entlangging und vor ihrem Zimmer stehenblieb. Gleich würde sie hineinkommen. Ob sie etwas merken würde?
Ute zog sich rasch aus und kroch in ihr Bett. Jetzt kam die Mutter ins Zimmer. „Hast du deine Zähne geputzt, Ute? Schnell, ab ins Badezimmer. Und den Schlafanzug hast du auch noch nicht an.“ – Immer muß ich die Zähne putzen, dachte Ute. Ob sich das Kaninchen auch die Zähne putzen muß? Das hat es gut. Hoffentlich würde die Mutter nicht den Wäschekorb aufmachen.
„Mama, komm' doch mit ins Badezimmer. Es ist so gemütlich, wenn du mir zuguckst, wie ich die Zähne putze“, bettelte Ute. – „Aber Kind, du bist doch schon so groß. Aber wenn du so bettelst, dann komm' ich einen Augenblick mit. Aber mach' schnell.“
Ein Glück, dachte Ute. Jetzt ist sie aus dem Zimmer und kann das Kaninchen nicht entdecken. Nach dem Zähneputzen brachte die Mutter Ute ins Bett, sagte ihr Gutenacht und knipste das Licht aus. Ute wartete ein bißchen, dann kroch sie aus ihrem Bett, ging auf Zehenspitzen zum Wäschekorb und nahm den Deckel ab. Unten im Korb saß Lino mit gespitzten Ohren. Er tat so, als schlafe er. Die Augen aber hielt er offen.
„Gute Nacht, du Süßer“, flüsterte Ute. Dann kletterte sie in ihr Bett zurück. Aber schlafen konnte sie noch nicht. Sie mußte an das Kaninchen denken. Ob sie es wohl behalten dürfte? Ob das Kaninchen bei ihr bleiben würde?
Lino schlief auch nicht. Er saß in seinem Korb und blinzelte durch die Ritzen. Er konnte gut im Dunkeln sehen. Vor sich sah er einen umgekippten Kasten. Die Klappe war aufgesprungen und Lino konnte weiße viereckige Dinger erkennen. Sie sahen aus wie ganz dünne Bretter. Es waren auch dickere Bretter zu sehen, aber die waren nicht weiß. Sie sahen grau und fast schwarz aus im Dunkeln. Ob der Mensch, der Lino hier in den Korb gesetzt hatte, eine Brücke bauen wollte? Eine Brücke, wie er sie mit Otto und der kleinen weißen Ente Loni gebaut hatte? Aber es war kein Fluß zu sehen. Lino drehte sich um und blinzelte durch eine andere

Ritze aus dem Korb heraus. Jetzt sah er einen weißen Berg vor sich. Der Berg hatte viele kleine Einbuchtungen.
Oben auf dem Berg bewegte sich etwas. Lino hielt die Ohren gespitzt und sah ganz genau hin. War das ein kleines Tier ohne Fell mit vielen Füßen? Lino zählte die Füße: es waren fünf. Alle verschieden groß. Einer dick und kurz, einer dünn und kurz, in der Mitte drei lange Füße. Jetzt reckte sich das Tier in die Höhe. Lino wurde starr vor Angst. Hoffentlich kam das weiße Tier mit den fünf Füßen nicht von dem Berg herabgekrochen und in seinen Korb! Nein, das Tier legte sich oben auf dem weißen Berg lang hin, streckte seine fünf Beine aus und bewegte sich nicht mehr. Es ist eingeschlafen, dachte Lino. Ich muß ganz leise sein, damit es nicht aufwacht und sich wieder bewegt.
Er blickte starr aus der Ritze auf den weißen Berg und beobachtete das schlafende Tier.

18. Simon darf nicht fernsehen

Unterrichtshinweise

Zum Inhalt:

Im Gegensatz zu Ute kommt Simon aus einer großen Familie: Er hat noch drei jüngere Geschwister, zwei kleine Schwestern und einen kleinen Bruder. Er muß seiner Mutter beim Abwasch helfen, wobei ihm das Lieblingsglas seines Bruders zerspringt, und er deshalb mit dem Fernsehverbot bestraft wird.

Einstimmung:

Die Kinder erzählen von ihren Erfahrungen mit jüngeren Geschwistern. Die Fragestellung formuliere ich so: „Jetzt wissen wir bereits, wie es bei Ute zu Hause ist. Heute hören wir in der Geschichte, wie es in Simons Familie ist. Simon hat drei kleinere Geschwister. Könnt ihr euch vorstellen, was bei Simon anders ist als bei Ute?“

Vortrag:

Zunächst äußern die Kinder ihre Vermutungen zu der Überschrift: Warum sollte Simon nicht fernsehen dürfen? Die Kinder reagieren auf diese Frage mit einer Fülle von Erlebnisberichten, „Fernsehverbot“ hatten schon alle, aus den unterschiedlichsten Gründen.
Ohne weitere Unterbrechung durch die Kinder lese ich dann die Geschichte vor.

Die Geschichte

Als Simon aus der Garage nach oben in die Wohnung kam, stand seine Mutter schon an der Flurtür. „Wo kommst du denn jetzt her? Wo hast du dich die ganze Zeit herumgetrieben?“, fragte sie gleich, und Simon konnte an ihrer Stimme hören, daß sie ärgerlich war. „Ich war mit Ute spielen“, sagte er brummig. – „Hast du keinen Freund? Wieso spielst du nicht mit Jungen?“ Ach, die Mutter hatte keine Ahnung, dachte Simon. Ute war seine Freundin und konnte so gut mit ihm spielen.
„Hast du deine Schularbeiten gemacht?“, fragte die Mutter ungeduldig weiter. – „Wir haben nichts auf“, sagte Simon. „Wir sollten nur eine Busfahrt machen und morgen in der Schule davon erzählen“, hat die Lehrerin gesagt. „Na, das sind ja schöne Schularbeiten“, antwortete die Mutter. „Dann kannst du mir ja in der Küche beim Abwasch helfen.“
Simon ging mit der Mutter in die Küche und fing an, das schmutzige Geschirr in das Waschbecken zu stellen. Es waren viele Teller und Tassen und Gläser und Bestecke. Sie waren eine große Familie. Simon hatte noch zwei kleine Schwestern und einen kleinen Bruder. Er konnte sie jetzt im Wohnzimmer schreien hören, denn die Mutter war zu ihnen gegangen und wollte sie ins Badezimmer schicken. Es war für die Kleinen schon Zeit, sich zum Schlafengehen fertigzumachen.
Simon stand vor dem Waschbecken und wartete auf das heiße Wasser. Er hatte einen Kessel auf dem Herd angestellt. Es dauerte und dauerte, bis das Wasser heiß genug war. Simon starrte auf das schmutzige Geschirr vor sich im Waschbecken. Die Teller waren mit Tomatenketchup beschmiert. Rote Flecken und dazwischen weiße Stellen. Rotweiß, rotweiß fiel ihm ein. War das ein Fußballverein, Rotweiß? Rotweißchen, Rotweißling, Rotweißchen. Roter Schnabel, weiße Feder. Das war ja die kleine Ente, die er heute gefunden hatte. Nach der muß ich noch einmal sehen, dachte Simon. Hoffentlich benutzt nicht heute ausgerechnet einer die Garage auf dem Hof und schließt sie ab. Rotweißchen. Wie es dem wohl gehen würde in der dunklen Garage? „Willst du die Küche einnebeln, Simon?“, rief die Mutter. „Wo hast du bloß deine Gedanken. Das Spülwasser kocht!“
Simon nahm den dampfenden Kessel vom Herd und schüttete das kochende Wasser über das Geschirr. Es war zu heiß zum Abwaschen, er mußte kaltes Wasser nachlaufen lassen. Er drehte den Wasserhahn auf, und da hörte er einen kurzen Knacks. Ein Glas war zerplatzt. So ein Mist! Simon drehte den Hahn ab und überlegte, was er jetzt machen sollte. Am besten, ich schmeiß das Glas weg, dachte er. Es war ein Senfglas, das sie als Trinkglas benutzten. Auf seiner Vorderseite war eine Mickymaus abgebildet. Es war das Lieblingsglas seines kleinen Bruders. Wenn der merken würde, daß sein Glas weg war! Und wenn die Mutter das merken würde? Sie würde bestimmt wieder schimpfen und sagen, daß er doch wisse, wie wenig Geld sie hätten, daß sie sparen müßten, daß alles so teuer sei, daß er nie aufpassen würde, daß es immer dasselbe mit ihm sei. „Aus dir wird nie was!“ Das würde der Schlußsatz sein.
Simon fischte das Glas vorsichtig aus dem Spülbecken und stellte es auf das Abwaschbord. Vielleicht konnte er es ja noch kleben. Es war nicht zerbrochen, es hatte nur einen langen Riß an der

Seite. Der Riß ging mitten durch die Mickymaus hindurch.
Simon fing an, die Teller und Tassen abzuwaschen. „Die Gläser zuerst", sagte da die Mutter hinter ihm. „Kannst du dir das nicht merken?" – „Mama, mir ist das Mickymausglas geplatzt", sagte Simon. „Aber vielleicht kann ich es kleben." – „Dir sollte ich eine kleben", schimpfte die Mutter. „Ich sollte lieber alles allein machen, es hat keinen Zweck, dich um etwas zu bitten."
„Aber ich wasch doch' ab", verteidigte sich Simon. „Es muß an dem heißen Wasser gelegen haben." – „Nicht an dem heißen, an dem kalten", sagte die Mutter. „Aber jetzt sieh zu, daß du fertig wirst. Fernsehen gibt es heute abend nicht mehr."
Simon wusch jeden Teller, jede Tasse, jedes Glas und jeden Löffel vorsichtig und genau ab, stellte sie neben sich auf das Abwaschbord und ließ zum Schluß das Spülwasser ablaufen. Abtrocknen kann die Mutter selbst, dachte er. Ich hab' genug gemacht.
Er schlich sich aus der Küche, machte leise die Flurtür auf und ging die Treppe hinunter auf dem Hof. Die Garagentür war nicht abgeschlossen, also hatte sie niemand benutzt. Simon machte sie einen Spalt breit auf und ging auf das Schwimmbecken zu. Im Dunklen sah er etwas Weißes mitten in der Wanne sitzen. Das war Rotweißchen.
Er klappte ganz leise die Garagentür zu, schlich sich die Treppe hoch in die Wohnung zurück und setzte sich in der Küche an den Abendbrottisch.

19. Zwerg Otto in der Schule

Unterrichtshinweise

Zum Inhalt:

OTTO läßt sich von Simon in dessen Schultasche, ohne daß dieser es merkt, mit in die Schule tragen. Dort hört er ein Gespräch zwischen Simon und Ute mit an und bekommt einige Informationen über LINO. Aus OTTOS Sicht werden Unterrichts- und Schulszenen beschrieben, so z. B. die Rechenstunde, in der es um die Siebenerreihe geht. Am Schluß ist OTTO in Simons Wohnung in einem Zimmer, in dem Simon seinen Ranzen abgestellt hat und steht dort plötzlich einer unbekannten Puppe gegenüber.

Einstimmung:

Es ist immer noch ungeklärt, ob und wie LONI und LINO sich wiederfinden werden. Beim Herstellen der Bilderbücher hatten die Kinder entsprechende Lösungen formuliert, und viele hatten die Fähigkeit OTTOS, sich groß oder ganz klein machen zu können, in diesem Zusammenhang thematisiert. Daran erinnere ich jetzt die Kinder und erzähle ihnen von dem „kleinen" OTTO, der unbemerkt in Simons Schultasche klettert.

Vortrag:

Bei der Darstellung der Schulszenen erinnern sich die Kinder an entsprechende Erlebnisse und erzählen davon. Die Auseinandersetzung zwischen Simon und seinem Tischnachbarn Uwe erinnert Pedro an das Märchen vom tapferen Schneiderlein, das unerkannt die beiden Riesen in dieser Weise aufeinander hetzt. (Das Märchen hatten wir vor einiger Zeit als Aufführung eines Puppentheaters an unserer Schule erlebt.)

Anschluß:

Gedicht in der Fibel: „Jeden Tag zur Schule gehen" (S. 70)

Um diese Zeit gibt es bereits einige „Leser" in der Klasse. Deshalb lasse ich die entsprechende Fibelseite aufschlagen und lese dann das Gedicht vor. Die Kinder verfolgen mit den Augen den Text. Ich bestehe nicht auf „Fingerlesen" (mit dem Finger zeigen, welches Wort gerade vorgelesen wird), denn einige sind damit überfordert, sie halten sich an bereits erarbeitete, ihnen gut bekannte Wörter, um sich in einem längeren Text zurechtzufinden. Wenn sie diese Wörter wiederfinden und im inhaltlichen Zusammenhang des Textes fremde Wörter in ihrer Ganzheit wahrnehmen, gelingt ihnen das Auffinden vorgelesener Textteile.
Nach dem Vortrag, drei Kinder haben das Gedicht noch einmal laut gelesen, sagt Sebastian: „Ich geh sowieso nicht jeden Tag in die Schule. Samstags nicht und sonntags auch nicht!" „Und wann geht's dir gut?", frage ich zurück, „am Sonntag oder am Schultag?" Auf diese Frage gibt es keine eindeutige Antwort. Die Kinder äußern sich unterschiedlich. Ich erinnere an die 10. Geschichte: Ein Tag zum Spielen. Danach erzählen die Kinder, wie ein Tag – ganz nach ihren Wünschen – ablaufen könnte, und malen ein entsprechendes Bild dazu.

Die Geschichte

Zwerg Otto hatte in einem alten Autoreifen hinten an der Garagenwand geschlafen. Er wachte davon auf, daß die Garagentür klapperte und jemand hereinkam. Es war Simon. Er ging zu dem Schwimmbecken und suchte die kleine weiße Ente. Aber die war nicht im Schwimmbecken. Sie hatte auf einer Leiter geschlafen, die in der Garage stand und flatterte jetzt in das Schwimmbecken, schwamm eine Runde und tat so, als ob sie Simon nicht bemerken würde. Er hatte seine Schultasche auf den Boden gestellt, gerade neben den Autoreifen, in dem Zwerg Otto saß. Simon hatte ein Stück Brot in der Hand und versuchte damit, die kleine weiße Ente anzulocken.
Zwerg Otto dachte, als er die Schultasche neben sich stehen sah: „Jetzt oder nie!" und kletterte wie ein Wiesel die Schultasche hoch und verschwand hinter der Klappe. Er ließ sich in die Tasche hinunterrutschen und landete zwischen Papieren, Heften, Büchern und einem Apfel. Er setzte sich neben den Apfel und fing an, daran herumzuknabbern. Das war ein gutes Frühstück für ihn.

Dann machte die Tasche einen Ruck, Zwerg Otto fiel um, purzelte neben den Apfel, und es fing an zu schaukeln. Das Geschaukel dauerte lange, und Zwerg Otto wurde ein bißchen schwindelig.
Dann hörte er eine Stimme: „Hallo, Ute, wie geht es deinem Kaninchen?" – „Ganz gut. Es ist so süß, aber es will nichts fressen", antwortete die andere Stimme. „Und wie geht es deiner Ente?" – „Auch gut", sagte Simon. „Sie schwimmt in meinem alten Kinderschwimmbecken herum. Aber ich weiß nicht, ob ich sie da lassen kann." Das waren also Simon und Ute. „Tschüß, Ute, ich muß jetzt in meine Klasse." – „Bis zur Pause", antwortete Ute.
Mehr konnte er nicht verstehen, denn jetzt waren viele Stimmen durcheinander zu hören, Stühle wurden gerückt. Dann war es plötzlich still. Eine laute Stimme war zu hören: „Guten Morgen, Kinder!" – „Guten Morgen, Frau Schaefer", antwortete ein Chor.
Und plötzlich wurde es hell bei Zwerg Otto in der Tasche. Die Taschenklappe wurde hochgezogen, ein Heft herausgeholt, dann klappte der Deckel wieder zu, es wurde wieder dunkel.
Zwerg Otto hatte einen Schreck bekommen und hatte sich unter einem Heft versteckt. Jetzt waren draußen Zahlen zu hören: „Drei", sagte Simon. Eine andere Stimme: „Sieben." – „Neun", wieder eine andere Stimme. – „Eins", rief jemand. Immer wieder waren neue Zahlen zu hören. Die spielen Zahlenraten, dachte Zwerg Otto. Oder vielleicht zählen sie, wieviel Kinder hier sind.
Dann hörte er ein lautes Summen, Getrappel von vielen Schritten, Stühlerücken, eine Tür klappte, und es war ganz still.
Zwerg Otto kletterte vorsichtig in der Tasche an einem Buch hoch und klappte den Deckel auf. Er konnte ein großes Zimmer sehen. In dem Zimmer standen viele Tische und Stühle, an der Wand hing ein großes schwarzes Brett. Neben jedem Stuhl stand eine bunte Tasche. Zwerg Otto kletterte ganz aus seiner Tasche heraus auf den Stuhl neben der Tasche, dann auf den Tisch. Da lagen Bücher aufgeschlagen. Er sah unter den Tisch und stellte fest, daß da eine dunkle Höhle war. Da kann ich mich gut verstehen, dachte er. Da bin ich sicher, und schlüpfte unter den Tisch.
Jetzt war wieder Getrampel zu hören, laute Stimmen, die Tür ging auf, und Zwerg Otto konnte unter seinem Tisch viele Beine, Hosen und Röcke sehen. Direkt vor ihn setzte sich ein blauer Rock. Es wurde wieder ruhig. Seine Schultasche wurde aufgeklappt und ein Heft herausgenommen. Die Tasche blieb offen, und Zwerg Otto sprang mit einem Satz in die Tasche zurück.
„Laß meine Tasche in Ruhe, Uwe", flüsterte eine Stimme. Das war Simon. Zwerg Otto mußte kichern. Dann hörte er Simons Stimme: „Meine Freundin heißt Ute. Sie ist sechs Jahre alt. Sie hat braune Haare. Sie wohnt in der Eichenstraße 7." – Dann eine andere Stimme: „Mein Freund heißt Uwe. Er ist sieben Jahre alt. Er hat blonde Haare. Er wohnt in der Potterstraße 27." Dann eine andere Stimme, die etwas über eine Freundin Beatrix erzählte.
Haben die viele Freundinnen und Freunde, dachte Zwerg Otto, und ihm fielen die kleine weiße Ente und Lino ein. Er mußte Lino finden. Darum war er mit in die Schule gegangen. „Jetzt muß ich mir Eichenstraße 7 merken", dachte er. Das ist Utes Adresse, und da muß Lino sein.
Jetzt war wieder das Summen zu hören. Die Tasche wurde aufgemacht, Hefte und ein Buch hineingestopft. Zwerg Otto drückte sich in eine Taschenecke. Das Buch stieß ihn aber dennoch an den Kopf und er sagte laut: „Aua!" Simon sagte: „Ich hab dir nichts getan, Uwe." Dann gab es einen Ruck, die Tasche wurde hochgeschoben, Zwerg Otto fiel auf den Rücken, und die Schaukelei begann wieder.
Nach einiger Zeit wurde die Tasche plötzlich hingeworfen. Zwerg Otto fiel zwischen Bücher, Hefte und Butterbrotpapier, eine Tür knallte, und es war wieder ganz still.
Mal sehen, wie es draußen aussieht, dachte sich Zwerg Otto und kletterte vorsichtig aus der Tasche. Er streckte seinen Kopf heraus und sah in ein Zimmer. Vor ihm saß ein großer rosa Teddy und hinter dem Teddy stand ein Bett. Dann war noch ein Tisch zu sehen, eine Puppe saß darauf und sah in an. Zwerg Otto steckte den Kopf schnell wieder in die Tasche zurück. Er wollte nicht entdeckt werden. Ich muß alles der kleinen weißen Ente erzählen, dachte er und machte es sich ganz unten in der Tasche in dem Butterbrotpapier bequem.

20. Ute und Simon haben Probleme

Unterrichtshinweise

Zum Inhalt:

Zwerg OTTO *wechselt aus Simons Schultasche in dessen Anoraktasche. So wird er – wieder unbemerkt – von Simon in Utes Wohnung getragen. Dort trifft er* LINO *und hat Gelegenheit, mit ihm zu sprechen. Diese Begegnung führt zu einer, für die beiden Menschenkinder unerklärbaren, Wandlung in* LINOS *Verhalten: Plötzlich läßt er nicht mehr die Ohren hängen und frißt wieder. Indirekt erfahren wir so etwas über die Probleme von Ute und Simon: Sie machen sich offensichtlich Gedanken über das Befinden ihrer Schützlinge und überlegen sich entsprechende Lösungen.*

Einstimmung:

Wir spielen die Begegnung OTTOS *mit der Puppe, mit der die 19. Geschichte aufhörte. Dabei haben die Kinder, die die unbelebte Puppe darstellen, die Aufgabe, ohne jegliche Reaktion auf die angestrengten Versuche von* OTTO *zu bleiben, sie in irgendeiner Weise zu Lebensäußerungen (lachen, erstaunen, erschrecken, zucken ...) zu verführen.*
(Die meisten Kinder kennen ein ähnliches Spiel: „Armer, schwarzer Kater", dabei versucht ein Kind

durch Miauen und Mauzen ein anderes zum Lachen zu bringen, das nur unbewegten Gesichtes „Armer, schwarzer Kater“ sagen und den „Kater“ streicheln darf.)
In diesem Rollenspiel erleben die Kinder direkt und sinnlich die Unfähigkeit eines leblosen Spielzeuges zu reagieren. Erst durch eigene Aktionen wird ein solches Ding belebt, wenn z. B. die Puppe ein Baby wird, in dessen Rolle man schlüpft. Für viele Kinder ist jedoch deshalb der Wunsch nach der Beziehung zu einem lebendigen Tier so stark, daß sie jedes Spielzeug dafür hergeben würden.

Vortrag:

„Jetzt weiß OTTO, *wo links ist!“ bemerkt Sebastian, als von der linken Anoraktasche die Rede ist, in der sich* OTTO *versteckt. Während wir darüber sprechen, warum* OTTO *die linke Tasche für sicherer hält, sehe ich, wie Max, ein Linkshänder in unserer Klasse, ganz vorsichtig, mit einem Lächeln, in seine linke Hosentasche fährt. Ob er sich gerade vorstellt,* OTTO *darin zu entdecken?*

Anschluß:

Wir spielen noch einmal die Begegnung OTTOS *mit der Puppe und danach das Wiedersehen von* OTTO *und* LINO. *Dabei wird der Kontrast in den Reaktionen der Puppe und* LINOS *auf* OTTO *besonders deutlich.*
Arbeit an der Fibelseite: Ute wünscht sich ein Tier; Gespräch über das Bild mit den verschiedenen Tieren, der Text wird vorgelesen, danach malen die Kinder für ihren Schnellhefter ihr Lieblingstier.

Die Geschichte

Ob die Puppe lebendig ist? dachte Zwerg Otto, der immer noch in Simons Zimmer in der Schultasche saß. Er steckte den Kopf vorsichtig aus der Tasche. Die Puppe saß auf dem Tisch und sah ihn unbewegt an. Zwerg Otto stieß einen Pfiff aus. Mal sehen, ob die Puppe sich bewegte. Aber sie blieb unbewegt sitzen und sah zu ihm herüber. Die ist nicht lebendig, dachte Zwerg Otto und kroch aus der Schultasche heraus.
Er hatte sich etwas überlegt: Wenn er Lino finden wollte, durfte er nicht in der Schultasche bleiben, er mußte sich woanders verstecken. Er sah an der Tür Simons grünen Anorak hängen. Vielleicht zieht er den heute an, wenn er Ute besucht, dachte sich Zwerg Otto und kletterte an einem Ärmel des Anoraks hoch. Wo sollte er sich am besten verstecken? In der Kapuze? Nein, das war zu gefährlich. Was wäre, wenn Simon sich die Kapuze über den Kopf zog? Am besten in einer Tasche, dachte Zwerg Otto und schlüpfte in die linke Anoraktasche. Vielleicht benutzt er die nicht, hoffte Zwerg Otto.
Es saß noch nicht lange in der Anoraktasche, als die Tür aufging. Simon kam ins Zimmer, nahm den Anorak vom Türhaken und zog ihn an. Hoffentlich schüttet er mich nicht beim Anziehen aus der Tasche, dachte Zwerg Otto und machte sich ganz klein, krallte sich an den Taschenstoff und merkte, wie er mit dem Anorak durch die Luft geschleudert wurde, als Simon ihn anzog.
Dann fing das Schaukeln wieder an. Simon hüpfte anscheinend eine Treppe hinunter. Dann wurde ein Stück Papier auf Zwerg Otto in die Tasche gestopft. Er bekam einen Augenblick lang keine Luft, und es wurde ganz dunkel in der Tasche. Zwerg Otto stemmte sich mit beiden Armen gegen das Papier, und tatsächlich gelang es ihm, sich ein bißchen Platz zum Atmen zu verschaffen. Er ärgerte sich über das Papier, das ihm Platz und Helligkeit wegnahm und stemmte beide Beine dagegen. Irgendwie mußte das Ding loszuwerden sein! Geschafft! Das Papier fiel aus der Tasche.
Zwerg Otto holte tief Luft und wagte einen Blick. Sie waren in einer Straße mit kleinen Häusern, die Gärten hatten. Blumen waren zu sehen. Dann fuhr ein Auto vorbei.
Plötzlich zuckte Zwerg Otto zusammen. Eine Hand hatte nach ihm gegriffen. Er ließ sich ganz tief in die Tasche zurückfallen. Simon griff noch einmal in die Tasche und murmelte: „Ich hatte doch Tempotaschentücher mit. So ein Mist!“
Zwerg Otto saß ganz tief in der Tasche, so tief hatte Simon zum Glück nicht hineingegriffen. Jetzt fing das Schaukeln wieder an. Simon ging eine Treppe hoch. Otto hörte eine Klingel, eine Tür wurde geöffnet und jemand sagte: „Tag, Simon. Du mußt dir unbedingt das Kaninchen ansehen.“ – „Wo ist es denn, Ute?“ – „Komm mit auf den Balkon.“
„Ist das ein nettes Kaninchen“, sagte Simon auf dem Balkon. – „Es will aber nicht fressen“, sagte Ute. „Ich habe alles versucht mit Löwenzahnblättern, Körnern, Gurke und Apfel und Möhren. Es rührt nichts an.“ – „Vielleicht mußt du mit ihm zu meinem Opa, der kennt sich mit Kaninchen aus“, sagte Simon.
Er zog seinen Anorak aus und hängte ihn an die Klinke der Balkontür. Dann ging er zu Linos Kiste und streichelte ihn.
„Sieh bloß, wie es die Ohren hängen läßt“, sagte Ute traurig. „Wir müssen uns etwas überlegen“, sagte Simon. – „Ja, komm wir gehen in mein Zimmer“, sagte Ute. Und die beiden verschwanden vom Balkon.
Jetzt steckte Zwerg Otto seinen Kopf aus der Anoraktasche und flüsterte: „Lino! Heh, Lino. Hörst du mich?“ – Lino hatte seinen Namen gehört und spitzte die Ohren. Er konnte Zwerg Otto aber nicht sehen, weil er nicht über den Kistenrand sehen konnte. Zwerg Otto kletterte aus der Anoraktasche auf den Ärmel, blickte hinunter auf den Balkon und dachte: Das ist ganz schön hoch. In die Kiste kann ich nicht springen. Lino würde sich auch zu sehr erschrecken.
Er kroch vorsichtig an einer Leiste der Balkontür hinunter, huschte über den Balkon auf Linos Kiste zu und flüsterte an der Kistenwand: „Lino, ich bin's. Zwerg Otto. Hab keine Angst!“ Dann kletterte er an der Kistenwand hoch und hielt sich oben am Rand mit beiden Händen fest. Jetzt konnte er Lino in der Kiste sitzen sehen und Lino konnte seinen Kopf sehen, der über den Kistenrand ragte.

„Zwerg Otto", flüsterte er. „Ich bin gefangen." – „Weiß ich", sagte Zwerg Otto. „Die kleine weiße Ente ist auch gefangen. Aber mach' dir keine Sorgen. Ich werde mir etwas einfallen lassen. Du mußt jetzt unbedingt als erstes etwas fressen. Sonst verlierst du deine Kräfte."
Lino raste vor Freude von einer Ecke in die andere in seiner Kiste. Er fing auch sofort an, mit großem Appetit die welken Löwenzahnblätter zu fressen. Dann machte er sich über die Möhren her. Zwerg Otto sah ihm zu und strahlte.
„Ich muß jetzt wieder in mein Versteck", flüsterte er. „Außerdem tun mir meine Arme weh. Mach's gut. Bis bald", und damit ließ er sich von der Kiste auf den Boden gleiten, rannte zur Balkontür, kletterte wie ein Äffchen die Balkontür hoch und verschwand in Simons Anorak.
Es war auch höchste Zeit, denn ein paar Augenblicke später kamen Simon und Ute auf den Balkon. Simon ging auf Linos Kiste zu. „Guck mal, Ute, das Kaninchen hat ja alles aufgefressen!" – „Dann ist es wieder gesund", jubelte Ute und nahm Lino auf den Arm und streichelte ihn. „Jetzt hat es einen ganz dicken Bauch", sagte sie. „Hoffentlich hat es sich nicht den Magen verdorben." – „Das glaube ich nicht", sagte Simon. „Vielleicht hat es unseren Plan geahnt und vor Freude gefressen", sagte Ute.
„Es bleibt dabei, wie wir es besprochen haben", antwortete Simon. Dann sagte er „Tschüß, ich muß noch einkaufen", zog seinen Anorak an und verschwand.

21. Zwerg Otto macht Pläne

Unterrichtshinweise

Zum Inhalt:

OTTO überlegt sich, wie er LONI und LINO befreien könnte. Dabei sitzt er auf dem Rand von Simons Anoraktasche, läßt die Beine baumeln und leckt an einem süßen, gelben, klebrigen Ding (Bonbon). „Jetzt konnte er prima nachdenken", heißt es in der Geschichte. Das Essen, Lutschen, Schlecken, die orale Befriedigung, die damit verbunden ist, hat für OTTO eine wichtige Funktion, eine ausgleichende Wirkung.

Einstimmung:

Wie OTTO haben auch die Kinder sich schon Gedanken darüber gemacht, wie LONI und LINO befreit werden könnten. Sie vertrauen auf die wunderbaren Kräfte Ottos, sich nach Belieben groß oder klein machen zu können, und wundern sich darüber, daß er diese bisher noch nicht eingesetzt hat. Wir sehen uns die entsprechenden Lösungen, die die Kinder in ihren Bilderbüchern bildnerisch formuliert haben, noch einmal an. Ich bemerke dazu: „So einfach ist das für OTTO doch wohl nicht. Er muß sich etwas anderes überlegen."

Vortrag:

Die Kinder erleben jetzt Zwerg OTTO in seinem ausweglosen Bemühen, einen realisierbaren Fluchtplan zu entwerfen. Sie lernen ihn ohnmächtig, klein und bedürftig kennen, und wie er das mit Schlafen und Essen kompensiert. Noch ist dies für sie ein Widerspruch. „OTTO soll sich groß machen!", kommentieren sie OTTOS Überlegung. Die Geschichte macht sie leise und nachdenklich. Die Frage, warum OTTO sich nicht groß macht, bleibt ohne Antwort.

Anschluß:

Gespräch über das „Essenbild" in der Fibel, S. 46/47.

Die Geschichte

Simon hatte den Anorak wieder in seinem Zimmer an die Tür gehängt, und Zwerg Otto beschloß, in der Anoraktasche sitzen zu bleiben und zu übernachten. Es war warm in der Tasche und gemütlich. In die Schultasche wollte er nicht mehr zurück, da war es ihm zu unsicher. Er wollte am nächsten Morgen auch nicht in die Schule mitgehen oder sich hintragen lassen, sondern blieb in der Anoraktasche sitzen.
Simon zog zum Glück heute seinen Pullover an. Zwerg Otto kletterte aus der Tasche, ließ sich am Anorakärmel herunter auf den Fußboden und suchte erst einmal etwas zum Frühstück. Wenn ich nachdenken will, muß ich erst etwas essen, dachte er. Aber er fand nichts zum Essen, außer einem runden Ding, das in Papier eingewickelt war und gelb aussah. Er zerbiß das Papier und leckte an dem gelben Ding. Es schmeckte süß, und Zwerg Otto nahm es auf den Rücken und schleppte es in die Anoraktasche.
Das war eine schwere Arbeit, denn mit einer Hand mußte er klettern und mit der anderen das süße Ding festhalten. Er war ganz aus der Puste, als er schließlich in der Tasche ankam. Er setzte sich vorn an den Taschenrand, ließ die Beine herausbaumeln und leckte an dem gelben Ding. Jetzt konnte er prima nachdenken, wie er Lino und die kleine weiße Ente befreien könnte.
Zunächst einmal zu Lino. Was konnte er da machen? Linos Kiste stand auf einem Balkon. Ob er ein Seil an dem Balkon festmachen sollte, an dem Lino dann herunterklettern könnte? Aber Lino konnte gar nicht gut klettern, fiel ihm ein. Man müßte ihm das Seil um den Bauch binden.
Aber wie sollte er ein Seil auf den Balkon schleppen? Außerdem habe ich auch gar keines, fiel ihm ein. Nein, mit einem Seil war da nichts zu machen. Am besten, dachte Zwerg Otto, ich säge ein Loch in seine Holzkiste, damit er hinauslaufen kann. Aber, womit sollte er sägen? Ob ich eine Seite der Kiste abreißen kann, damit sie kaputtgeht, fragte er sich. Dann hatte er eine tolle Idee: Ich werde einfach den ganzen Balkon vom Haus absägen. Dann kann sich Lino befreien. Aber die Idee war Quatsch. Denn

erstens hatte er keine Säge, zweitens konnte man einen Balkon nicht einfach absägen wie einen Ast, und drittens wäre dann Lino immer noch in seiner Kiste gewesen. Ich werde versuchen, ein Loch in seine Kiste zu kriegen, sagte sich Zwerg Otto. Das ist immer noch das Beste.
Und was sollte er für die kleine weiße Ente tun, die in der Garage im Schwimmbecken saß? Als erstes fielen Zwerg Otto wieder Säge-Ideen ein. Einfach ein Loch in die Garagentür sägen, dachte er. Nein, ich muß das mit dem Sägen vergessen. Ich habe doch gar keine Säge. Ob ich ein Loch in das Dach der Garage machen könnte? Dann könnte die kleine weiße Ente hochfliegen und käme aus der Garage heraus. Dazu muß ich aber erst einmal auf das Garagendach klettern. Und wie soll ich da hinaufkommen? Nein, die Idee war nicht gut.
Zwerg Otto lutschte an dem gelben süßen Ding. Ihm wollte nichts mehr einfallen. Ich schlaf ein Stündchen, dachte er sich. Ausgeruht hat man mehr Ideen. Er kroch ganz nach hinten in die Anoraktasche und kuschelte sich hin. Aber er konnte nicht einschlafen. Ihm tat der Bauch weh. Das kommt von dem vielen Nachdenken, dachte er und leckte an dem süßen Ding. Das war schon ganz klebrig geworden. Zwerg Otto brauchte es jetzt nicht mehr festzuhalten, es klebte an der Wand der Anoraktasche fest. Das ist bequem, dachte er, legte sich daneben, leckte ein bißchen daran herum und schlief ein.
Als er aufwachte, klebte er mit seiner Zunge an dem gelben Ding fest und bekam keine Luft. Er mußte seine Zunge mit beiden Händen von dem gelben runden klebrigen Ding abziehen. Das tat weh, und Zwerg Otto schimpfte: „So ein klebriges Mistding! Am besten, ich schmeiß' dich aus der Tasche."
Aber das Ding klebte in der Tasche fest und war nicht abzukriegen. Zwerg Otto leckte sich seine süße Zunge und seine süßen Finger ab – und da hatte er eine Idee! Ich werde einen unterirdischen Gang unter der Garage buddeln. Dann kann die kleine weiße Ente aus der Garage heraus. Am besten, ich fange gleich damit an, dachte er. Aber wie sollte er aus Simons Zimmer kommen? Die Tür war zu schwer für ihn. Ich muß warten, bis er wieder seinen Anorak anzieht und die kleine weiße Ente besuchen geht, dachte er.
Dann kroch er an den Rand der Tasche, ließ die Beine baumeln und schnitt eine Fratze. Er wollte damit die Puppe ärgern, die immer noch ruhig auf dem Tisch saß. Blöde Puppe, dachte Zwerg Otto, warum grinst du nicht über meine Fratze?

22. Das Wiedersehen

Unterrichtshinweise

Zum Inhalt:

Nicht OTTO, *sondern die beiden Menschenkinder Simon und Ute ermöglichen* LINO *und* LONI *das Wiedersehen. Simon bringt in einem Eimer* LONI *zu* LINO *auf Utes Balkon. Die Wiedersehensfreude der beiden teilt sich den Kindern mit, und Ute nimmt sich vor, am nächsten Tag mit* LINO *in Simons Garage* LONI *zu besuchen.*

Einstimmung:

Mit einem Rückblick auf die 20. Geschichte, in der sich Simon und Ute Sorgen um das Befinden ihrer Tiere machen, denken wir darüber nach, wie die beiden ihren Tieren helfen könnten. Tamara schlägt vor, daß Ute LINO *zu* LONI *in die Garage bringen soll. So antizipieren die Kinder das Wiedersehen der Tiere, das für sie offensichtlich selbstverständlich ist.*

Vortrag:

Als bei der Darstellung der Verfolgung Simons mit der Ente im Eimer durch den kläffenden Hund Heiko anfängt zu ‚bellen', unterbreche ich meinen Vortrag und lasse alle Kinder bellen. Das ist der Auftakt zu weiteren Tierstimmenimitationen. Das Wiedersehen der Tiere, deren Begrüßung in der Menschensprache verständlich ist, übersetzen wir dann in die Tiersprache, wobei LINOS *leises Mümmeln und Fiepen im aufgeregten Entengeschnatter* LONIS *völlig untergeht.*

Anschluß:

Klebebild: LONI *und* LINO *begrüßen sich beim Wiedersehen.*

Die einfachen Formen der Körperteile (Bauch, Kopf, Schwanz, Ohren) werden vorher an die Tafel gemalt und dabei geklärt, wie die Größenrelationen sind. Die Tiere werden dann, in ihren Einzelteilen ausgeschnitten, zusammengelegt und aufgeklebt.
Alternativ dazu haben einige Kinder LONI *und* LINO *geknetet.*

Die Geschichte

„Hast du deine Mutter gefragt, ob es geht?", fragte Simon Ute am nächsten Morgen in der Schule. – „Ja, sie hat gesagt, daß wir einmal die kleine Ente auf den Balkon setzen dürfen. Aber nicht mit der Wanne. Die ist zu schmutzig für den Balkon", antwortete Ute. – „Gut, dann komm' ich nach der Schule mit dem Eimer bei dir vorbei", sagte Simon.

Sie konnten heute beide das Ende der Schule kaum abwarten, denn sie hatten sich überlegt, daß es Utes Kaninchen vielleicht besser gehen würde, wenn es die kleine Ente sehen könnte. Simon suchte zu Hause den Eimer in der Garage, ließ ein bißchen Wasser hinein und wollte die kleine weiße Ente hineinsetzen. Aber die blieb mitten in ihrer Wanne sitzen und schwamm nicht an den Rand. Als Simon in das Schwimmbecken kletterte, flog die kleine Ente hoch und versteckte sich hinter einem alten Autoreifen.

Loni dachte sich, jetzt kann ich endlich fliehen. Aber Simon hatte die Garagentür zugemacht, und bald hatte er die Ente hinter dem Autoreifen eingefangen. Er setzte sie in den Eimer, legte ein Brett darüber und trug den Eimer aus der Garage auf die Straße.

Aber der Eimer mit der Ente war schwer, und er mußte viele Pausen machen. Einmal rutschte das Brett vom Eimer herunter, und die kleine weiße Ente wäre beinahe aus dem Eimer geflogen. Aber es war zu eng zum Fliegen, und Simon deckte schnell wieder das Brett darüber.

Dann rannte ein kleiner schwarzer Hund lange hinter dem Eimer her und bellte. Simon wollte ihn verscheuchen, aber er blieb in der Nähe und hörte nicht auf zu bellen. Ob der die kleine Ente riechen konnte? Erst als er in die Straße einbog, in der Ute wohnte, lief der Hund in eine andere Richtung und verschwand.

Loni hatte im Eimer das Bellen gehört und große Angst ausgestanden. Jetzt spürte sie, daß der Eimer hochgetragen wurde, er stieß ständig irgendwo an, und sie bekam jedesmal einen kleinen Schreck. Dann gab es plötzlich einen lauten Krach, das Brett war vom Eimer gerutscht und polterte die Treppe hinunter.

Ute riß die Wohnungstür auf und rief: „Was ist denn passiert, Simon?" – Simon drückte ihr den Eimer in die Hand. Er war außer Puste und bekam kein Wort heraus. Ute nahm den Eimer mit der kleinen weißen Ente und schleppte ihn auf den Balkon. Sie stellte ihn ganz nah an Linos Kiste und rief: „Komm, du kleine Ente. Klettere aus deinem Eimer in die Kiste."

Aber die kleine weiße Ente blieb unten im Eimer sitzen. Sie stellte sich störrisch, es war ihr alles zu unheimlich und fremd. Als sie nicht aus dem Eimer in Linos Kiste klettern wollte, nahm Ute den Eimer und schüttete ihn über der Kiste aus. Sie hatte nicht bemerkt, daß Wasser in dem Eimer war. Lino sprang schnell in eine Ecke. Er dachte, es regnete. Die kleine weiße Ente fiel in die andere Ecke von Linos Kiste, plusterte ihre Federn auf, schlug ein paarmal mit ihren Flügeln und sah sich um. Da sah sie direkt vor sich Lino sitzen. „Lino, Lino!" flüsterte sie aufgeregt. „Du bist da!" – „Loni, du bist da!" flüsterte Lino glücklich zurück.

Und dann fragte er: „Wo ist Zwerg Otto? Wo ist unser kleines rotes Männchen?" – „Ich weiß es nicht", antwortete Loni. „Er war lange Zeit unter einem meiner Flügel, aber auf einmal war er weg. Ich habe ihn nicht mehr gesehen."

Lino spitzte seine Ohren, rannte vor Freude in seiner Kiste hin und her und brachte der kleinen weißen Ente ein paar Blätter Löwenzahn.

„Weißt du was", flüsterte er. „Das kleine rote Männchen war gestern bei mir, hier auf dem Balkon. Es will uns retten, hat es gesagt." – „Dann ist ja alles gut", sagte Loni. „Aber hoffentlich müssen wir ihn nicht retten."

Lino mußte kichern. Das war so leise, daß man es nicht hören konnte. Es war ein Kaninchenkichern.

„So", sagte Ute, „jetzt habt ihr euch lange genug gesehen. Jetzt muß die Ente wieder nach Hause, mein Häschen." Und Simon griff die kleine weiße Ente aus der Kiste. Lino konnte nur noch an einer Feder zum Abschied schnuppern. Loni wurde wieder in den Eimer gesetzt. „Morgen komm' ich dich mit meinem Kaninchen besuchen", sagte Ute zu Simon.

Beide packten den Eimer, schleppten ihn die Treppe hinunter und auf die Straße, zurück in die Garage. Die kleine weiße Ente war glücklich, weil sie Lino wiedergesehen hatte. Aber wo mochte Zwerg Otto sein?

23. Die Flucht

Unterrichtshinweise

Zum Inhalt:

Als LINO am nächsten Tag von Ute zu LONI gebracht wird, ist auch OTTO wieder in der Garage. Er wurde in Simons Anoraktasche getragen, geschaukelt und befördert. Aus der Perspektive von OTTO und den beiden Tieren wird nun von ihrer spannenden Flucht erzählt, die ihnen schließlich glückt. In einer Höhle, die LINO gebuddelt hat, fühlen sie sich vorerst geborgen und sicher.

Einstimmung:

Wir denken an OTTO, der mit seinen Überlegungen, wie er den beiden Tieren zur Flucht verhelfen könnte, ergebnislos geblieben war, und versuchen uns vorzustellen, wie er es schaffen könnte, wieder zu LONI und LINO zu kommen. Diesmal machen die Kinder nicht den Vorschlag, daß er sich groß machen sollte. Sie akzeptieren den kleinen OTTO: „Simon muß seinen Anorak wieder anziehen", überlegen sie, und „OTTO kann ja in Simons Hosentasche klettern."

Vortrag:

Dann lese ich die Schaukelpartie OTTOS in Simons Hosentasche vor. Ich fordere die Kinder auf, die Augen zu schließen und sich dabei vorzustellen, sie würden getragen und dabei „Hin und her und hin und her!" geschaukelt. Ich gebe durch rhythmisches Sprechen den „Schaukeltakt" vor.

Als Simon in der Geschichte LONI Donald Duck nennt, können sich einige Kinder darüber gar nicht beruhigen. Stephanie, die diesen Namen wiederholt nachsprechen muß, lasse ich erzählen, wer Donald ist. Wir spielen das

bekannte Spiel: Namen erfinden. Heute ist die Stimmung in der Klasse so, daß es ziemlich laut dabei wird und man sich keine Nettigkeiten durch die Blume sagt. Als Sebastian „Rotznase" genannt wird – ihm läuft die Nase wirklich – und er beleidigt und wütend auf diesen Anwurf reagiert, fasse ich mir an meine Nase, schnaube ordentlich in mein Taschentuch und näsele: „Heute bin ich Frau Rotznase!" Da werden die Schimpfwörter gleich zahmer, die aggressiven Nennungen weniger.
Ich lese heute nur noch bis zu der Stelle, die uns anregt, darüber nachzudenken, warum der rote Ziegelstein so ein gutes Versteck für Zwerg OTTO *ist.*
Danach malen wir mit unseren Deckfarben ein Zeichenblatt ganz rot an, lassen diese rote Fläche trocknen und malen dann – wieder nur rot – OTTO *darauf. Bei dieser Arbeit erfahren die Kinder einiges über die Technik der Deckfarbenmalerei: Immer kräftiger leuchtend und glatter, ebenmäßiger werden die Farbflächen, je öfter sie nach dem Trocknen übermalt werden. Die vielen Rotnuancen, die durch immer intensiveren Farbauftrag entstehen, führen zu jeweils neuen Ton-in-Ton-Effekten, und die Kinder begreifen bei dieser Handlung, im wahrsten Wortsinn, den Begriff: Tarnfarbe, denn der rote* OTTO *ist gut versteckt in dieser roten Umgebung.*
Am nächsten Tag lese ich die spannende Fluchtgeschichte weiter vor. Die Dramatik dieser Geschichte versuche ich auch mit meiner Stimme darzustellen, die ich an der Stelle hektisch beschleunige, wo die Tiere den Kindern so eben entwischen, und die ich dann auf ein Flüstern senke, als die drei sich vor den Kindern verstekken. Die Spannung entlädt sich am Ende: Eva fordert lakonisch: „Lies noch einmal!" Was ich dann mache.

Anschluß:

Wiederholung des Gedichtes: Buddeln (S. 58), neu: Schaukellied (S. 45).

Die Geschichte

Zwerg Otto war in der Tasche von Simons Anorak eingenickt. Er hatte gewartet und gewartet, daß Simon endlich den Anorak anziehen würde, aber umsonst.
Simon war in sein Zimmer gekommen, hatte sich ausgezogen und war ins Bett gekrochen. „Die Zähne putzt der sich auch nicht", hatte Zwerg Otto gedacht. Und dabei war ihm eingefallen, daß er seine eigene Zahnbürste in seinem Baumhaus vergessen hatte. „Na, macht nichts", hatte er dann gedacht. „Ich werde mir eine Feder zum Zähneputzen bei der kleinen weißen Ente ausborgen." Und mit diesem Gedanken im Kopf war er endlich in der Anoraktasche eingeschlafen.
Zwerg Otto träumte. Er träumte, daß er auf einer Schaukel säße und durch die Luft flöge, ganz hoch, bis an den Himmel. Hinauf und hinunter, hinauf und hinunter. Es war so schön zu schaukeln, aber immer, wenn es wieder hinunterging, wurde ihm ein bißchen schlecht. Zwerg Otto wollte mit dem Schaukeln aufhören, er wollte die Schaukel anhalten, aber das ging nicht. Die Schaukel schaukelte weiter, hinauf und hinunter. „Aufhören!" schrie Zwerg Otto so laut er konnte. „Aufhören!" – Aber das Schaukeln ging weiter.
Als er die Augen aufmachte, sah Zwerg Otto ins Dunkle. Er merkte, daß er immer noch in der Anoraktasche saß und daß der Anorak sich bewegte. „Also hat Simon ihn angezogen", fiel ihm ein. „Mal sehen, wo er mit mir hingeht."
Er kroch an den Rand der Anoraktasche und spähte vorsichtig hinaus.
Simon ging auf eine große Tür zu. Jetzt blieb er stehen, das Schaukeln hörte auf, und Zwerg Otto konnte sehen, wie Simon an der großen Tür zog, bis sie ein Stückchen aufging. Jetzt erkannte Zwerg Otto, wo sie waren.
Sie standen vor der Garage, in der die kleine Ente im Schwimmbecken gefangen war.
Jetzt fing die Schaukelei wieder an und Zwerg Otto wurde es fast übel, weil es plötzlich tief nach unten mit ihm ging. Simon hatte sich vor dem Becken hingekniet und rief:
„Na, Donald Duck! Bist du eingeschlafen? Wach auf, gleich kommt Besuch."
Als er sich über den Rand beugte, um die Ente zu fangen, spürte Zwerg Otto in der Anoraktasche, daß er fast den Garagenboden streifte, so tief hatte Simon sich hinuntergebeugt. Zwerg Otto kroch an den Rand der Tasche, sah, daß vor ihm, ganz nah, der Fußboden der Garage war, und sprang kurz entschlossen aus der Tasche.
Er huschte zur Garagentür, sie war einen Spalt breit offen. Er rannte auf den Hof.
„Wo kann ich mich hier verstecken?", dachte er.
Der Hof war sehr groß, eine schwarze Fläche, ab und zu ein bißchen Gras und Sand. Zwerg Otto schlich sich zur Garagentür zurück und duckte sich hinter einen Ziegelstein, der vor der Tür lag.
„Hier kann mich keiner sehen", flüsterte er.
Er hätte gern gewußt, was in der Garage los war, und wie es der kleinen weißen Ente da erging. Aber er traute sich nicht hinter seinem Ziegelstein hervor. Der Ziegelstein war rot. Er paßte gut zu den roten Hosen von Zwerg Otto.
„Ich muß erst einmal einen richtigen Plan machen", beschloß er.
Aber es blieb ihm nicht viel Zeit zum Nachdenken, denn plötzlich waren Stimmen zu hören.
Zwerg Otto duckte sich tiefer hinter seinen Stein. Er konnte sehen, daß Simon aus der Garage kam und auf ein Mädchen zuging. Das Mädchen hatte einen Pappkarton unter dem Arm.
„Komm' schnell in die Garage, Ute", rief Simon. „Ich kann die Ente nicht so lange allein lassen, die Tür steht offen."
Beide gingen schnell in die Garage. Zwerg Otto lugte hinter seinem Ziegelstein hervor. Er konnte sehen, daß die Garagentür nicht ganz zugefallen war. Sie stand einen kleinen Spalt breit offen. Er stemmte sich gegen seinen Ziegelstein und schob ihn langsam auf die Garagentür zu. Es war sehr schwere Arbeit.Zwerg Otto bekam den Stein nur Stückchen für Stückchen an die Tür heran. Endlich

war es geschafft. Der Stein lag dicht an der Tür und Zwerg Otto schob ihn in den Türspalt.
Er schlich sich in die Garage. Zuerst konnte er wenig sehen, denn es war fast dunkel, aber dann gewöhnten sich seine Augen an die Dunkelheit, und er konnte erkennen, daß Loni immer noch in dem Becken saß. Sie saß ganz am Rand. Und oben auf der Kante hockte Lino. Nein, er saß auf einem Pappkarton, der ganz nah an das Becken geschoben war. Seine Ohren waren gespitzt.
Zwerg Otto schlich sich an das Schwimmbecken heran, kletterte am Pappkarton hoch und zupfte Lino an der rechten Pfote. Lino bekam einen Schreck, machte einen Satz und landete im Wasser.
„Du dummes Häschen", rief das Mädchen, das neben Simon vor dem Becken stand. „Du kannst doch gar nicht schwimmen." Sie beugte sich vor und zog den nassen Lino aus dem Wasser.
Zwerg Otto war bei dem Durcheinander vom Bekkenrand aus auf die kleine weiße Ente gehüpft, hatte sich blitzschnell unter ihren Federn versteckt und zupfte daran herum.
„Loni", wisperte er, „Loni, die Tür ist offen. Sag Lino, daß wir alle aus der Garage laufen können."
Die kleine weiße Ente hatte ihn gehört. Sie flatterte aus der Wanne auf Lino zu, den das Mädchen auf den Garagenboden gesetzt hatte und streichelte.
Lino machte einen Satz auf die kleine weiße Ente zu und rannte dann im Zickzack hinter ihr her. Loni flatterte auf die Garagentür zu. Zwerg Otto hielt sich an ihren Federn fest – und dann waren sie auf dem Hof.
„Flieg' in die Luft! Loni, flieg' in die Luft! Über die Mauer!", schrie Zwerg Otto.
Die kleine weiße Ente sah die hohe Hofmauer vor sich. Sie flatterte, so hoch sie konnte. Zwerg Otto wäre beinahe abgestürzt, aber Loni packte ihn mit dem Schnabel und setzte ihn oben auf der Mauer ab.
„Lino, komm mit!", schrie Zwerg Otto von der Mauer herunter.
Aber Lino buddelte unten vor der Mauer mit beiden Vorderpfoten im Sand, mit den Hinterpfoten warf er den Sand hinter sich. Er saß unter einem Busch und buddelte ein Loch unter die Mauer. Loni, die sich neben Zwerg Otto auf die Mauer gesetzt hatte, konnte sehen, wie die beiden Kinder auf dem Hof herumrannten und nach den Tieren riefen. Sie duckte sich auf der Mauer. Zwerg Otto fuchtelte mit den Armen herum und rief nach Lino. „Sei still", flüsterte die kleine weiße Ente. „Sonst sehen uns die Kinder noch und holen uns hier herunter." – „Aber wo ist Lino?", fragte Zwerg Otto. – „Er ist in der Erde verschwunden", sagte Loni.
„Hoffentlich kommt er wieder aus der Erde heraus", meinte Zwerg Otto.
Sie starrten von der Mauer auf die andere Seite herunter. Da war von Lino nichts zu sehen.
„Sie haben ihn wieder eingefangen", jammerte Zwerg Otto. „Ich werde ihn wieder befreien müssen."
„Warte doch noch ein bißchen", sagte die kleine weiße Ente.
„Vielleicht gräbt er sich einen Tunnel unter der Mauer durch."
Sie blieben auf der Mauer sitzen und warteten. Es wurde langsam dunkel. Die Kinder auf dem Hof waren nicht mehr zu hören. Plötzlich bewegte sich unten an der Mauer etwas. Zwei kleine spitzen Schatten waren zu sehen.
„Da sind zwei Mäuse", flüsterte Zwerg Otto. „Die werde ich mal fragen, ob sie Lino gesehen haben."
„Das sind keine Mäuse, das sind Kaninchenohren", flüsterte die kleine weiße Ente zurück. „Halt' dich fest, ich flieg' zu den Ohren hinunter."
Und schon flog Loni von der Mauer herunter und landete neben den Kaninchenohren, die Lino gehörten.
„Loni, wir sind frei", wisperte Lino.
„Ja, ein Glück", flüsterte die kleine weiße Ente zurück. „Wir müssen warten, bis es ganz dunkel ist."
„Aber wo können wir uns verstecken?", fragte Zwerg Otto und kitzelte Lino ein bißchen am Ohr.
„Kommt in mein Kaninchenloch", schlug Lino vor.
„Das ist doch zu klein für uns drei", meinte Loni.
„Ich kann es größer machen", sagte Lino stolz und fing schon an, unter der Mauer weiterzubuddeln.
„Ich will nicht in so eine Staubhöhle", protestierte Zwerg Otto.
„Willst du dich wieder einfangen lassen?", fragte die kleine weiße Ente.
Sie kroch in das Loch, das Lino größer gebuddelt hatte. Zwerg Otto machte die Augen zu und kroch hinterher. Als letzter zwängte sich Lino in seinen Kaninchentunnel.

24. Lino will Dankeschön sagen

Unterrichtshinweise

Zum Inhalt:

LONI, LINO und OTTO verlassen die Kaninchenhöhle, die LINO auf ihrer Flucht vor den Menschen gebuddelt hatte und schlüpfen ungesehen in einen großen Korb, der vor einem Haus abgestellt ist und in dem sie sich zwischen Papier und Tüchern verstecken. Mit diesem Korb werden sie von einer alten Frau zu einer großen Wiese getragen, auf der ein dicker, grüner Baum steht. Jetzt wissen die drei, daß sie zu einem Ort zurückgekommen sind, an dem sie sich wohlfühlen, wo Tiere leben können. LINO, das scheue Kaninchen, läßt sich dafür aus Dankbarkeit von der alten Frau streicheln.

Einstimmung:

Wir wissen, daß die drei in der dunklen Kaninchenhöhle noch nicht in Sicherheit sind. Sie befinden sich noch in der Nähe von Simon und Ute, von denen anzunehmen ist, daß sie nichts unversucht lassen werden, um die Tiere wieder einzufangen. Wir sprechen über die Erfahrungen, die die Tiere bisher mit den Menschen gemacht haben. Mit Genugtuung stellen die Kinder fest, daß LONI und LINO *bisher alle Abenteuer gut bestanden haben, und mit Zuversicht wird deren weiteres Schicksal entworfen. Es ist klar, daß so wie bisher die Tiere nicht bei den Menschen bleiben werden. Keines der Kinder meint, daß die drei nun zurückgehen:* LONI *an ihren See,* LINO *zu seinem Feld und* OTTO *in sein Baumhaus. Nein, die drei werden zusammenbleiben. Die Darstellung einer solchen Lösung erwarten die Kinder heute von der Geschichte.*

Vortrag:

In dieser Geschichte wird LINOS *Entdeckung der menschlichen Hand noch einmal thematisiert, die geheimnisvoll lebendig und beseelt von* LINO *wahrgenommen wird. „Was hat die Hand gesagt?“, fragt er ernsthaft* OTTO *und liefert sich damit dessen Spott aus.* LONI *kann* LINO *verstehen, und auch den kleinen Zuhörern ist* LINOS *Sichtweise nicht unbedingt fremd. „Hände können reden!“, meinen einige Kinder und zeigen, wie Hände „nein“ sagen (abwinken) oder „komm“ rufen. Sebastian tippt sich an die Stirn, was auch jeder versteht. Ich streichele der neben mir sitzenden Sevim über den Rücken, die mir genauso antwortet. Dann lese ich die Geschichte zu Ende.*

Anschluß:

Wir malen ein Wachsfarbenbild von dem dicken, großen Baum auf der grünen Wiese. Einige Kinder malen LONI, LINO *und* OTTO *dazu. Susanne malt die Oma, wie sie* LINO *streichelt. Auffällig liebevoll sind diese Bilder gestaltet, die Kinder sind zufrieden mit der neuen Freiheit für die Tiere und zeigen das mit ihren schönen Bildern.*

Die Geschichte

Es blieb lange dunkel in der Kaninchenhöhle, die Lino gebuddelt hatte. Zwerg Otto war als erster wach. Er wollte aus der Höhle heraus. Es war ihm zu dunkel und zu erdig. Er kroch an Lino vorbei und suchte nach einem Ausgang. Aber es war so dunkel, daß er nichts sehen konnte. Er tastete in der Erdhöhle herum, kratzte an den Wänden, trampelte mit den Füßen gegen die Erde. Es war kein Ausgang zu finden.

Lino war jetzt auch wach und Loni raschelte mit den Federn. „Wie kommt man hier heraus, du Höhlengräber?“, fragte Zwerg Otto Lino. Lino fing auf der Stelle an zu buddeln und warf Zwerg Otto dabei Erde ins Gesicht. „Spinnst du?“, rief er. „Du wirst uns nur noch tiefer in die Erde buddeln!“

Aber Lino grub mit seinen Hinter- und Vorderpfoten weiter. Jetzt war ein bißchen Licht zu sehen.

„Laß mich vor“, sagte Zwerg Otto. „Ich mach das Loch größer!“ Er kroch nach vorn, steckte seinen Kopf in das kleine Lichtloch, das Lino gebuddelt hatte, und sah nach draußen.

Vor sich sah er ein paar schwarze riesige Käfer. Sie bewegten sich auf ihn zu. Zwerg Otto zog vor Schreck den Kopf zurück und kroch in die Höhle.

„Seid ganz leise“, flüsterte er. „Draußen sind zwei schwarze riesige Käfer.“ Lino warf sofort das Loch mit Erde zu.

Dann war ein Knirschen zu hören. Es kam noch mehr Erde in die Höhle hineingerieselt und Zwerg Otto verkroch sich unter Lonis Flügel. Er hatte vor den beiden schwarzen Käfern Angst.

„Laß’ mich mal aus der Höhle kriechen“, sagte die kleine weiße Ente und setzte Zwerg Otto vorsichtig zwischen Linos Pfoten. Sie schob mit ihrem Schnabel die Erde zur Seite, streckte ihren Kopf nach draußen, reckte den Hals so weit sie konnte. Es waren keine schwarzen Käfer zu sehen. Auf der Straße war es völlig ruhig. Sie konnte auf der anderen Seite eine Tür sehen. Vor der Tür stand etwas. Das sah wie ein Schiff aus oder wie ein kleines Haus aus Stroh. Loni bewegte ihre beiden Flügel, die Erde gab nach und sie konnte aus der Höhle klettern. „Wartet auf mich“, sagte sie zu Lino und Zwerg Otto. „Ich muß etwas untersuchen gehen.“

Lino kauerte sich tief in die Höhle hinein, Zwerg Otto legte seinen Kopf an sein weiches Fell. Loni watschelte los.

Es war nicht einfach für sie, auf der glatten, schwarzen Straße zu gehen. Die Füße taten ihr weh. Sie kam nur langsam weiter und mußte manchmal Pausen machen, weil sie Geräusche hörte: Trappeln und Rauschen, Geknatter und Klappern. Es war aber kein Tier und kein Mensch zu sehen. Nur die Vögel konnte sie singen hören. Die Geräusche kamen aus den Häusern.

Auf der anderen Straßenseite blieb Loni vor der Haustür stehen und besah sich das Ding, das davor stand. Es war kein Schiff, auch kein richtiges Haus. Es war rund und hatte kein Dach. Oben war eine runde Stange, ein gebogener Ast. Loni flatterte in

die Luft. Sie wollte in das runde Haus hineinsehen. Sie konnte sehen, daß in dem offenen Haus bunte Tücher lagen und Papier. Sie flatterte herunter und setzte sich auf die Tücher.
„Das wär eine schöne Wohnung für uns", dachte sie. „Es ist weich, oben kann ich hinaussehen, zwischen den Tüchern und dem Papier können wir uns verstecken."
Sie flatterte wieder in die Höhe und blieb gleich in der Luft. Es war einfacher und viel schneller als das Watscheln über die Straße.
Zwerg Otto und Lino konnten sehen, wie Loni angeflattert kam und genau vor der Höhle landete. „Ich hab' ein neues Haus für uns gefunden. Kommt mit!", rief sie den beiden zu.
Lino schoß wie ein kleiner brauner Blitz über die Straße, Zwerg Otto setzte sich auf Lonis Rücken, und sie flogen auf die andere Straßenseite. Lino saß schon vor dem neuen Haus.
„Wie soll ich da hineinkommen?", flüsterte er. „Du mußt an der runden Wand hochklettern", sagte die kleine weiße Ente. Sie saß mit Zwerg Otto oben in dem offenen Haus und wartete, bis Lino hochgeklettert war. „Du hast einen gemütlichen Korb gefunden", meinte Zwerg Otto und zupfte Loni an einer Feder. Dann kuschelten sie sich alle drei in die bunten Tücher und raschelten in dem Papier herum.
Plötzlich spitzte Lino beide Ohren. Er hatte ein Geräusch gehört. „Versteckt euch!", flüsterte er.
„Jetzt kommen die beiden schwarzen Käfer", wisperte Zwerg Otto. Er kroch unter ein Stück Papier und hielt den Atem an. Sie konnten spüren, daß ihr Korb zu schaukeln anfing und durch die Luft getragen wurde.
„So etwas können die Käfer nicht", meinte Zwerg Otto und kroch unter seinem Papier hervor. – „Bleib' drunter!", flüsterte die kleine weiße Ente. – „Es ist nicht gefährlich", sagte Zwerg Otto ziemlich laut. „Ich bin das Schaukeln gewöhnt."
Er kroch unter dem Papier hervor und sah in die Luft. „Nicht viel zu sehen", dachte er. „Blaue Luft. Das ist alles." Er sah genauer hin. Das war keine blaue Luft, das war blauer Stoff. Der blaue Stoff schwebte über ihm und Zwerg Otto mußte an den Anorak von Simon denken. Der war doch auch blau gewesen. Ob Simon diesen Korb hier herumtrug und mit ihm durch die Gegend schaukelte?
„Simon", rief Zwerg Otto. Aber der blaue Stoff blieb ohne Bewegung über ihm. Oder war es der blaue Himmel? – „Ich muß mal auf diesen blauen Fleck 'raufklettern", beschloß Zwerg Otto. Er kroch an der Korbwand hoch, bis er an dem blauen Stoff angekommen war, hielt sich vorsichtig daran fest und kroch immer höher hinauf. Dann war die Stoffstraße zu Ende, und Zwerg Otto sah etwas Helles. Es war eine Hand, eine Menschenhand, die aus dem Stoff herausragte und die den Korb festhielt. „Für Simon ist die Hand zu groß", dachte Zwerg Otto. „Es muß ein anderer, großer Mensch sein."
Er kroch rasch wieder auf dem blauen Stoff zurück. Lino und die kleine weiße Ente waren nicht zu sehen. Sie hatten sich unter den Tüchern versteckt. Zwerg Otto mußte nach ihnen suchen. „Ihr Angsthasen", sagte er, als er sie gefunden hatte. „Ich habe entdeckt, daß wir von einem großen Menschen weggetragen werden. Stellt euch vor, ich habe eine große Hand gesehen."
„Was hat die Hand gesagt?", fragte Lino.
Zwerg Otto prustete vor Lachen los. „Sie hat ‚Guten Tag' gesagt und gefragt, wie ich heiße", sagte Zwerg Otto.
„Du sollst nicht so gemein zu Lino sein", schimpfte Loni. „Er kennt doch keine Menschenhände." – „Dann sollte er sie sich einmal ansehen", meinte Zwerg Otto. – „Kenn' ich wohl", protestierte Lino. „Aber ich dachte, Hände könnten reden."
In diesem Augenblick hörte das Schaukeln auf. Sie merkten einen Ruck. Der Korb war auf den Boden gesetzt worden. Alle drei versteckten sich schnell unter den Papieren und Tüchern.
Jemand fing an, zwischen den Tüchern herumzukramen. Das Papier raschelte, die Tücher wurden umgedreht, und Zwerg Otto sah zum zweiten Mal die große Menschenhand. „Das ist die Hand", flüsterte er Lino zu. Aber die Hand war schon verschwunden. Sie hatte eine Menge Papier mitgenommen.
Lino spitzte wieder die Ohren. Er kroch zwischen den bunten Tüchern hervor und kletterte nach oben. Mit beiden Pfoten hielt er sich am Korbrand oben fest und sah nach draußen.
Er sah nur Grün. Alles war grün. „Wir sind im Wald", flüsterte Lino. Aber dann sah er, daß sie auf einer großen grünen Wiese standen. Auf der Wiese stand ein Baum. Und auf den Baum ging eine Gestalt zu. „Wer ist das?", dachte Lino.
Er kletterte in den Korb zurück und erzählte der kleinen weißen Ente und Zwerg Otto, was er gesehen hatte. „Das ist der Mensch, der uns getragen hat", sagte Zwerg Otto. – „Dann muß ich zu ihm", flüsterte Lino aufgeregt.
„Seine Hand hat uns doch hierher zu dem grünen Baum getragen. Ich muß ihr Dankeschön sagen."
Er kletterte aus dem Haus heraus und hoppelte auf den Baum zu. Zwerg Otto und Loni sahen ihm von weitem zu. „Der ist aber heute mutig", meinte Zwerg Otto.
Sie konnten sehen, wie Lino auf den großen Menschen zuhoppelte. „Wir müssen ihm helfen, wenn ihm etwas passiert", sagte Loni und flog in die Luft. Zwerg Otto hielt sich an einem Entenfuß fest und zappelte in der Luft herum. Sie landeten ganz in der Nähe des Baumes und konnten sehen, wie eine alte Frau Lino über den Rücken streichelte. Lino saß ganz still.
„Er hat eine Oma gefunden", flüsterte Zwerg Otto.

25. Ute und Simon haben Tränen in den Augen

Unterrichtshinweise

Zum Inhalt:

Ute und Simon sind betroffen und traurig über die Flucht der Tiere. Aus ihrer Sicht gab es für die beiden keinen Grund, ihnen wegzulaufen. „Sie hatten es doch so gut bei uns!“
Die Kinder stellen sich jetzt die Gefahren vor, denen Tiere in der Menschenwelt ausgesetzt sind, und machen sich deshalb große Sorgen um die Ente und das Kaninchen. Für den nächsten Tag nehmen sie sich vor, auch in der weiteren Umgebung nach den beiden zu suchen.

Einstimmung:

Den erneuten Perspektivenwechsel in den Geschichten – heute erleben die Schüler/innen die Flucht der Tiere aus der Sicht von Simon und Ute – erleichtere ich ihnen, indem ich einleitend von meinem Kater Mikasch erzähle, der eines Abends aus der Wohnung verschwunden war. Ich erzähle von der Angst, die wir damals um Mikasch hatten, weil wir uns nicht vorstellen konnten, daß er heil und gesund zurückkehren würde.
Stephanie berichtet von einem ähnlichen Erlebnis mit ihrer Katze, und Yvonne hat die befürchtete Katastrophe erlebt: Ihr Hund kam nicht mehr lebendig zurück. Sie vermutet, ein Mann habe ihn mit einem Stock erschlagen. Die Erleichterung zu wissen, daß es LONI *und* LINO *gut geht, ist den Kindern anzumerken, als ich ihnen jetzt von Utes und Simons Reaktion erzähle.*

Vortrag:

Heiko erzählt – als ich vom Bemühen der Kinder berichtet hatte, die Tiere mit Futter in die Garage zurückzulocken –, wie seine Mutter versucht hatte, seinen Vogel auf diese Weise zu bewegen, in den geöffneten Käfig zurückzukommen. „Er war aber weg. Er kam nicht mehr!“

Anschluß:

Als ich den Kindern vorschlage, mit Filzstiften ein Bild von Utes oder Simons Traum zu malen, sagt Susanne: „Ich male lieber meine Schildkröte!“ „Ich male meinen Vogel!“, ruft Heiko. So malt jeder sein Tier oder eines, das er gerne haben möchte. Nur Sascha sagt: „Ich kann kein Tier malen!“ (Wenn ich ihm das so glauben würde, müßte ich ihm nun dabei helfen. Aber ich denke, daß Sascha Gründe hat, kein Tier in diesem Zusammenhang malen zu wollen. Er lebt in einer sehr großen Familie und in sehr beengten Wohnverhältnissen. Sicher muß er jeden Wunsch nach einem Tier bei sich unterdrücken.)
Jetzt geht Sascha in die Leseecke. Ich gebe ihm das Buch „Uli und sein Hund“ von Irina Korschunow aus der Reihe „Tiergeschichten“, Texte für das 1. Lesealter, Diesterweg 1982.
Später malt Sascha ein Kaninchen: LINO.

Die Geschichte

Es hatte eine Schrecksekunde lang gedauert, bis Ute und Simon aus der Garage gerannt waren. Sie waren völlig überrascht worden, denn damit hatten sie nicht gerechnet. Daß Tiere so schnell sein können! Warum waren sie weggelaufen?
„Sie hatten es doch so gut bei uns“, sagte Ute. Sie hatte Tränen in den Augen und rannte kreuz und quer auf dem Hof vor der Garage umher. Simon sagte kein Wort. Er war wütend darüber, daß er das Garagentor nicht richtig zugemacht hatte. Er rannte hinter Ute her und suchte mit ihr den Hof ab.
„Es hat keinen Zweck“, sagte er. „Die beiden Tiere sind weg.“
„Aber sie müssen doch hier irgendwo sein. Das Häschen kann doch nicht fliegen“, meinte Ute traurig.
„Aber die Ente kann fliegen“, meinte Simon, „und vielleicht hat sie das Kaninchen auf den Rücken genommen und ist mit ihm über die Hofmauer geflogen.“
„Das glaub ich nicht“, antwortete Ute. „So viel Kräfte hat die kleine weiße Ente nicht.“
Sie ging jetzt ganz dicht an der Mauer entlang und starrte auf den Boden.
„Guck mal, Simon“, rief sie plötzlich. „Hier ist ein Loch unter der Mauer. Da ist das Häschen bestimmt durchgekrochen.“
Sie sahen sich das Loch genau an und Simon wollte mit der Hand hinein und es größer machen.
„Laß' das lieber“, meinte Ute. „Vielleicht sind die beiden Tiere längst weit weg. Das Loch hier hat vielleicht ein Hund gescharrt.“ Aber Simon wollte unbedingt wissen, ob das Kaninchen in dem Loch saß. Er suchte sich einen Stock und bohrte in dem Loch herum, bis es so groß war, daß er mit beiden Armen hineinpaßte. Er griff hinein, so weit er konnte, und kam mit den Händen auf der anderen Seite der Mauer heraus.
„Das war der Fluchtweg“, sagte er zu Ute.
„Ob die kleine weiße Ente da auch hindurchgekrochen ist?“, fragte Ute.
„Kann sein“, meinte Simon. „Aber vielleicht ist sie auch über die Mauer geflogen, und sie haben sich beide auf der anderen Seite getroffen.“
„Und wenn sie sich nicht getroffen haben?“, fragte Ute ängstlich.
„Wenn sie beide auseinander sind?“
„Dann suchen sie sich“, antwortete Simon. „Tiere haben eine gute Nase und finden sich am Geruch wieder.“
„Aber seit wann haben Enten eine gute Nase?“, fragte Ute.
Es war dunkel auf dem Hof geworden, und sie mußten beide nach Hause.
„Wir lassen die Garagentür offen“, meinte Simon. „Vielleicht kommen sie zurück und suchen uns.“
Ute stellte den Pappkarton neben das Becken in der Garage, und Simon sammelte ein paar Löwenzahnblätter auf dem Hof. Sie waren staubig, und Ute wusch sie im Wasser ab.

„Jetzt haben sie wenigstens etwas zu essen", sagte Simon mit trauriger Stimme.
„Wenn sie zurückkommen, dann können sie hier zusammen übernachten", meinte Ute.
Die Kinder mußten sich sehr beeilen, damit sie nicht zu spät nach Hause kamen. Als sie sich trennen mußten, sagte Ute: „Bis morgen in der Schule."
„Wir müssen die Tiere suchen", antwortete Simon. „Ich denk' mir was aus. Schlafen kann ich sowieso nicht", sagte Ute und lief nach Hause.
„Wieso kommst du so spät?" fragte die Mutter Ute.
„Wo warst du so lange?" fragte der Vater Simon.
„Unsere Tiere sind weg", sagte Ute zu ihrer Mutter.
„Unsere Tiere sind weg", sagte Simon zu seinem Vater.
„Die werden schon wiederkommen", meinte Utes Mutter.
„Die kommen bestimmt wieder", meinte Simons Vater.
Ute kamen die Tränen, und Simon kamen die Tränen. Beide konnten nichts essen und gingen schlafen. Und beide konnten nicht einschlafen.
„Wenn das Häschen im Dunkeln Angst hat", sorgte sich Ute.
„Wenn die kleine weiße Ente keinen Schlafplatz findet", sorgte sich Simon.
„Hoffentlich hat das Häschen ein gutes, warmes Versteck", dachte Ute.
„Hoffentlich kommt die Ente nicht unters Auto", dachte Simon.
„Ich werde morgen den ganzen Tag mit Simon nach den Tieren suchen", flüsterte Ute vor sich hin.
„Ich werde morgen den ganzen Tag mit Ute nach den Tieren suchen", flüsterte Simon vor sich hin.
„Aber erst müssen wir in die Schule", fiel Ute ein.
„Ob ich mit dem Lehrer darüber reden soll?", dachte Simon.
Und dann schlief Ute in ihrem Bett ein, und dann schlief Simon in seinem Bett ein.
Und beide träumten.

Die letzten fünf Geschichten lese ich zusammenhängend vor – nach Konzentration und Zuhörbereitschaft der Kinder, verteilt auf mehrere Tage am Ende des Schuljahres.
Bisher hatten wir die Kontinuität der Geschichten einige Male damit unterbrochen, daß wir uns intensiver auch mit einem Unterrichtsthema auseinandersetzten, das nicht in direktem Zusammenhang mit den Entengeschichten stand. So z.B., als wir ein Faschingsfest planten und durchführten, oder als wir über unsere Besuche im Garten eines Mitschülers Bücher malten und schrieben. Diesen Garten erlebten wir im Wandel der Jahreszeiten und beobachteten dabei die Entwicklung von Pflanzen und Früchten. Zwischen dem Vorlesen der einzelnen Geschichten lagen so zuweilen mehrere Schulwochen, weil uns andere Inhalte eine Zeitlang beschäftigten oder weil wir uns sehr ausführlich mit einem Thema befaßten, das von den Geschichten direkt angeregt worden war.

26. Besuch aus Berlin

Zum Inhalt:

Andere wichtige Ereignisse hindern Simon und Ute, sich ausschließlich mit der Suche nach den verschwundenen Tieren zu befassen. Am letzten Schultag vor den großen Ferien gibt es nämlich Zeugnisse, und Ute erwartet Besuch, Nele und Ingo, Ferienkinder aus Berlin. Ute und Simon, die die Suche nach den beiden Tieren jetzt systematischer planen, wollen die Berliner daran beteiligen: „Zu viert finden wir die Tiere bestimmt!"

Die Geschichte

Heute gab es Ferien. Aber Ute konnte sich nicht darauf freuen. „Wo mochte das Häschen sein und wo die kleine weiße Ente?", dachte sie auf dem Weg zur Schule.
Sie traf Simon kurz vor der Schule.
„Ich hab' von Kaninchen geträumt", sagte er als erstes.
„Weißt du, daß es heute Ferien gibt?", fragte Ute.
„Weiß ich", antwortete Simon. „Wir haben nur zwei Stunden. Dann können wir gleich die Tiere suchen."
„Ich bekomm' heute Besuch aus Berlin", sagte Ute. „Ich muß zum Bahnhof, den Besuch abholen."
„Aber erst suchen wir die Tiere", meinte Simon.
Sie gingen jeder in seine Klasse. Es gab heute Zeugnisse, und alle Kinder waren aufgeregt. Nur Ute und Simon hatten ihre Gedanken ganz woanders.
Als die Lehrerin sagte: „Hier hast du dein Zeugnis, Ute. Du mußt dich in Rechnen anstrengen", fing Ute an zu weinen. Die Lehrerin strich ihr über den Kopf und sagte: „Aber Ute, du hast doch ein gutes Zeugnis."
„Ich muß an etwas denken", schluchzte Ute.
Simon sah sich sein Zeugnis kurz an, steckte es in die Schulmappe und meldete sich: „Ich muß heute gleich nach Hause. Ich muß Besuch abholen. Kann ich heute früher gehen?" – Die Lehrerin sagte: „Wenn du es so eilig hast, dann darfst du schon gehen."
Simon konnte die Zeit kaum erwarten und rannte aus der Klasse auf den Schulhof, dann auf die Straße und wartete in einem Hauseingang auf Ute.
Er überlegte:
Wir müssen die ganze Stadt absuchen. Oder sollen wir die Feuerwehr anrufen, die holt doch manchmal eine Katze vom Baum, wenn die nicht mehr herunter kann? Aber dazu müssen wir erst mal wissen, wo das Kaninchen und die Ente sind. Ob die einfach aufs Land geflüchtet waren? Tiere sind doch am liebsten auf dem Land. Wo Ute bloß so lange bleibt? Die hat mit dem Zeugnis zu tun.
Aber das stimmte nicht ganz. Ute saß in ihrer Klasse und hörte zu, wie die Lehrerin eine Geschichte von einem Maulwurf vorlas. Der Maulwurf hieß Grabowski und wohnte auf einer Wiese. Auf einer Wiese? Auf einer Wiese konnten doch auch die Tiere sein. Natürlich, die mußten auf einer Wiese sein!

Ute stand auf und sagte mitten in das Vorlesen hinein: „Mir ist so komisch. Kann ich schon gehen?"
„Gefällt dir die Geschichte nicht?", fragte die Lehrerin.
„Doch, doch, sie ist sehr schön, aber ich möchte nach Hause."
„Dann geh' und ruh' dich aus", sagte die Lehrerin, und Ute sagte: „Auf Wiedersehn und Dankeschön und schöne Ferien" und lief aus der Klasse auf den Schulhof und auf die Straße.
„Ute", rief Simon. Er hatte sie kommen sehen. „Wo bleibst du denn so lange? Wir müssen die Feuerwehr anrufen."
„Warum?", fragte Ute. „Du spinnst, wir müssen die Tiere suchen."
„Eben darum", antwortete Simon. „Ich hab die Idee, daß die Feuerwehr die Tiere finden könnte. Sie holen doch auch Katzen vom Baum."
„Aber dann muß man wissen, auf welchem Baum die Tiere sind", sagte Ute. „Mir ist etwas anderes eingefallen: die Tiere müssen auf einer Wiese sein."
„Das kann stimmen, aber wo ist hier eine Wiese in der Stadt?"
„Im Stadtpark vielleicht oder bei den Schrebergärten, wo mein Onkel einen Garten hat."
„Los, wir laufen erst in den Stadtpark", sagte Simon aufgeregt.
„Aber weißt du, wie wir da hinkommen?", fragte Ute.
„Das weiß ich", sagte Simon. „Ich war doch mit meinen Eltern schon da. Wir müssen hier geradeaus und dann nach links, an dem Zeitungsladen vorbei."
Sie liefen los.
Aber plötzlich fiel Ute ein: „Ich muß den Besuch aus Berlin abholen! Das hab' ich ganz vergessen."
„Ich komme mit", meinte Simon. „Aber erst muß ich nach Hause, mein Zeugnis abgeben."
„Ich auch", sagte Ute. „Und mittagessen. Komm' doch nach dem Essen vorbei. Dann gehen wir zum Bahnhof."
Sie liefen nach Hause.
Nach dem Essen war Simon gleich da. Er wollte den Besuch abholen und dann die Wiese im Stadtpark suchen.
„Kinder, ihr müßt noch etwas warten. Nele und Ingo kommen erst gegen sechs Uhr an", sagte Utes Mutter. „Geht so lange ein bißchen spielen, aber nicht so weit weg, damit ich euch rufen kann."
Ute und Simon gingen in Utes Zimmer.
„Wer sind das, Nele und Ingo?", fragte Simon. „Sind die nett?"
„Meine Cousine und mein Cousin. Die sind in Ordnung", meinte Ute.
„Dann können sie uns ja suchen helfen", sagte Simon.
„Zu viert finden wir die Tiere bestimmt."
„Wir sollten Mutti nach einem Stadtplan fragen", schlug Ute vor. „Dann können wir mal sehen, wie wir zum Stadtpark kommen."
„Mutti, kannst du uns einen Stadtplan geben?", fragte Ute.
„Wozu denn das?", fragte Utes Mutter erstaunt.
„Wir wollen Nele und Ingo ein bißchen die Stadt zeigen", meinte Simon.
„Das ist aber eine sehr gute Idee", sagte Utes Mutter.
„Könnt ihr denn schon einen Stadtplan lesen?"
„Ich bin gut in Lesen, weißt du doch", sagte Ute.
„Ich auch", sagte Simon.
Sie suchten auf dem Stadtplan nach einer grünen Stelle und fanden auch ein grünes Kästchen auf dem Plan. „Stadtpark" stand mitten darin geschrieben.
„Sieht ja nicht sehr groß aus", meinte Simon.
„Um so besser", sagte Ute. „Dann brauchen wir nicht so viel zu suchen."
Sie fuhren mit Utes Mutter mit dem Bus zum Bahnhof und warteten noch zehn Minuten. Dann kam der Zug an.
Nele und Ingo waren schon ziemlich groß.
„Die sind ja schon in der dritten Klasse", flüsterte Simon Nele zu.
Aber Ingo hatte es gehört und sagte: „Ich komme in die dritte Klasse, und Nele kommt erst in die Schule."
„Jetzt fahren wir nach Hause, und ihr eßt erst mal was", sagte Utes Mutter.

27. In der Baumhöhle

Zum Inhalt:

LONI, LINO und OTTO erkunden ihre neue Umgebung. Während sich OTTO zunächst zwischen Grashalmen und Blumenstengeln verirrt, entdeckt LONI bei der Suche nach ihm, daß der große Baum auf der Wiese hohl ist. Zu dritt erkunden sie die Baumhöhle, jeder auf seine Weise. LINO buddelt am Fuße des Baumes einen zweiten Eingang, und OTTO erklärt den Baum feierlich zu seinem grünen Lilienschloß.

Die Geschichte

Lino saß im Stadtpark unter einem großen Baum im Gras. Neben ihm stand die Oma, die ihn gestreichelt hatte, und streute Brotkrümel auf die Wiese. Ab und zu gab sie Lino ein kleines Stück Brot und sagte: „Knabber schön, mein Häschen", und Lino knabberte. Als die Oma über die Wiese auf einen Teich zuging, hoppelte er hinter ihr her.
„Der will bei seiner Oma bleiben", flüsterte Zwerg Otto Loni zu.
„Er wird schon wiederkommen", sagte Loni. „Er ist doch kein Menschenkaninchen."
Zwerg Otto kletterte ein bißchen am Baumstamm hoch. Er wollte Lino und die Oma beobachten. Aber plötzlich rutschte er an der Baumrinde ab und fiel ins Gras. Loni mußte lachen. Zwerg Otto sagte: „Lach' du nur. Du wirst nicht mehr lachen, wenn Lino bei seiner Oma bleibt und nicht wiederkommt." – „Und warum werde ich dann nicht mehr

lachen?", fragte die kleine weiße Ente. – „Weil ich dann alles zu bestimmen habe und du gar nichts", antwortete Zwerg Otto. Da mußte Loni noch mehr lachen, und Zwerg Otto rannte los. „Willst du auch zur Oma?", rief sie hinter ihm her. Aber Zwerg Otto antwortete nicht. Er wollte Lino zurückholen.
Er rannte durch das hohe Gras und konnte nichts sehen. Die Grashalme waren für ihn so hoch wie Bäume. Aber manchmal waren sie niedriger oder es wuchs überhaupt kein Gras. Dann konnte Zwerg Otto weit vor sich die Oma stehen sehen. „Wo die Oma ist, da ist auch Lino", sagte er sich und rannte weiter.
Er mußte oft stehenbleiben, die Grashalme auseinanderbiegen und nach der Oma Ausschau halten. „So ein Mist, daß ich mein Fernrohr vergessen habe", schimpfte er vor sich hin. „Dann könnte ich die beiden gut beobachten." Er rannte weiter zwischen den Grasbäumen, stieß manchmal mit dem Kopf an einen dicken Stengel und stolperte über Graswurzeln.
Als er wieder einmal einen Grasstengel zur Seite bog, sah er ein paar Hasenohren und rief: „Lino!" Aber die Ohren rannten weg und Zwerg Otto blieb wütend stehen. „Der Idiot!" brummte er vor sich hin. „Erschreckt sich vor seinem eigenen Freund." Er legte sich ins Gras und überlegte. Wo war Lino wohl hingerannt? Bestimmt zu Loni. Und wie komme ich da wieder hin?, fragte er sich. Ich muß zurückgehen. Zwerg Otto stand auf, trampelte ein paar niedrige Grashalme um und stapfte los.
Lino war wirklich zur kleinen weißen Ente zurückgehoppelt. Er saß neben ihr im Gras unter dem großen Baum, und sie überlegten, wo wohl Zwerg Otto sein könnte. „Vielleicht wollte er auch die Oma besuchen", sagte Lino. „Sie ist so nett und hat mir Brot zu essen gegeben." – „Kann sein, daß er da hingelaufen ist", meinte die kleine weiße Ente. „Er hat ja immer Hunger."
„Und wenn er sie nicht findet?", fragte Lino.
„Dann müssen wir ihn suchen", antwortete Loni.
Sie flatterte hoch und setzte sich auf einen Ast. Von hier aus konnte sie gut die Wiese überblicken. Die Wiese war grün mit gelb und weiß dazwischen. Eine Löwenzahnwiese.
„Eigentlich müßte ich den roten Zwerg Otto doch gleich erkennen", sagte sich Loni. Aber es war nichts Rotes zu sehen. Sie flatterte weiter in die Zweige hinein. Sie wollte sich einen guten Platz zum Ausruhen suchen, denn bis Zwerg Otto zurück war, konnte es dauern.
Sie watschelte auf ihrem Ast immer näher an den Baumstamm heran. Der Ast wurde immer dicker. Als sie fast am Baumstamm angekommen war, sah sie, daß direkt über ihr ein schwarzes Loch im Stamm war. Sie bewegte sich neugierig darauf zu. Ob es da in den Baum hineinging? Sie steckte ihren Kopf in das Baumloch. Es war dunkel.
Loni flatterte vom Ast herunter und kam unten bei Lino an. „Lino, ich habe einen Eingang in den Baum gefunden." Aber Lino blinzelte nur und spitzte die Ohren. „Ich dachte, du hättest Zwerg Otto gefunden", sagte er traurig.
„Über wen redet ihr da?" krähte plötzlich jemand.
„Da bist du ja, Zwerg Otto", rief die kleine weiße Ente.
„Ein Glück, da du wieder da bist", sagte Lino. „Ich dachte schon, du hättest dich verlaufen."
„Ich habe einen interessanten Spaziergang gemacht und die Gegend hier erkundet", sagte Zwerg Otto. „Alles ziemlich langweilig, nur Gras und Blumenstengel."
„Ich habe einen Eingang in den Baum gefunden. Den solltest du dir mal ansehen", sagte Loni.
„Machen wir, machen wir", antwortete Zwerg Otto. „Baumlöcher interessieren mich immer, vielleicht ist da ein Schatz versteckt."
„Hast du ein Feuerzeug mit?", fragte Lino.
„Wozu denn das? Ich bin doch kein Raucher", sagte Zwerg Otto und mußte kichern.
„Damit du in den Baum hineinleuchten kannst", mischte sich Loni ein. „Es ist nämlich ganz dunkel, wenn man in den Baum hineinsieht."
„Ich muß mir erst mal den Eingang ansehen", sagte Zwerg Otto.
„Ich will auch mit", bettelte Lino.
„Du mußt erst ein bißchen warten, bis wir alles erkundet haben", sagte die kleine weiße Ente. „Vielleicht gibt es ja noch einen Baumeingang von der Erde aus."
Loni flatterte hoch, Zwerg Otto kroch den Baumstamm hinauf, und Lino fing an, unten zwischen den Baumwurzeln ein Loch in den Baum hinein zu buddeln.
Loni war als erste oben im Baum und wartete auf Zwerg Otto. Er kletterte wie ein Wiesel am Baumstamm hoch, immer mit den Händen in die Rinde gekrallt.
„Was kommt denn da für ein roter Baumkäfer gekrabbelt?", rief Loni von oben.
Zum Glück hatte es Zwerg Otto nicht gehört. Er kam ganz außer Puste bei der kleinen weißen Ente an und fragte: „Wo ist der Eingang?"
„Du stehst direkt davor", sagte Loni. „Paß auf, daß du nicht hineinfällst."
Aber Zwerg Otto war schon verschwunden. Er war einfach in das Baumloch hineingeklettert, es wurde immer dunkler. Zwerg Otto merkte das gar nicht. Er war viel zu aufgeregt. Er kroch immer weiter und weiter in den Baumstamm hinein, bis es ganz dunkel um ihn herum wurde.
„Jetzt müßte ich das Feuerzeug haben, von dem Lino geredet hat", brummte er. „Lino geredet hat", kam eine tiefe Stimme zurück. Zwerg Otto kroch so schnell er konnte wieder nach oben.
„Da redet einer von Lino", japste er, als er oben bei der kleinen weißen Ente wieder aus dem Baumloch herauskam.
„Von Lino?" fragte Loni. „Das ist doch gar nicht möglich." Und sie steckte den Kopf in das Baumloch und horchte. Es war ganz still in dem Baum.
„Wir müssen Lino hochholen", sagte sie. „Erstens kann er im Dunkeln besser sehen als wir, und zweitens muß er wissen, wer da im Baum über ihn redet."
Sie flatterte vom Baum herunter. Lino buddelte

unten an den Baumwurzeln. „Ich bin bald im Baum drin", erzählte er Loni.
„Das kann noch lange dauern", meinte die kleine weiße Ente.
„Komm' lieber mit auf den Baum und sieh dir den Baumeingang an", schlug sie vor.
„Aber ich kann doch nicht klettern", meinte Lino.
„Wir machen dir ein Seil, und dann ziehen wir dich am Baum hoch", schlug Loni vor.
Sie fingen beide damit an, Grashalme auszurupfen. Zwerg Otto war vom Baum heruntergeklettert. Er knüpfte die Grashalme zusammen. „Ich kann Seemannsknoten", behauptete er stolz.
Es dauerte lange, bis das Grasseil lang genug war. „Hoffentlich reißt es nicht", sagte Lino. – „Seemannsknoten reißen nie", antwortete Zwerg Otto, nahm ein Seilende zwischen seine Zähne und kletterte wie ein Äffchen den Baumstamm hoch. Als er oben vor dem Baumeingang angekommen war, knotete er das Seil um einen Ast und rief: „Loni, knote das Seil Lino um den Bauch, dann flieg' hoch, und hilf mir, ihn hochzuziehen."
Lino zitterte, als Loni ihm das Grasseil um den Baum band.
„Du brauchst keine Angst zu haben", tröstete sie Lino.
„Und wenn das Seil reißt?" fragte Lino.
„Dann plumpst du ins Gras. Mehr kann dir nicht passieren."
Loni flog auf den Baum hinauf, nahm das Seil in den Schnabel und zog daran. Zwerg Otto zog mit beiden Händen mit.
„Lino ist zu schwer", meinte er. „Der hat zu viel von seiner Oma zu futtern bekommen."
Aber sie schafften es, denn Lino krallte sich mit seinen Pfoten in die Baumrinde und kletterte so langsam am Baumstamm hoch, halb gezogen, halb geklettert.
Als er endlich oben auf dem Ast angekommen war, machte er seine Augen zu und wollte nichts sehen. „Mir wird schlecht, wenn ich so hoch oben bin", flüsterte er.
„Dann mußt du gleich in das Baumloch hineinklettern", schlug die kleine weiße Ente vor.
Lino steckte vorsichtig seine Ohren, dann seinen Kopf in den Baumeingang. Er schnupperte, und plötzlich machte er einen Satz und war in dem Baum verschwunden. Er fiel tiefer und tiefer in den Baumstamm hinein und landete auf einem weichen Moospolster. Als er die Augen aufmachte, fing er an, in dem Moos zu kratzen und zu buddeln. Er wollte unbedingt aus dem Baumstamm heraus. Und es dauerte nicht lange, da streckte er eine Pfote zwischen den Baumwurzeln heraus, dann die zweite Pfote. Er war wieder unten am Baumstamm herausgekommen, wo er schon vorhin zu buddeln angefangen hatte.
Loni hatte von oben aus alles beobachtet. Sie flatterte zu Lino herunter. „Wie war es in dem Baum?" fragte sie.
„Es ging so schnell", antwortete Lino. „Ich bin immer nur gefallen, und dann hab ich gebuddelt, und dann war ich hier, wo ich schon vorhin war."
„Jetzt hat der Baum zwei Eingänge", sagte die kleine weiße Ente. „Einen unten und einen oben."
„Wir sollten ihn uns zur Wohnung nehmen", schlug Lino vor.
„Ich lade euch ein in mein grünes Lilienschloß", hörten sie plötzlich eine feierliche Stimme aus dem Baumstamm heraus tönen. Es war Zwerg Otto. Er hatte sich mit dem Grasseil in den Baumstamm hinabgelassen und kroch jetzt unten zwischen den Wurzeln heraus.

28. Nele hört ein Lied

Zum Inhalt:

Die vier Kinder suchen nach den Tieren. Ingo geht mit Ute in Tierhandlungen. Sie fragen nach, ob jemand dort vielleicht eine Ente oder ein Kaninchen abgegeben hat. Nele und Simon suchen im Stadtpark. Simon macht sich wegen der Ente auf die Suche nach einer Wasserstelle, und Nele sucht allein die Wiesen ab. Zufällig hört Nele aus dem dicken Baum eine feine Singstimme. Aufgeregt führt sie Simon an den Ort ihrer Entdeckung.

Die Geschichte

Die Kinder trafen sich alle bei Simon. Er hatte in seinem Zimmer ein Frühstück aufgebaut. Seine Mutter hatte ihm dabei geholfen, aber das meiste hatte Simon selbst gemacht. Er hatte vier Frühstücksbrettchen und vier Becher mit Kakao auf seinen Tisch gestellt, an dem er sonst die Schularbeiten machte. Er hatte für jedes Kind zwei Brötchen geholt. Seine Mutter hatte Himbeermarmelade, Quark und Wurst dazugestellt.
Jetzt saßen alle am Tisch, und Ingo aus Berlin aß schon seine zweite Schrippe. Er nannte die Brötchen „Schrippen". Nele aß nur eine Schrippe. Sie saß neben ihrer Cousine Ute und achtete genau darauf, was Ute sagte und wie sie alles machte. Nele war zum ersten Mal in ihrem Leben von zu Hause weg. Sie wollte alles richtig machen.
Als Simon einen Stadtplan auf den Tisch legte, fragte Ingo: „Wollen wir eine Schnitzeljagd machen?" – „So etwas Ähnliches", meinte Simon. – „Wir wollen unsere Tiere suchen", sagte Ute. – „Das geht ohne Landkarte", meinte Nele. „Tiere muß man anlocken, am besten mit etwas zum Essen. Ich hab mal in Berlin eine Frau getroffen, die hatte ihren Kanarienvogel verloren. Und die hat immer ‚Mäxchen komm, Mäxchen komm' gerufen. Ich dachte, die ruft ihren Mann. Aber sie hat so eine komische Stimme gehabt beim Rufen, daß ich mir gedacht habe, die ruft nach einem Tier. Ich dachte, sie meint einen Kater. Kater heißen doch manchmal ‚Mäxchen'. Ich wollte ihr helfen und hab auch immer ‚Mäxchen komm' gerufen. Wir sind die ganze Straße bei uns heruntergelaufen und haben ..."

„Mäxchen komm, Mäxchen komm gerufen", riefen Simon und Ingo im Chor. „So können wir das Kaninchen und die Ente nicht finden", sagte Ute. „Mit so einem Gebrüll vertreiben wir sie nur."
„Wir müssen einen Plan machen", sagte Simon. „Hier auf dem Stadtplan könnt ihr sehen, wo der Stadtpark ist. Da müssen wir suchen."
„Sollen wir uns nicht lieber in Tierhandlungen erkundigen, ob jemand die Tiere da abgegeben hat?", fragte Nele. „Den Kanarienvogel habe ich mit der Frau, ..." – „Mäxchen komm, Mäxchen komm", riefen Ingo und Simon schon wieder. – „Den Kanarienvogel haben wir damals in einer Zoohandlung wiedergefunden", erzählte Nele weiter.
„Das ist eine gute Idee", gab Simon zu. – „Wir sollten uns aufteilen", meinte Ute. – „Ich geh' mit Simon in den Stadtpark", schlug Ingo vor. – „Immer nur Jungen zusammen und Mädchen zusammen", murmelte Ute. – „Das ist langweilig", sagte Nele. „Ich möchte mit Simon im Stadtpark nach den Tieren suchen."
„Gut", sagte Ute. „Dann geh' ich mit Ingo die Tierhandlungen ab. Es sind ja nur zwei."
„Immer müssen die Mädchen bestimmen", brummte Simon.
„Morgen dürft ihr bestimmen", sagte Ute.
Sie gingen los. „Und wer räumt den Tisch ab?", fragte Simons Mutter, als sie durch den Flur gingen. „Kannst du es einmal machen, Mami?", bettelte Simon. „Wir haben so viel zu tun." – „Einmal ist gut", sagte Simons Mutter. „Aber nun geht schon los, wenn ihr so viel zu tun habt."
Die Kinder rannten los. Simon und Nele Richtung Stadtpark, Ute und Ingo Richtung Marktplatz, denn da war eine Tierhandlung.
Ingo wunderte sich über die schmale Straße mit dem Kopfsteinpflaster, auf der sie zum Marktplatz gingen. „Habt ihr kleine Straßen", sagte er zu Ute. – „Wir sind eben eine alte und eine kleine Stadt", sagte Ute stolz. „Bei uns ist alles viel größer", meinte Ingo. – „Aber ich finde es kleiner besser", sagte Ute. „Da kann man alles besser überblicken." Das hatte sie von ihrer Mutter gehört, das mit dem „Überblicken". Und Ingo fragte auch gleich: „Was willst du denn überblicken?" – „Na, alles eben", sagte Ute. „Hier müssen wir rein."
Sie waren vor einem kleinen Geschäft angekommen. Im Schaufenster waren vier Käfige zu sehen. In einem saßen zwei Mäuse, eine weiße und eine schwarze. Im nächsten Käfig schlief eine kleine braune Katze. Und zwei Käfige waren leer. „Die scheinen ja nicht sehr viele Tiere zu haben", meinte Ingo und grinste. – „Wir gehen rein und fragen", schlug Ute vor. Sie gingen in den Laden, und Ute fragte, ob sie ein Kaninchen oder eine weiße Ente kaufen könnte.
„Kaninchen haben wir zur Zeit nicht", sagte die Frau hinter der Theke. „Und Enten verkaufen wir überhaupt nicht. Die gibt es nur beim Geflügelhändler am Mittwoch auf dem Markt." – „Schade", sagte Ute, und Ingo sagte höflich: „Vielen Dank. Auf Wiedersehen."
Der nächste Zooladen war am anderen Ende der Stadt. Ingo bekam unterwegs Hunger und fragte Ute nach einer Würstchenbude. „Die gibt es am Bahnhof", sagte Ute. „Da kommen wir sowieso vorbei." Aber es dauerte noch eine Viertelstunde, bis sie am Bahnhof waren. Und die Würstchenbude hatte zu. „So ein Mist", schimpfte Ingo. „Bei uns ist an jeder Ecke eine Bude." – „Bei uns nicht", sagte Ute ärgerlich. „Wenn du so einen großen Hunger hast, dann müssen wir beim Metzger vorbeigehen. Es ist nicht weit."
Aber Ingo hatte plötzlich keinen Hunger mehr. Er wollte jetzt schnell zu der Zoohandlung und nach den Tieren fragen und dann zu Nele und Simon in den Stadtpark. Vielleicht gab es da wenigstens eine Eisbude.
Als sie vor dem zweiten Tiergeschäft ankamen, sagte Ute: „Kannst du diesmal fragen? Vielleicht bringt es Glück." Aber Ingo traute sich nicht, und Ute mußte selbst fragen, ob sie eine kleine weiße Ente und ein braunes Kaninchen zu verkaufen hätten. Sie hatten auch überhaupt keine Enten, aber ein Kaninchen. Aber das Kaninchen war schwarz mit weißen Ohren und zwei weißen Pfoten. „Das sieht ja aus wie eine Kuh", flüsterte Ingo Ute ins Ohr. Aber Ute sagte ernst: „Schade, wir suchen nach einer weißen Ente und einem braunen Kaninchen. Sie sind uns entlaufen." – „Dann macht am besten Zettel an die Bäume in der Gegend, in der ihr wohnt", sagte der Mann in der Zoohandlung. „Vielleicht habt ihr Glück." – „Vielen Dank für den Tip", sagte Ute, und Ingo sagte wieder: „Vielen Dank. Auf Wiedersehen." – „Du sagst immer dasselbe", sagte Ute, als sie draußen waren. – „Mir fällt nicht mehr ein", sagte Ingo. „Laß' uns jetzt zum Park gehen." Aber Ute wollte nach Hause und die Zettel an die Bäume heften. Ingo mußte mit, denn allein fand er sich in der Stadt noch nicht zurecht.
Nele und Simon waren schon eine ganze Weile im Stadtpark. Sie suchten zuerst alle Wege ab, bis Nele vorschlug: „Laß uns lieber die Wiesen absuchen. Auf den Wegen werden sich die Tiere bestimmt nicht 'rumtreiben." – „Willst du jeden Busch absuchen?" fragte Simon. „Dann sind wir heute nacht noch hier." – „Nicht jeden Busch, aber jede Wiese", sagte Nele. „Ich kann mir denken, daß das Kaninchen eine Wiese mit Löwenzahn sucht." – „Und die Ente braucht Wasser", sagte Simon. – „Gut, dann können wir uns für eine Stunde trennen", schlug Nele vor. „Ich suche die Wiesen ab' und du suchst nach Wasser." – „Wir treffen uns hier am Eiswagen wieder", rief Simon und lief schon los. – „An welchem Eiswagen?" fragte Nele. – „Er kommt hier immer gegen Mittag vorbei und bleibt hier stehen", rief Simon zurück.
Jetzt war Nele ganz allein, und sie hatte ein bißchen Angst.
„Wenn ich mich verlaufe, dann frage ich nach dem Eiswagen", dachte sie und ging langsam los. So viele Wiesen gab es gar nicht in dem Stadtpark. Nele kam an großen Blumenbeeten vorbei, an eingezäunten Rasenflächen und an vielen Bänke. „Auf diesen eingezäunten Rasen gehen doch keine Tiere", dachte sie.

Aber sie hatte sich getäuscht, denn als sie sich auf eine Bank setzte, weil ihr schon die Füße wehtaten, sah sie vor sich zwei Kaninchen auf dem Rasen. Sie saßen nebeneinander und rupften Gras aus. Jedenfalls sah es von weitem so aus. „Jetzt weiß ich nicht, wie das Kaninchen aussieht, das Ute und Simon suchen", ärgerte sie sich. „Jetzt muß ich erst wieder Simon suchen."

Sie stand auf, kletterte vorsichtig über den niedrigen Zaun, der um den Rasen herum war, und ging ganz langsam auf die beiden Kaninchen zu. Aber die hatten Nele kommen hören und verschwanden wie zwei Blitze im Gebüsch. Nele lehnte sich enttäuscht an einen Baum, der mitten auf dem Rasen stand. „So finden wir die Tiere nie", dachte sie und schloß die Augen. Sie wollte nachdenken, und das konnte sie am besten mit geschlossenen Augen.

„Zwerg zu sein, bedarf es wenig,
und wer Zwerg ist, der ist König."

Wo kam der Gesang her? Nele preßte ein Ohr ganz nah an den Baumstamm. Da war es wieder:

„Zwerg zu sein, bedarf es wenig,
Otto heißt der Zwergenkönig."

Der Gesang kam aus dem Baum. Nele war jetzt ganz sicher. Sie klopfte an den Stamm und preßte schnell wieder ein Ohr an den Baum. Nichts. Der Gesang war nicht mehr zu hören. Jetzt habe ich den Sänger erschreckt, dachte Nele. Es war ja auch ein ganz feines Stimmchen gewesen.

Ich muß Simon suchen und ihm den Baum zeigen, dachte Nele. Sie lief den Weg zurück bis zu der Stelle, wo sie sich getrennt hatten. Da stand auch der Eiswagen und Simon stand davor mit einem Eis in der Hand. „Willst du auch eines?", fragte er Nele. „Jetzt nicht, später", rief die aufgeregt. „Komm' mal schnell mit, ich muß dir etwas zeigen."

29. Die Entdeckung

Zum Inhalt:

Simon kann nichts hören, deshalb holen er und Nele Ingo und Ute. „Acht Ohren hören mehr als vier!" Und jetzt entdecken sie die Baumhöhle. Mit vereinten Kräften gelingt es ihnen, LINO *und* LONI *wieder einzufangen.* OTTO *entgeht der Gefangennahme, er hatte sich in Neles Hosentasche versteckt. Die Kinder beschließen, die Tiere draußen im Park zu lassen. Sie bauen dem Kaninchen eine Höhle und der Ente ein Nest im Schilf. Dann gehen sie nach Hause und hoffen, die Tiere am nächsten Tag dort wieder zu finden.*

Die Geschichte

„Dies ist der Baum, aus dem das Lied kam", sagte Nele zu Simon. Simon blieb vor dem Baum stehen, sah sich den Stamm an, ging um den Baum herum und schüttelte den Kopf: „Eine ganz normale Eiche", sagte er. „Was soll daran Besonderes sein?"

„Aber da kam das Lied heraus", sagte Nele. „Leg' mal ein Ohr an den Stamm." Simon fand das alles etwas komisch. Aber bei Mädchen kann man nie wissen, dachte er sich und preßte sein linkes Ohr an den Baumstamm. Nichts. Es war nur das Rauschen der Autos auf der Straße vor dem Stadtpark zu hören.

„Wir müssen Ute und Ingo holen", schlug Nele vor. „Vielleicht können die etwas hören."

„Und wenn sie uns auslachen?", fragte Simon. „Und wenn sie sagen, ihr spinnt?"

„Acht Ohren hören mehr als vier", sagte Nele und rannte los. Simon blieb nichts übrig, als hinter ihr herzulaufen. Sie liefen zu Ute nach Hause. Vielleicht waren Ingo und Ute von ihrem Gang zu den Zoohandlungen schon zurück.

Sie trafen die beiden vor Utes Haus auf der Straße. Ute hielt ein Stück Papier in der Hand, Ingo einen Hammer und zwei Nägel. Sie standen vor einem Straßenbaum, und Ute sagte: „Soll der Zettel so hoch oder lieber so hoch?" – „So hoch wie möglich", anwortete Ingo, „damit die Erwachsenen ihn nicht übersehen."

„Ihr dürft keine Nägel in Bäume schlagen", sagte Simon.

„Kommt lieber mit uns mit, wir zeigen euch einen anderen Baum."

Nele nahm Ute an der Hand und zog sie mit sich mit. „Was habt ihr denn?", fragte Ingo. – „Nele hat einen Baum singen hören", sagte Simon.

Als sie im Stadtpark angekommen waren, fand Nele den Baum nicht mehr. Simon rannte von Bank zu Bank und suchte nach der Wiese, wo in der Mitte eine Eiche stand. „Ist es dieser Baum?", fragte Ute und zeigte auf eine Eiche, die ganz allein mitten auf einem eingezäunten Rasenstück stand. „Hier ist ein Loch zwischen den Wurzeln. Es sieht aus wie eine Kaninchenhöhle."

Alle rannten zu Ute. Sie sahen sich das Kaninchenloch an. „Das ist der Eingang zu einer Kaninchenhöhle", sagte Simon. „Komisch, daß wir das vorhin nicht gesehen haben", meinte Nele.

„Wir haben zu sehr nach dem Lied gesucht", sagte Simon und grinste dabei. – „Du brauchst gar nicht so zu grinsen", sagte Nele. „Ich habe wirklich ein Lied gehört." – „Das wollen wir mal sehen", sagte Ingo und fing an, auf die Eiche zu klettern. Zum Glück hingen ein paar Äste ziemlich niedrig am Boden. Ingo kam schnell vorwärts und kletterte an einem dicken Ast herum, bis er am Stamm war. „Ich kann in den Baum sehen", rief er von oben. „Der Stamm ist hohl."

Jetzt fingen alle an, auf den Baum zu klettern. „Bleibt unten", rief Ingo. „Wir können sowieso nicht in den Stamm klettern, das Loch ist zu klein." – „Paß' ich auch nicht durch?", rief Nele von unten. – „Vielleicht", rief Ingo von oben. „Komm' du mal hoch." Nele kletterte an dem dicken Ast entlang, bis sie neben Ingo angekommen war. Sie sah sich das Baumloch an. „Da klettere ich rein", sagte sie zu ihrem Bruder und steckte ihre Füße hinein. „Paß' auf", sagte Ingo, „daß du nicht steckenbleibst.

„Was ist los bei euch?", rief Simon von unten. „Ich

komm' euch helfen." Er kletterte auch auf die Eiche.
Ute blieb unten und setzte sich vor das Kaninchenloch. Vielleicht schläft darin das Kaninchen, sagte sie sich.
Oben auf dem Baum war Nele schon bis an die Schultern in dem Baumloch verschwunden. „Ich komm' nicht weiter', jammerte sie und klammerte sich mit beiden Händen an einem Ast fest. „Ich komm' mit den Schultern und Armen nicht durch." – „Mach' dich ganz dünn", sagte Ingo, „und gib mir die Hände, ich halte dich fest."
Nele rutschte langsam tiefer in den Baum hinein. Simon nahm sie an der einen Hand, Ingo an der anderen. „Wir lassen dich jetzt langsam 'runter", sagte Ingo. – „Hab keine Angst, wir lassen dich nicht los", sagte Simon.
Nele rutschte immer tiefer in den Baum hinein. Sie war jetzt bis zum Kopf im Baum verschwunden und spürte keinen Halt unter den Füßen. „Haltet mich fest", rief sie, „ich falle in den Baum!" Simon und Ingo ließen sie langsam immer tiefer in den hohlen Baum hinein. Jetzt war Nele auch mit dem Kopf darin verschwunden. Jetzt sahen nur noch ihre beiden Hände aus dem Baumloch heraus. „Es ist so dunkel", tönte ihre Stimme aus dem Baum. – „Kannst du was sehen?" rief Ingo von oben. – „Es ist so dunkel", tönte die Stimme aus dem Baum.
„Ich hab' das Häschen!", rief Ute plötzlich von unten. „Ich hab' das Häschen!"
Simon hatte vor Schreck fast Neles Hand losgelassen. Ingo sagte: „Das kann doch nicht sein. Wir müssen Nele wieder hochziehen." – Aber Nele rief aus dem Baum: „Laßt mich tiefer runter, ich hab was gehört." – „Was gehört", klang es aus dem Baum. Sie ließen Nele so tief herunter, daß Simons und Ingos Arme jetzt auch in den Baum hineinreichten. „Mich kitzelt etwas, huh, mich kitzelt etwas", rief Nele aus dem Baum. „Wir ziehen dich hoch", rief Ingo zurück, und sie zogen sie langsam aus dem Baumloch heraus.
„Ich hab' das Häschen", rief Ute wieder von unten. Es war oben auf dem Baum eine schwere Arbeit, Nele herauszuziehen. Sie hatten es endlich geschafft, und Nele sah ganz zerzaust und zerschrammt aus, als sie wieder bei ihnen auf dem Ast saß.
„Wer hat dich gekitzelt?" fragte Ingo.
„Ich hatte so ein Gefühl, mehr als hätte mich eine Mücke gestochen oder eine Ameise gebissen", sagte Nele. „Außerdem hörte ich ganz deutlich etwas rascheln. Da muß etwas, irgendein Tier, im Baum sein."
„Irgendein Tier", dachte Zwerg Otto, der sich in Neles Hosentasche versteckt hatte. Er hatte nämlich vorhin Nele unter den Füßen gekratzt, war schnell an ihrer Jeanshose hochgeklettert und dann in ihrer hinteren Hosentasche verschwunden. „Mit ‚irgendein Tier' meinen die Loni. Lino scheinen sie ja schon zu haben, aber mich bekommen die nicht." Er verschwand wieder ganz in der Hosentasche. Die Kinder kletterten vom Baum herunter zu Ute. Ute stand unten, hielt ein braunes Kaninchen auf dem Arm und streichelte es.
„Ist das Häschen süß!", rief Nele.
„Wo das Kaninchen ist, da muß auch die weiße Ente sein", sagte Simon. „Wir müssen noch einmal den Baumstamm untersuchen."
„Am besten, wir nehmen einen langen Ast und stochern damit im Baum herum", schlug Ingo vor.
„Aber vorsichtig", rief Nele. – „Klar, vorsichtig", sagte Simon. „Ich möchte doch meine kleine weiße Ente heil zurückhaben." – „Ist es deine kleine weiße Ente?" fragte Nele. „Gehören euch überhaupt die Tiere?"
Niemand gab auf diese Frage eine Antwort. Simon und Ingo suchten nach einem langen Stock, Ute streichelte ihr Häschen, Zwerg Otto dachte: „Nele hat Recht. Die Tiere gehören keinem, nur mir."
Nele setzte sich unten an den Baum, sie war sehr müde.
Ingo und Simon hatten einen langen Stock gefunden, kletterten wieder auf den Baum und stocherten vorsichtig in dem Baumloch herum. Nele hörte ein Rascheln. Es kam aus der Kaninchenhöhle, neben der sie saß. Dann war ein gelber Schnabel zu sehen, dann ein weißer Federkopf, ein weißer Federhals. „Eine Ente", flüsterte Nele, „eine kleine weiße Ente." Sie zog sie aus dem Kaninchenloch heraus, nahm sie auf den Arm und ging auf Zehenspitzen zu Ute.
„Die kleine weiße Ente ist da!" rief Ute. „Simon, komm' herunter, die kleine weiße Ente ist wieder da!"
„So ein Mist", murmelte Zwerg Otto in Neles Hosentasche. „Jetzt muß ich wieder alle befreien."
Die beiden Jungen waren vom Baum heruntergeklettert, Simon hatte die kleine weiße Ente auf dem Arm, Ute das Kaninchen. „Schöne Tiere", sagte Ingo. „Aber was machen wir jetzt mit ihnen?"
„Wir bauen ihnen ein Haus", schlug Nele vor.
„Tiere müssen draußen leben", sagte Ingo.
„Das müßt ihr als Stadtmenschen ja wissen", sagte Simon.
„Vielleicht habt ihr recht", meinte Ute.
„Wir bauen für das Häschen eine Höhle und für die Ente ein Entenhaus", schlug Simon vor.
„Und was baut ihr für mich?", flüsterte Zwerg Otto leise in Neles Hosentasche. „Ich bin schließlich kein Hosentaschenzwerg."
Aber niemand konnte ihn hören.
Die Kinder liefen über die Wiese auf den kleinen Teich zu, an dem die Oma gestanden hatte. Ingo buddelte mit Ute am Ufer des Teiches eine tiefe Höhle mit zwei Eingängen. Ute hielt mit einer Hand das Kaninchen fest, mit der anderen buddelte sie und setzte immer wieder das Häschen zum Probieren in die Höhle. Das Häschen saß ganz still, spitzte die Ohren, zitterte ein bißchen und schnupperte.
Nele und Simon hatten ein Brett gefunden und die kleine weiße Ente darauf gesetzt. Aber Simon hielt sie fest, damit sie nicht wegflattern konnte. „Wir müssen ihr ein Nest bauen", sagte Nele. Sie holte trockenes Gras und Blätter, und sie bauten ein Nest auf das Brett. Das Brett setzten sie ins Wasser, ganz nah an der Uferstelle, wo Ingo und Ute die Kanin-

chenhöhle gebaut hatten. Als Nele sich über das Brett beugte und die kleine weiße Ente noch einmal streicheln wollte, sprang Zwerg Otto aus ihrer Hosentasche. Plumps, neben das Brett ins Wasser. Die kleine weiße Ente flatterte auf. „Sie will tauchen", rief Nele. Aber sie hatte Zwerg Otto ins Wasser fallen sehen und holte ihn mit dem Schnabel heraus und steckte ihn unter ihre Federn.
Das Kaninchen saß in seiner Höhle und steckte vorsichtig den Kopf heraus. „Es will die kleine weiße Ente ansehen", sagte Ute. „Jetzt lassen wir die Tiere allein. Sie müssen sich einleben", schlug Ingo vor.
„Hoffentlich sind sie morgen noch da", flüsterte Ute. Sie streichelte das Kaninchen, steckte ihm noch ein paar Löwenzahnblätter in seine Höhle. Simon zupfte ein bißchen an dem Entennest herum und schob das Brett noch etwas tiefer in das Schilf. „Damit dich nicht gleich jeder sehen kann", flüsterte er der kleinen weißen Ente zu.
Als die Kinder aus dem Stadtpark hinaus nach Hause gingen, mußten sie sich oft umdrehen.

30. Das Baumhaus

Zum Inhalt:

LONI hat das Nest, das die Kinder für sie gebaut haben, angenommen. Auch LINO ist mit seiner Höhle zufrieden. Zwerg OTTO will für sich eine entsprechende Behausung, kein Nest, keine Höhle. Er will ein Haus, und weil er ein wilder Zwerg ist, soll das ein wildes Haus sein.
Der hohle Baum ist richtig! Seine Baumhöhle soll das sein! Und LINO und LONI sollen ihn oft dort besuchen. Während die Tiere sich mit OTTO über sein prächtiges Haus freuen, kommen die vier Kinder und bauen für sich in dem hohlen Baum ein Baumhaus. Es sieht so aus, als könnten sie alle miteinander in guter Nachbarschaft leben – jeder dabei so, wie es seinen Wünschen, Vorstellungen und Träumen entspricht. Und so schließt sich der Erzählkreis: LONI, in der Sicherheit ihres Nestes, träumt von einem blauen See – hoch oben im Norden ...

Die Geschichte

Zwerg Otto rumorte unter Lonis Flügel herum. Ihm war es zu eng, und er wollte unbedingt sehen, wo Lino war. „Warte noch ein bißchen, bis die Kinder weg sind", flüsterte die kleine weiße Ente. „Wo ist Lino?", fragte Zwerg Otto. „Kannst du ihn irgendwo sehen?" – „Er ist in seine neue Höhle gekrochen", sagte Loni. „Mir haben die Kinder keine Höhle gebaut und auch kein Nest", brummte Zwerg Otto. „Du kannst abwechselnd bei mir oder Lino wohnen", beruhigte ihn die kleine weiße Ente. „Ich will aber ein eigenes Haus haben", rief Zwerg Otto und kroch unter Lonis Flügel hervor. „Ich will keine Höhle haben, und ich will kein Nest, ich will ein Haus haben, ein Haus, verstehst du?" – „Du brauchst gar nicht so zu schreien", sagte Loni. „Ich kann dich gut verstehen. Wenn du ein Haus haben willst, dann müssen wir dir eben eines bauen."
„Und wo?", fragte Zwerg Otto. „Ich bin kein Parkzwerg. Ich bin ein wilder Zwerg."
„Was ist ein wilder Zwerg?" fragte da eine Stimme. Es war Lino. Er war aus seiner Höhle am Ufer gekrochen und ganz nah an Lonis Nest gehoppelt.
„Ein wilder Zwerg ist ein Zwerg, der so ist wie ich", sagte Zwerg Otto und reckte seine kleinen Fäuste in die Luft. „Ein wilder Zwerg wohnt in wilden Häusern, rennt wild umher, ist einfach wild. Und läßt sich nicht so einfach bändigen wie ihr."
„Ich hab' mich nicht bändigen lassen", sagte die kleine weiße Ente. „Ich hab' hier einen See, ein Nest im Schilf und euch beide."
„Ich hab' auch kein Band um den Hals", flüsterte Lino. „Ich bin nicht angebunden in meiner neuen Höhle."
„Ihr seid ja auch nicht so wild wie ich", sagte Zwerg Otto und sprang auf Lonis Brett umher.
„Otto, du Wilder, fall' nicht ins Wasser", sagte die kleine weiße Ente. „Denk, dir lieber aus, wo du dein wildes Haus bauen willst."
„Im hohlen Baum", sagte Lino.
„Ja, da ist es schön wild", meinte Loni.
„Gut, aber ihr dürft nicht zu weit weg wohnen", sagte Zwerg Otto. Er rannte über das Brett, auf dem Lonis Nest stand, direkt auf die Wiese zu, hatte nicht gesehen, daß das Brett im Wasser stand und fiel mit dem Kopf zuerst ins Wasser.
„Ein wilder Taucher", schnatterte Loni und fischte ihn aus dem Wasser. Sie schwamm mit ihm ans Ufer, legte ihn vorsichtig ins Gras und kletterte aus dem Wasser.
Zwerg Otto stand auf, schüttelte sich und sagte: „Ich muß jetzt in mein Baumhaus."

Er ging schnurstracks auf die Eiche mitten auf der Wiese zu, kletterte wie ein Äffchen daran hoch und war verschwunden.

„Wir werden ihn überraschen", sagte Lino. „Komm', Loni, wir benutzen den anderen Eingang."

„Warte, wir nehmen einen Blumenstrauß für seine neue Wohnung mit", sagte Loni. Sie rupften ein paar Löwenzahnblüten aus und krochen dann unten zwischen den Wurzeln in den hohlen Baum hinein. Von Zwerg Otto war nichts zu sehen, aber sie hörten ein Kratzen oben im Baumstamm. Dann kam ein Grasseil herunter, und dann hörten sie, wie sich jemand an dem Seil herunterließ.

„Otto, Otto, ruft's aus dem Baum.
Lasset uns singen, tanzen und springen,
Otto, Otto hat einen Raum."

Das mußt du anders singen, sagte die kleine weiße Ente und schnatterte los:

„Alle wilden Zwerge wohnen in dem Baum,
wohnen in dem Baum.
Rot sind ihre Kleider,
ja, das ist mein Traum."

„Hier wohne nur ich und sonst keiner", rief Zwerg Otto und sprang vom Seil herab. „Hier hast du einen Blumenstrauß zur Begrüßung", sagte die kleine weiße Ente. – „Den kann Lino aufessen", antwortete Zwerg Otto und legte den Löwenzahn in eine Ecke. „Ich will auch ein Lied singen", sagte Lino, „aber ich weiß nur ein Hasenlied."

„Macht nichts", antwortete Zwerg Otto. „Sing es einfach." Und Lino sang mit seiner Hasenstimme:

„Otto in der Grube, saß und schlief,
saß und schlief,
armer Otto, bist du krank,
daß du nicht mehr toben kannst?
Armer Otto, bist du krank,
daß du nicht mehr toben kannst?"

„Ich wußte gar nicht, daß Kaninchen singen können", sagte Zwerg Otto. – „Und dann auch noch so ein schönes Lied", kicherte die kleine weiße Ente. – „Seid ganz still, ich habe etwas gehört", wisperte Lino plötzlich.

Tatsächlich. Draußen vor dem Baum waren Stimmen zu hören. „Siehst du, Simon, ich hab dir ja gesagt, aus dem Baum kommen Lieder."

Vor der Eiche standen Nele, Ingo, Ute und Simon. Sie waren nach dem Essen noch einmal zum Stadtpark zurückgegangen und hatten die Tiere gesucht. Aber im Entennest war keine kleine weiße Ente und in der Kaninchenhöhle kein braunes Kaninchen zu sehen gewesen. Jedenfalls nicht, soweit die Kinder hineinsehen konnten und mit einem Stock wollten sie darin nicht herumbohren.

„Ich hab' nichts gehört", sagte Ingo. – „Ich auch nicht", meinte Simon. – „Aber ich hab' auch etwas gehört. Es hörte sich an wie ‚Häschen in der Grube saß und schlief' oder so ähnlich", sagte Ute. „Ach, ihr spinnt", sagte Simon. – „Ich hab' eine Idee", meinte Ingo. „Wir bauen uns hier auf dem hohlen Baum ein Baumhaus." – „Toll!", rief Nele. – „Und wenn die Männer vom Gartenbauamt schimpfen?", fragte Ute. – „Wir machen doch den Baum nicht kaputt", sagte Simon. – „Und hohl ist er sowieso schon", meinte Ingo.

Die Kinder suchten trockene Äste, ein paar alte Bretter und Stangen. „Ich hol' Hammer und Nägel", rief Simon. – „Aber du hast selbst gesagt, daß man keine Nägel in Bäume kloppen darf", sagte Ingo. – „Dann hol' ich eine alte Wäscheleine von meiner Mutter, und wir verknoten alles", schlug Simon vor. Nele lief mit ihm mit, und in der Zwischenzeit schleppten Ute und Ingo die Äste, Bretter und Stangen auf den Baum.

Als Nele mit Simon zurückkam, ging sie mal kurz an dem Entennest vorbei. „Simon, die kleine weiße Ente sitzt in ihrem Nest und schläft", flüsterte sie ihm zu. Simon legte die Wäscheleine ans Ufer und schob ganz vorsichtig das Brett mit der kleinen weißen Ente noch ein Stück weiter ins Schilf. Er bekam dabei nasse Füße und mußte Schuhe und Strümpfe ausziehen. „Das trocknet alles in unserem Baumhaus", meinte Nele. – Sie kletterten zu Ute und Ingo in den Baum und fingen an, die Bretter und Äste miteinander zu verknoten. „Jetzt fehlt nur noch das Dach", meinte Ingo, als sie die Plattform fertig hatten. „Und die Seitenwände", sagte Ute.

„Die bauen wir morgen", schlug Simon vor.

„Wir müssen nach Hause. Es wird dunkel", sagte Ute.

„Die machen ja da oben einen ganz schönen Krach", murmelte Zwerg Otto unten in der Baumhöhle. „Wie soll ein wilder Zwerg dabei einschlafen?" Lino hatte sich in seine Höhle gekuschelt und knabberte noch ein Löwenzahnblatt vor dem Einschlafen. Die kleine weiße Ente träumte von einem blauen See, hoch oben im Norden ...

Teil 3: Unterrichtserfahrungen

Forella erzählt:

Gestern kam ein Mann, ein alter Mann,
und der hatte Hunger.
Meine Mutter hat ihn reingelassen.
Mein Vater hat gesagt:
„Jetzt läßt man keinen draußen bleiben.
Jetzt ist doch Weihnachten.“
Da hat er Brot gekriegt und Wurst.
Meine Mutter hat ihm zehn DM gegeben.
Ich habe dann mein Geld genommen
und ihm noch eine Mark gegeben.

Vor dem ersten Schultag

Im nächsten Schuljahr werde ich wieder eine erste Klasse haben. Erfahrungen mit Schulanfängern, die ich bereits in vielen Jahren der Grundschularbeit sammeln konnte, geben mir diesmal das beruhigende Gefühl, gut vorbereitet zu sein. Ich kenne die Erwartungen von Erstkläßlern, ihre Neugier, ihre Aufgeschlossenheit, auch ihre Ängstlichkeit und ihre Abwehr.
Ich habe mich entschlossen, mit Unterrichtsmaterialien zu arbeiten, die die Kinder in besonderer Weise anregen, von sich selber, den eigenen Vorstellungen, Wünschen und Gedanken zu erzählen, und die offen genug sind für ihre individuellen Aneignungsformen. Diese Materialien werden mir helfen, auf die Bedürfnisse der Schülerinnen und Schüler in besonderer Weise einzugehen. Sie lassen Raum für Produkte, Äußerungen und Geschichten der Kinder, die ebenso zum Gegenstand von Lernen werden, wie die von mir vorgegebenen Texte und Aufgaben, die im Zusammenhang mit Geschichten stehen, die ich vorlesen oder erzählen will. *Die Geschichten von der kleinen weißen Ente Loni* und ihren Freunden thematisieren die inneren Erfahrungen der Kinder, ihre innere Welt wird ihnen lebendig und bewußt. Das ermöglicht ihnen, sich von der individuellen zur sozialen Welt zu bewegen, Vergleiche anzustellen, Ähnliches und Unterschiedliches dabei zu entdekken, eigene und soziale Identität zu entwickeln.

Je mehr es im Unterricht um die Kinder selbst geht, um ihre Geschichten, ihre Erlebnisse, ihre Gefühle, Gedanken, Vorstellungen, Wünsche, um so motivierter und effektiver ist ihre Auseinandersetzung mit dem Lerngegenstand, den ich mit ihnen erarbeiten will und muß. Beim Lesenlernen führte diese Erfahrung in der Vergangenheit dazu, daß ich mich immer nach einer gewissen Zeit mit meinen Klassen von den inhaltlichen Vorgaben der jeweiligen Fibeln löste und mit eigenen Texten – auch Texten von Kindern – die weiteren Lernschritte plante. Aber ein solcher Unterricht war für mich von Unsicherheiten begleitet: Würden alle Kinder Lesen lernen? Wo blieb der gemeinsame Bezug? Was mache ich mit Kindern, die sich noch nicht äußern können oder wollen, Kinder, die in einem offenen Unterricht überfordert sind? Mit den *Entengeschichten,* die den Leselernprozeß kontinuierlich begleiten, würde ich den Kindern die Impulse geben können, die ihre Tätigkeiten in einen Erlebniszusammenhang stellen, auf den sich alle beziehen können. Und für mich als Lehrerin sind die Materialien wie ein „roter Faden", an dem entlang sich mein Unterricht gestalten kann.

Vor mir liegt die *Namenliste* meiner zukünftigen Klasse.

Ich lese Vornamen, die mich an Kinder erinnern, die ich kenne. Wer verbirgt sich hinter diesen Namen? Mit welchen Menschen werde ich zu tun haben? Ich sehe, daß in meiner Klasse Marokkaner, Spanier, Italiener, Türken, Griechen, Sinti und Deutsche sein werden. Ich muß mich auf eine multinationale Klasse einstellen. Fast jedes zweite Kind kommt aus einem anderen Land. In mir kommt Unsicherheit auf: Wie sind die Deutschkenntnisse der ausländischen Schüler? Meine Sorge: Werden sie verstehen und folgen können, wenn ich ihnen Geschichten erzähle? Ich bin froh, daß es Bilder zu den Geschichten gibt, und daß es möglich ist, Sprache mimisch und gestisch zu vermitteln. Ich werde mit den Kindern die Geschichten häufig spielen.
Jetzt betrachte ich die Namen der Kinder mit den Augen der „Leselehrerin". Es geht mir um strukturelle Elemente der Schrift, die die Kinder in den ersten Schulwochen an ihren Namen entdecken können:

SASCHA und SONJA
haben den gleichen An- und den gleichen Auslaut;

PEDRO CHRISTOPH HEIKO
kann man wie Sascha und Sonja zweimal klatschen, und diese Namen setzen sich aus zwei Spracheinheiten (Silben) zusammen;

MAHBOUBA GUYERE DIMITRIOS
müssen wie Vokabeln gelernt werden, weil sie so fremd klingen, und sie werden für die Erkenntnisse wichtig sein, daß andere Sprachen andere Lautzeichenverbindungen kennen;

ISABELLA YVONNE SUSANNE
haben Doppelbuchstaben für einen Laut;

CHRISTOPH STEPHAN HEIKO
haben mehrgliedrige Grapheme (ch, ph, st, ei), und außerdem wird in diesen beiden Namen das „st" unterschiedlich gesprochen.

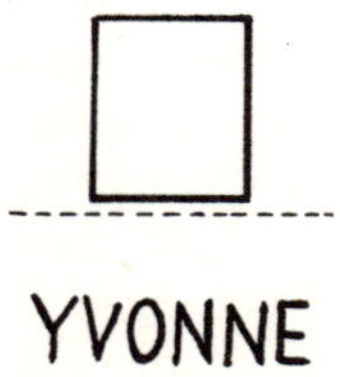

Ich fertige *Tischkarten* für die Kinder an, indem ich Karteikarten in DIN A 5-Größe in der Mitte falte. Mit Blockstaben, der Schrift, die die meisten Schulanfänger in Ansätzen kennen und anwenden, wenn sie etwas notieren, schreibe ich auf die Vorderseite ihren Namen. Auf die Rückseite zeichne ich einen Kasten, in den sollen sie am ersten Schultag ein kleines Bild von sich malen.

Wiesbaden, im August 1984

Lieber Helmut!

Heute kommst Du in die Schule.
Du bist jetzt in der 1. Klasse.
Ich bin Deine Lehrerin. Ich heiße Frau Speichert.
Ich möchte Dich schnell kennenlernen und etwas von Dir wissen. Deshalb schreibe ich ein paar Fragen auf. Deine Eltern helfen Dir sicher bei den Antworten!

1. Wie alt bist Du? 6
2. Womit spielst Du drinnen am liebsten? Auto Rennbahn
3. Womit spielst Du draußen am liebsten? Fahrrad fahren BMX
4. Kannst Du schon eine Schleife binden? Nein
5. Was ißt Du überhaupt nicht gern? Fleisch
6. Welche Fernsehsendung siehst Du am liebsten? Sendung mit der Maus
7. Was kannst Du schon alleine einkaufen? Brötchen, Zigaretten, Zeitung
8. Bist Du schon mal Rad gefahren? Ja

Deine Klassenlehrerin
Frau Speichert

Wenn Du Lust hast, mal doch auf die Rückseite noch ein Bild von der Schule!
Bring den Brief mit den Antworten wieder mit.

Dann schreibe ich den Kindern einen *Brief*, den ich ihnen am ersten Schultag mit nach Hause geben will. Sie müssen jemanden finden, der ihnen den Brief vorliest, und der mit ihnen gemeinsam die Fragen beantwortet.
Erfahrungsgemäß werden nicht alle Kinder am nächsten Tag die Briefe beantwortet mitbringen, was vielleicht ein erster, wichtiger Hinweis sein kann, auf besondere Bedingungen dieser Kinder. Würden auch meine ausländischen Schüler jemanden mit hinreichenden Deutschkenntnissen finden, der ihnen hilft? Die Antworten der Kinder verhelfen mir zum rascheren Kennenlernen einiger ihrer besonderen Eigenarten. Sie werden bei den „Ich-Bögen", die wir herstellen werden, und bei Arbeiten für die „Eigenfibel" noch eine wichtige Rolle spielen. Sie geben Impulse für die Selbstdarstellung und das Kennenlernen der Kinder untereinander.*
Ein Schwarzweißfoto von der Schule kopiere ich für die Kinder auf ein DIN A 4-Blatt, auf dem noch Platz zum Malen bleibt. „Ich bin jetzt in der Schule" heißt das Bild, das für den „Schnellhefter" angefertigt werden soll. Es wird das erste Blatt in unserer selbstgemachten Fibel sein, die über das Schuljahr hin entsteht.
Das *Schulfoto* gehört zu einer Bilderserie, die ich – schon mit Gedanken an meine zukünftige erste Klasse – von der Schule und der Schulumgebung fotografiert und zusammengestellt hatte.

* D. Mauthe-Schonig beschreibt im „Handbuch Schulanfang I", Beltz Praxis, die Bedeutung dieser Briefe im Zusammenhang mit der Diagnose unterschiedlicher Lernvoraussetzungen bei Schulanfängern.

Ich hatte für diese Fotos Motive gesucht, die Besonderheiten und Auffälligkeiten wiedergaben; zum Beispiel den großen Ahornbaum vor der Schule, den Zaun, der das Schulgrundstück begrenzt, aber auch Schilder und Aufschriften, die die Kinder wahrscheinlich wiedererkennen oder „lesen" würden, weil sie deren Bedeutungszusammenhang kannten. Solche Schwarzweißfotos lassen sich gut kopieren. Ich brauchte sie für Arbeitsblätter, die ich für die Eigenfibel vorbereitete. Außerdem verwendeten wir sie für unseren Schulwegplan.
Im Verlauf des Schuljahres habe ich oft fotografiert: zuerst die Kinder, später viele Situationen im Unterricht und aus dem Klassenleben. Wie diese Fotos in den Unterricht einbezogen wurden, wird noch an vielen Beispielen in den folgenden Darstellungen deutlich.

Der erste Schultag

Viele Menschen, Erwachsene und Kinder, sind an einem heißen Augusttag auf dem Schulhof versammelt. Sie bilden einen großen Halbkreis um den Treppenaufgang zur Turnhalle, der den erhöhten Standort für die Schulleiterin abgibt, die eine Rede an die Eltern, Freunde, Lehrer und natürlich an die Schulanfänger selbst richtet. Fünf neue erste Klassen wird es geben. Die Anzahl der Schulanfänger liegt weit über hundert. Es ist sehr still in dem Gedränge auf dem Schulhof, jeder versucht, so gut er kann, die Worte zum Schulanfang zu verstehen. Da ruft jemand laut dazwischen. Ein paarmal – bis das Gerufene verständlich ist:

„Wem gehört der weiße Mercedes in der Einfahrt?"

Eine Stimme antwortet dem Mann von der Müllabfuhr: „Mensch, hau ab! Solche Autos fahren wir doch nicht!"

Heute werde ich die Kinder meiner Klasse kennenlernen. Ich rufe sie auf, sie bilden mit ihren Begleitpersonen eine lange Reihe, die ich in den Klassenraum führe. Hier stehen die Tische und Stühle hintereinander ausgerichtet auf die Tafel und den Platz der Lehrerin. Wenn die Kinder sich hingesetzt haben, bitte ich die Erwachsenen, den Raum zu verlassen und die Schultüten mitzunehmen – ich möchte nicht, daß die Kinder dadurch abgelenkt werden, denn ich sehe, daß einige Kinder keine Schultüte haben. Die Begleitpersonen bitte ich, in sechzig Minuten die Kinder wieder abzuholen. In dieser Zeit werde ich mich mit den Kindern bekanntmachen und ihnen alles Wichtige für die nächsten Tage mitteilen: Stundenplan, Materialliste, Brief etc.

Wir brauchen:
Ein Mäppchen mit
Bleistift (Nr. 2b),
Anspitzer,
Radiergummi,
6 dünnen Filzstiften
6 Buntstiften
(rot, gelb, blau, grün ...)
Schere,
Papierkleber.

2 Schnellhefter aus Plastik (rot, ...),
1 Briefblock, Din A4, ohne Linien,
Wachsmalstifte,
6 dicke Filzstifte.

Beutel mit Turnzeug: Turnschuhe, Turnhose, Turnhemd;

Bitte sammeln: Papprollen, Korken, Wollreste, Pappschachteln, Schuhkartons, Papier.

Dann bin ich endlich mit den Kindern allein. Ein großes, stämmiges Mädchen, sehr hell, sehr blond, ruft etliche Male sehr durchdringend:

„Was machen wir jetzt?“

Warte, sage ich zu ihr und allen anderen, ich muß erst einmal wissen, wer ihr seid, ich bin Frau Speichert. Ich kann meinen Namen schreiben, ich schreibe ihn hier an die Tafel. Sofort kommen einige Kinder nach vorne gelaufen und wollen auch ihre Namen anschreiben. Ich zeige ihnen, daß ich vier Kreidestücke habe, jedesmal also vier Kinder gleichzeitig schreiben können und achte darauf, daß diese erste Regel, die ich setzen muß, eingehalten wird.

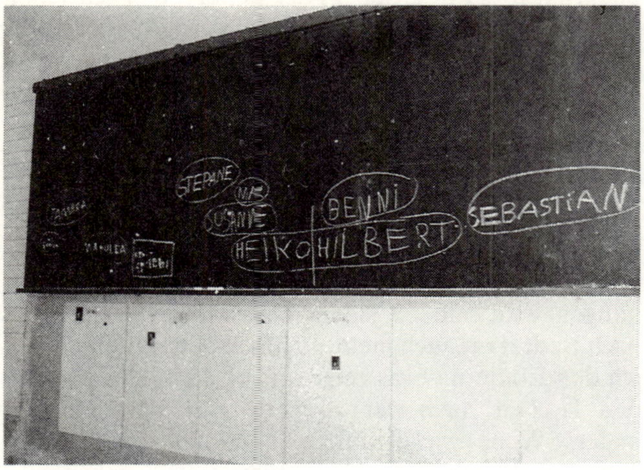

Und dann schreiben *alle* Kinder irgendwie ihren Namen an die Tafel und stellen sich damit vor. Natürlich gibt es bei diesen Schreibungen solche, die nicht „richtig“ sind, d. h. nicht der Norm unserer Rechtschreibung entsprechen: Buchstaben fehlen, es werden Zeichen verwandt, die gar keine Buchstaben sind (Kritzelschrift), die Schreibrichtung wird nicht eingehalten und Buchstaben erscheinen in Spiegelschrift.

An diesen ersten Schriftzügen der Kinder ist abzulesen, welche Erfahrungen die Kinder mit Schrift bereits gemacht haben, was sie über die Schrift, ihre Struktur und ihre Ordnungselemente bereits gelernt haben. Mit dem eigenen Namen fangen die meisten Kinder zu schreiben an. Sie lernen ihn im Kindergarten, um ihre Produkte zu kennzeichnen, von den Eltern, vielleicht beim Briefeschreiben, im Spiel mit älteren Geschwistern, wenn Rechnungen im Kaufmannsladen unterschrieben werden müssen.*

Vom ersten Schultag an bewege ich die Kinder, etwas aufzuschreiben: mit Zeichen, mit Bildern und mit Schriftelementen. Langsam lernen sie dabei, daß mit Schrift gesprochene Sprache festgehalten werden kann. So lernen sie Lesen und Schreiben, indem sie mit beiden aktiv handelnd umgehen und beides aufeinander beziehen. Ich betrachte in den unvollkommenen Versuchen der Kinder, ihren Namen zu schreiben, etwas Wertvolles und sehe nicht als erstes auf die in ihnen enthaltenen Fehler. Mit den Namen an der Tafel werden dann freilich später die Tischkarten verglichen, die den Namen orthographisch richtig zeigen. Dabei lege ich Wert darauf, daß die Schriftzüge der Kinder bei Abweichungen nicht falsch genannt werden. Sie sind individuelle Lösungen und damit richtig.

Jetzt geben wir den Namen an der Tafel noch zusätzliche Kennzeichnungen. Pedro hat einen blauen Pulli an, sein Name wird blau umrandet. Tamara bekommt einen roten Rahmen, weil sie eine rote Haarschleife trägt. Darin sind Erinnerungsstützen verborgen, die auch Kritzelschriften am nächsten Tag noch identifizierbar machen.

Bei der Tafelanschrift der Kinder bin ich verwirrt, weil Christoph „Max“ und Guyere „Benni“ als Rufnamen anschreiben. Christophs Mutter bestätigt mir später, daß ihr Sohn in der Familie immer schon „Max“ genannt wird, und Guyere, ein türkischer Junge, heißt auch immer schon „Benni“, das bestätigen mir die Kinder aus dem Kindergarten. Nun habe ich Benni mit seinem türkischen Namen konfrontiert. Er reagiert verlegen. Vielleicht war die Umbenennung der Versuch der Familie, sich an die deutsche Umgebung anzupassen. Ich ändere daraufhin den Namen auf seiner Tischkarte, ebenso wie den von Max. Nach der Klärung aller Ungereimtheiten, an der sich auch die Mitschüler lebhaft beteiligten, gebe ich die Tischkarten aus. Ich sage den Kindern, daß ich ihre Namen mit großen Buchstaben geschrieben habe, damit ich sie von weitem lesen kann. Ich lese also jetzt alle Namen vor und versuche, sie mir einzuprägen. Die Kinder erleben mich dabei als jemanden, der lernt. Sie verfolgen aufmerksam, wie ich mich mühe, ihnen die richtigen Namen zuzuordnen. Ich lasse sie die Karten so umdrehen, daß ich den Namen nicht mehr lesen kann und mache dann natürlich viele Fehler, weil ich zu Susanne mit den kurzen Haaren „Sebastian“ sage. Ich sage den Kindern, daß ich ihre Karten noch lange brauchen werde, und daß sie sie deshalb jeden Tag wieder auf ihren Platz stellen müssen. Nach dem Unterricht sollen sie auf die Fensterbank gestellt werden, damit die Stühle auf den Tisch passen.

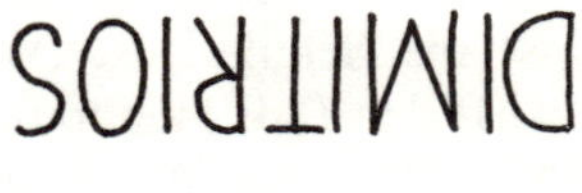

„Wofür ist das hier?“, fragen einige Kinder und zeigen auf den Kasten. „Das ist der Rahmen für ein Bild von dir. Male dich zu deinem Namen, dann weiß ich, wenn

* Diesen ersten Umgang mit Schrift hat Hans Brügelmann in seinem Buch: Kinder auf dem Weg zur Schrift, a. a. O., sehr sorgfältig erforscht und analysiert.

ihr alle heimgegangen seid, wer zu welchem Namen gehört." Für diese Arbeit brauchen die Kinder unterschiedlich lange. Die einen sind gleich fertig – *Was machen wir jetzt?* – und die anderen malen noch mit liebevoller Ausdauer ihr Bild bunt an. Diese typische Schulsituation, die die Kinder und mich bereits unter leichten Druck setzt, hätte sich heute vielleicht vermeiden lassen, wenn alle Kinder nur mit Bleistift gezeichnet hätten. Ich gehe herum und lasse mir jedes Bild zeigen. Es kommt darauf an, daß jedes Kind heute bestätigt nach Hause geht. Ich lerne bei den Gesprächen die Kinder besser kennen. Zum Schluß werden die Karten auf die Fensterbank gebracht.
Dann frage ich die Kinder nach *Liedern,* die sie kennen. Einige singen wir gemeinsam. Eines lernen sie von mir nach der bekannten Melodie des Liedes „Ein Männlein steht im Walde":

Hallo, ich bin ein Schulkind,
bin nicht mehr klein.

Ich trag auf meinem Rücken
ein Ränzelein.

Bleistift, Hefte, Lesebuch,
ja, das ist noch nicht genug.

Wenn ich lesen (schreiben, rechnen ...) lerne,
dann bin ich klug.

Jetzt teile ich ihnen meinen Brief aus – sie erkennen darauf ihren Namen – und die Materialliste sowie den Stundenplan. Alles wird weggepackt, und wir stellen uns zwischen Tafel und Tischen zu einem Kreis zusammen.

„Ich will bei dir!"
„Ich will dich anfassen!"

Heute setzen sich Heiko und Manuela durch, indem sie die anderen zurückdrängen, aber ab morgen wird in der Klasse eine Namenliste hängen, auf der jeweils angekreuzt wird, wer neben mir sitzt oder steht! Nachdem wir nun endlich im Kreis stehen, werfe ich einem Kind, das heute noch wenig gesagt hat, einen Ball zu und sage: „Ich bin Frau Speichert, und wer bist du?" – „Dimi". „Dann sag mal so wie ich: ‚Ich bin Dimi, wer bist du?'" Als der Ball nach einigem Hin und Her wieder bei mir ankommt, sage ich: „Jetzt ist die Schule aus. Auf Wiedersehen, Tamara!" Sie wirft den Ball Mahbouba zu: „Auf Wiedersehen, Mahbouba!" – Auf Wiedersehen Sascha, Sonja, Sevim, Pedro ...
Für heute bin ich sie los. Ich fand den Vormittag anstrengend. So viele verschiedene Menschen wollen etwas von mir, wollen mich am liebsten für sich allein haben, wie kann ich allen gerecht werden?

Die ersten Schulwochen bis zu den Herbstferien

Sitzordnung

Wie am ersten Schultag bleiben die Tische und Stühle in meiner Klasse zunächst mit der frontalen Ausrichtung zur Tafel stehen. So wird den Kindern der Blick zur Tafel erleichtert, die sie als wichtige Demonstrations-, Schreib- und Arbeitsfläche kennenlernen sollen. Hier entstand z. B. gleich zu Anfang ein großer Schulwegplan (auf 2 × 1 m großem Packpapier), hier schrieben wir täglich alles an, was wir am Vormittag gemacht hatten (siehe Tagesrückblick), hier veranschaulichte ich jeden Arbeitsauftrag für die Kinder, und auch die Kinder selbst nahmen die Tafel in Besitz: sie schrieben und malten daran und probierten die verschiedenfarbigen Kreiden aus.
Hinter den Tischen ist in unserem Klassenraum so viel Platz, daß wir dort die Stühle zu einem Kreis zusammenstellen können. Zwischen diesen beiden Sitzordnungen wird nun an jedem Unterrichtsvormittag, je nach Bedarf oft auch mehrere Male, gewechselt. Wenn ich den Kindern etwas zeige und erkläre, sitzen sie an den Tischen, auch wenn sie etwas aufschreiben und malen. Wenn wir erzählen, im Unterrichtsgespräch etwas erarbeiten, jeder den anderen dabei sehen will, wenn wir singen, spielen, gemeinsam etwas tun, kommen wir zum Kreis zusammen.
Damit diese flexible Sitzordnung nicht zu viel Unruhe in den Schulvormittag bringt, muß der jeweilige Wechsel den Kindern durch Regeln, die mit ihnen erarbeitet und festgelegt werden, erleichtert sein. Für den Kreis hatte ich mit einer Tafelskizze erläutert, wie jeder schnell und ohne anderen in den Weg zu kommen, seinen Stuhl nach hinten bringen kann. Das wurde oft geübt. Einige brauchen mich noch lange dabei als ihren Wegweiser. Es muß auch geregelt werden, wer neben wem sitzt. Es empfiehlt sich, dieselbe Reihenfolge wie an den Tischen einzuhalten, denn es gibt jedesmal Kämpfe um Lieblingsplätze. Kämpfe, die so erbittert geführt werden, daß ich schließlich doch organisierend eingreifen, vertrösten und helfen muß, den richtigen Platz zu finden. Das Gerangel darum, wer neben *mir* sitzen darf, konnte in dieser Klasse nur durch genaues Einhalten eines festen Planes abgestellt werden: In einer Namenliste wurde jedesmal angekreuzt, wer neben mir gesessen hatte. Es dauerte sehr lange – bis weit in das zweite Schuljahr hinein –, bis diese „Buchführung" überflüssig wurde, die Kinder den engen Kontakt zu ihrer Lehrerin so nicht mehr brauchten und sie auch aufhören konnten, so stark miteinander zu rivalisieren.
Ab der dritten Schulwoche haben wir die Tische umgestellt. Die Kinder waren jetzt so weit mit unterschiedlichen Arbeitstechniken vertraut, daß ich ihnen verschiedene Arbeiten zur Auswahl anbieten konnte.
Von jetzt an wurde in Sechsergruppentischen gearbeitet. Dann konnte z. B. die eine Gruppe Buchstaben stempeln, die andere kneten, die dritte Buchstaben ausschneiden und aufkleben und die vierte mit Buchstabenkarten Wörter legen. Allmählich lernten die Kinder

auch *gemeinsam* an *einem* Produkt zu arbeiten. Bis zum Schuljahresende blieb es dann bei dieser Sitzordnung in Gruppen, wobei in Demonstrationsphasen die Stühle zum Halbkreis vor die Tafel gebracht wurden und auch der Sitzkreis wesentliches Element der Unterrichtsorganisation blieb.

Das Klassenzimmer

Am ersten Schultag hatte ich die Kinder in ein möbliertes, aber ungeschmücktes Klassenzimmer geführt. Sie sollten ihren Raum entdecken, indem sie ihn mit mir zusammen erkundeten, einrichteten und gestalteten.
Als erstes zeige ich den Kindern, was in den einzelnen Schränken aufbewahrt wird. So gibt es z. B. in einem Schrank zwei Fächer mit verschiedenen Spielen: Memory-, Lotto-, Würfel-, Puzzle-, Quartettspiele, und zwei Fächer sind für unsere Turnsachen vorgesehen. Ich schreibe SPIELE und TURNZEUG auf zwei Karten, die wir an dem Schrank mit Kreppklebeband befestigen. Genauso wird der Schrank gekennzeichnet, in dem die unterschiedlichsten Materialien aufgehoben werden: KLEBER STIFTE PAPIER.
Während ich schreibe, kommentiere ich das, was ich tue: „Stifte", da hört man „vorne" dasselbe wie bei „Stefanie" und bei „Papier" ist „vorne" dasselbe wie bei „Pedro". Mir ist wichtig, daß sich die Kinder langsam einen Begriff bilden können von „vorne", „in der Mitte", „hinten", um die Position eines Lautes im Wort zu bestimmen. Die fertigen Wortkarten lasse ich von den Kindern den Schrankfächern zuordnen und frage sie oft in der nächsten Zeit nach deren Bedeutung.

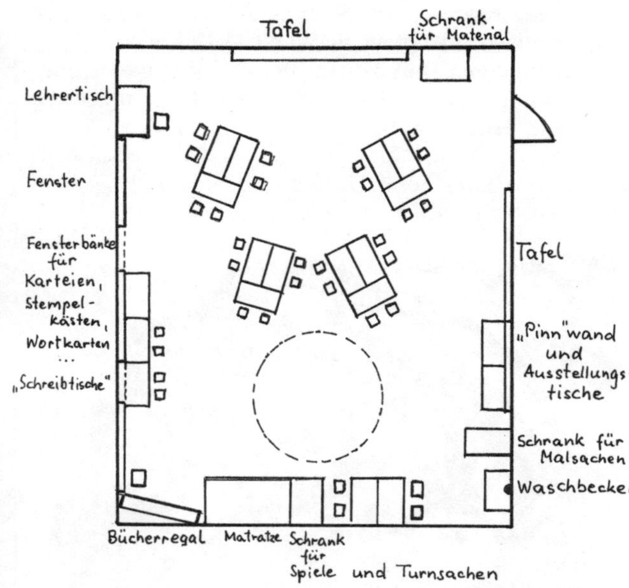

Skizze vom Klassenzimmer ab der dritten Schulwoche.

Die Ruhe- und Leseecke

Ein kleines Regal für Bücher, auch Bücher, die die Kinder selber machen werden, steht neben einer Matratze, die mit einem waschbaren Spannüberzug saubergehalten wird. Wer sich hier aufhalten will, darf sich Bücher anschauen, lesen und ruhen.

In meiner Klasse waren von Anfang an mehrere sehr schwierige Kinder, die sich oft verweigern, den Unterricht stören, ihn verhindern, allen anderen und sich selbst im Wege sind. Wenn die Situation mit diesen Kindern so gespannt wird, daß sie nur noch aggressiv gegen sich und andere wüten, schicke ich sie in diese Ruheecke, die dann die Funktion einer Beruhigungsecke bekommt:
Ein Mädchen, ein Einzelkind, das ganz offensichtlich in sehr schwierigen familiären Verhältnissen lebt (Alkoholkrankheit, Arbeitslosigkeit, Isolation), nach der Schule den Hort besucht und unter ungeheuren Trennungsängsten leidet, weil die Mutter, der Vater nie verfügbar sind, konnte mit seiner inneren Unruhe nur so fertig werden, daß es in unerträglichster Weise ständig meine Aufmerksamkeit beanspruchte.

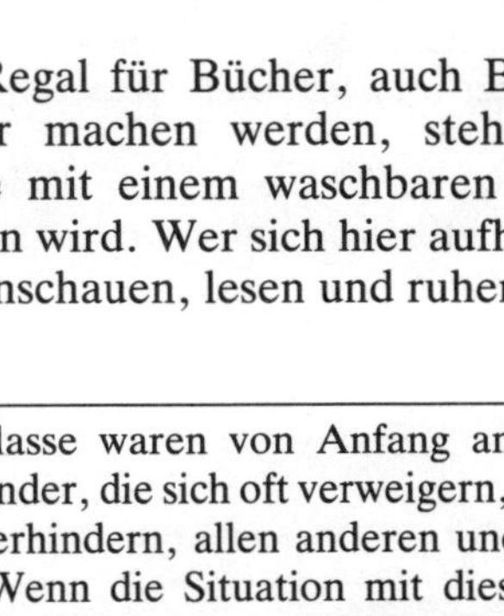

Selbstportrait

Sie forderte mich heraus, beachtete keine Regel, machte oft nicht mit – „Ich will nicht!“ –, spielte laut mit ihrer Puppe während des Unterrichts, reagierte auf Einschränkungen und Druck mit zum Teil auch gegen sich selbst gerichteten Aggressionen. Sie brüllte dann laut und schlug sich den eigenen Kopf an die Wand.
Auf der anderen Seite konnte sie sehr liebenswert sein. Immer wenn Geschichten von der Ente „Loni“ und ihren Freunden erzählt wurden, konnte sie in einer Weise verständnisvoll und mitreißend agieren, daß ihre Mitschüler sie trotz ihres Fehlverhaltens mochten und sie nicht zum „schwarzen Schaf“ der Klasse machten.

Dieses Mädchen erholte sich z. B. oft in der Ruheecke von den schweren Auseinandersetzungen in der Klasse, die es selbst provoziert hatte. Sie war dann wieder fähig, in die Gruppe zurückzukommen und einigermaßen mitzuarbeiten.
Im zweiten Schuljahr ging es diesem Kind besser. Der Großvater wurde Rentner und kümmert sich jetzt täglich um sie.

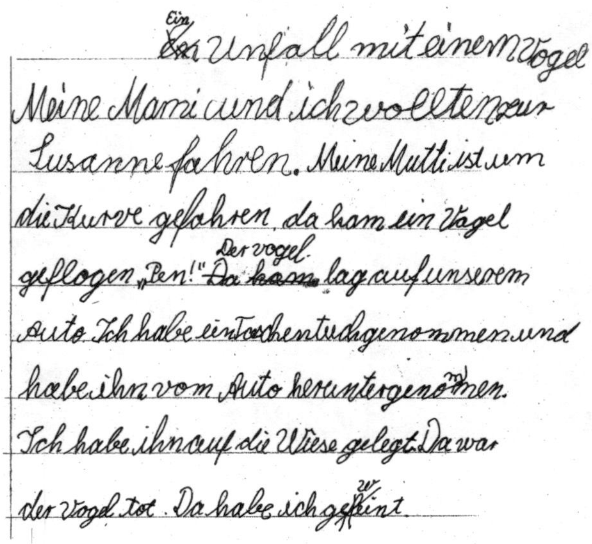

Ein Unfall mit einem Vogel
Meine Mami und ich wollten zur Susanne fahren. Meine Mutti ist um die Kurve gefahren, da kam ein Vogel geflogen „Ben!“ Der vogel lag auf unserem Auto. Ich habe ein Taschentuch genommen und habe ihn vom Auto heruntergenommen. Ich habe ihn auf die Wiese gelegt. Da war der vogel tot. Da habe ich geweint.

Die Ausstellungsecke

Hier stehen zwei Tische vor einer Korkwand, an die Texte und Bilder angeheftet werden können. Auf den Tischen stellen wir die Gegenstände aus, die im Zusammenhang mit dem Unterricht entstehen. Sie werden mitgebracht oder hergestellt und von uns beschriftet. Es gab im Verlauf des ersten Schuljahres z. B. Ferienausstellungen, Ausstellungen zu den einzelnen Jahreszeiten und immer wieder Ausstellungen der reichen, vielfältigen Kinderproduktionen.

Die Schreibecke

Die gegenüberliegende Wand des Klassenzimmers wird von drei großen, hohen Fenstern eingenommen. Auf breiten, durchgezogenen Fensterbänken haben wir hier viel Platz für fünf Stempelkästen, Wortkarten und Steckleisten, die der Werklehrer unserer Schule mit einer vierten Klasse angefertigt hat.
Vor den Fensterbänken stehen drei Tische in einer Reihe. Mit „Blick aus dem Fenster“ werden hier später einzelne Kinder sitzen können, wenn sie „Freie Texte“ verfassen, das heißt, wenn sie in differenzierenden Unterrichtsphasen an eigenen Geschichten arbeiten. Grundsätzlich durften Kinder, die für die Klasse etwas aufschreiben wollten, sich an einen dieser Tische sitzen und sich so für eine Weile aus dem allgemeinen Unterrichtsgeschehen ausklinken. Als Stephanies Text im zweiten Schuljahr entstand, wäre es ihr sicher sehr schwergefallen, sich nach dem Erlebnis mit dem toten Vogel auf andere Unterrichtsinhalte einzulassen.

Bewegungsspiel zum Kennenlernen des Klassenraums

Anfänglich ist das Klassenzimmer den Kindern noch fremd. Viele „kleben“ an ihren Plätzen und fühlen sich in dem großen Raum nicht wohl. Ich will ihnen die Orientierung in ihrer neuen Umgebung mit einem Spiel erleichtern: Auf der Blockflöte spiele ich die Melodien bekannter Kinderlieder (denkbar ist auch das Abspielen einer Kassette). Die Kinder bewegen sich nach der Musik durch den Klassenraum und geben dabei acht, daß sie keinen Mitschüler berühren und behindern. An beliebigen Stellen unterbreche ich das Flötenspiel. Die Kinder bleiben dann stehen und schauen, wo sie sich befinden. Mit diesem Spiel kann man auch die Namen der Mitschüler lernen, wenn vorher ausgemacht wird:

jeder gibt dem Nächststehenden die Hand und sagt seinen Namen.

Der „Ich-Bogen"

An einer Wand des Klassenraumes, in einer langen Reihe unter der Seitentafel, habe ich ein leeres, weißes Blatt (DIN A2) mit Kreppklebeband angebracht. Ungefähr in Augenhöhe der Kinder befindet sich der obere Rand dieser Bogen. Hier hat jedes Kind Platz für Informationen, die das gegenseitige Kennenlernen unterstützen.

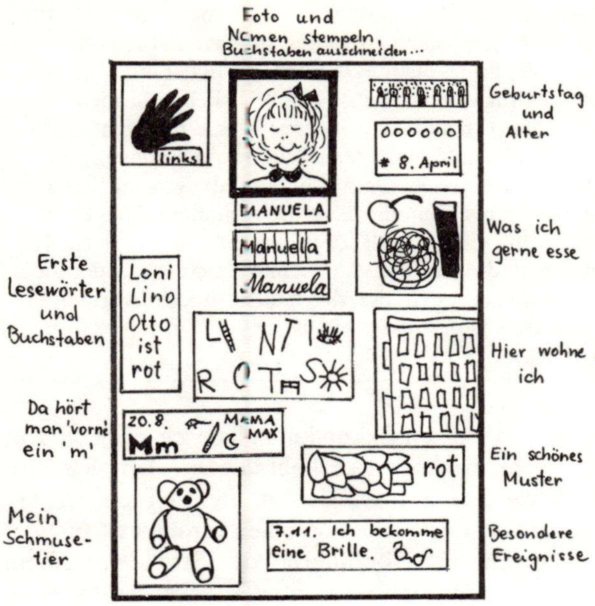

Skizze eines Ich-Bogens.

Für die Mitteilungen der Kinder auf dem Ich-Bogen finden wir häufig eine gemeinsame Darstellungsform, wenn z. B. das Alter mit Kringeln angegeben wird. Die Kinder entdecken aber auch ganz individuelle Möglichkeiten, sich darzustellen: Saschas Haare, ein abgeschnittenes Büschel, mit einem Wollfaden zusammengebunden, wird von ihm aufgeklebt, nachdem Benni seinen ausgefallenen Milchzahn mit Klebeband auf dem „Ich-Bogen" befestigt hatte. „Ich-Bogen" – diesen Namen geben wir den immer bunter und differenzierter werdenden Arbeiten. „Das bin ich", hatte ich oft gesagt, denn für mich gab es auch ein leeres Blatt, auf dem ich von mir berichtete und so oft neue Produktionen bei den Kindern anregte.

Als erstes hat jedes Kind auf einen Papierstreifen seinen Namen gestempelt und klebt ihn auf. Die Papierstreifen holte ich aus einer Druckerei – kostenlos; ein großer Karton steht davon in unserer Klasse. Um allen das „Lesen" zu erleichtern, bringt jedes Kind in den nächsten Tagen ein Foto von sich mit und klebt es dazu. Dimi kommt mit einem Babyfoto an. Jetzt können wir uns vorstellen, wie Dimi aussah, als er noch ganz klein war. Heute ist er groß, ein Schulkind und sechs Jahre alt. Jeder malt nun sein Alter als Kringelbild für den Ich-Bogen. Während dieser Tätigkeit schreibe ich ihnen den jeweiligen Geburtstag dazu. Für einen Geburtstagskalender brauchen wir dieses Datum.

Geburtstagskalender

Jeder nimmt sich aus seinem Briefblock ein Blatt und stellt sich selbst – mit dicken Filzstiften – als Geburtstagskind dar. Max malt sich mit sechs brennenden Kerzen, Forella ist auf ihrem Bild eine Prinzessin, Sevim malt sich mit ihren zahlreichen Geburtstagsgästen. Vom Ich-Bogen schreibt jeder dann das Geburtsdatum ab. Die Blätter werden nach dem Datum geordnet, gelocht und mit einer selbstgedrehten Wollkordel zusammengebunden. Dieses Verfahren haben wir später oft angewendet, um Bücher herzustellen.

Geburtstag feiern

Der erste, der seinen Geburtstag in diesem Schuljahr mit der Klasse feiert, ist Dimi.

- Wir setzen uns in den Kreis.
- Dimi zündet sich selbst die Geburtstagskerze an.
- Wir singen einen Geburtstagsglückwunsch.
- Dimi erzählt uns, wie zu Hause sein Geburtstag gefeiert wird.
- Er bekommt ein Gedicht geschenkt, d. h.:
  Die Gedichte suche ich selber aus und schreibe sie den Kindern mit Druckschrift auf DIN A5-Karteikarten. Jedes Geburtstagskind malt zu seinem Gedicht zu Hause ein Bild. Die Karten sammeln wir in einem Kasten. In der „Gedichtekartei" wird häufig gelesen, später schreiben die Kinder die Gedichte auch selber ab und schenken sie weiter (Muttertag, Weihnachten ...).

Der Baum

Zu fällen einen schönen Baum,
braucht's eine halbe Stunde kaum.
Zu wachsen, bis man ihn bewundert,
braucht er, bedenkt es, ein Jahrhundert.

(Eugen Roth)

Beispiele aus der „Gedichtekartei".

- Ich lese das Gedicht vor, und wir sprechen darüber.
- Ich bringe der ganzen Klasse ein neues Spiel bei, mit dem wir die Feier beenden. So bekommt jedes Geburtstagskind auch ein neues Spiel „geschenkt". Die Spiele habe ich auch auf Karteikarten geschrieben, sie werden auch gesammelt. Diese Spielekartei wächst nach und nach und motiviert später die Kinder, selbst Spiele aufzuschreiben und zu sammeln.

Karteien zum Lesen- und Schreibenlernen

Gedichte- und Spielekartei werden fortlaufend umfangreicher.

Die Karteien werden im Laufe des Schuljahrs immer wieder gebraucht: Im Winter arbeiten wir z.B. an einem Jahreskreis und suchen in der Kartei nach passenden Gedichten. Und als wir das Programm für unsere Faschingsfeier zusammenstellen, gucken wir die Spielekartei nach geeigneten Spielen durch.
Am Ende des ersten Schuljahrs lernen die Kinder, Druck- in Schreibschrift zu übertragen. Dafür habe ich eine Schreibkartei zusammengestellt:

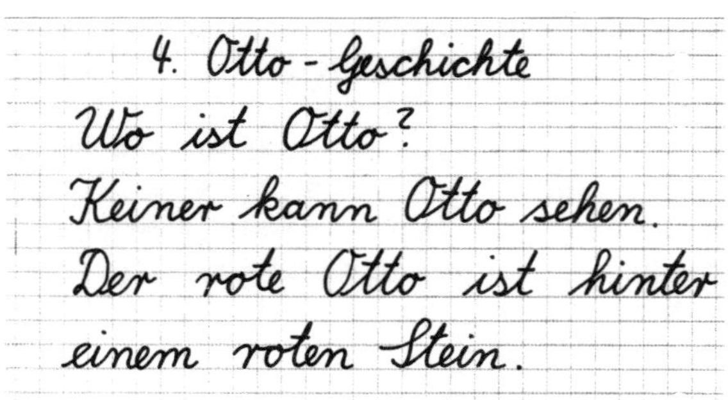

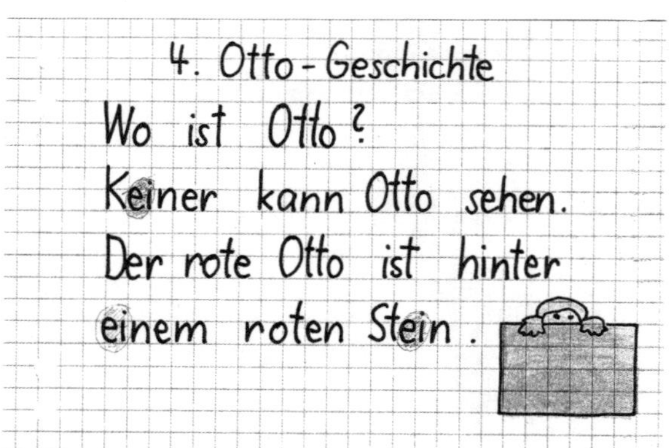

Auf jedem Gruppentisch steht ein Kasten mit so vielen Textkarten, wie Kinder in der Gruppe sind. In Druckschrift habe ich LONI-, LINO- und OTTO-Geschichten aufgeschrieben. Zur Selbstkontrolle steht auf der Rückseite die Schreibschriftversion. Die Kinder haben den Auftrag, alle Geschichten in ein eigens dafür angelegtes Heft einzutragen. Zur Selbstkontrolle und Planung haben sie eine Liste, in der sie ankreuzen, welche Karte sie fertig abgeschrieben haben. Mit dieser Kartei arbeiteten die Kinder gern und immer dann, wenn sie mit den verbindlichen Aufgaben fertig waren. Zum Schluß hatte jedes Kind ein schönes Geschichtenheft mit eigenen Illustrationen.

Der Schulwegplan

Als wir in den ersten Schulwochen im Unterricht über unseren Schulweg sprechen und einen Schulwegplan erarbeiten, gehen wir auch bestimmte Wege in der Schulumgebung ab.

> Den ersten Unterrichtsgang dieser Art mußte ich abbrechen, weil ein Kind, das zu große Schuhe trug, die es beim Laufen immer verlor, von mir an die Hand genommen wurde. Ein anderes Kind, das vorher an meiner Hand ging, reagierte so, daß es keinen Schritt mehr tat und durch nichts dazu bewegt werden konnte. Erst als ich mit der Klasse zurück zur Schule ging, schlenderte es mißmutig hinterher. Ich glaube, ich hatte in seinen Augen wieder einmal die Probe nicht bestanden, die in der unausgesprochenen Frage verborgen liegt „Wen liebst du mehr?" – „Du kannst mich nicht lieben, wenn du nicht mich, sondern jemanden anderen an die Hand nimmst".
> Ich konnte diesen Kindern über die Entengeschichten und durch die lange Zeit, die diese uns begleiteten, das Gefühl vermitteln, wie wertvoll jedes einzelne, so wie es ist, für mich und die Gruppe war. Ganz langsam lösten sich Erstarrungen, indem die Mitschüler entdeckt wurden. So erst wurden viele Kinder schulfähig, d.h. in einer Gruppe lernfähig.

Bei unseren kleinen Exkursionen lege ich Wert darauf, daß einige wichtige Verkehrsregeln den Kindern bewußt werden und daß sie vor allem lernen, sichere Überwege an den verkehrsreichen Straßen zu suchen. So üben wir das Überqueren der Straße an einem Zebrastreifen und an einer Straßenecke, wo es keine besonderen Hilfen dafür gibt. Dabei ist es nötig, „links" und „rechts" voneinander zu unterscheiden.

Willst du über die Straße gehen,
mußt erst nach links, dann rechts du sehen.

Bei der Erarbeitung dieser Begriffe umfahren wir mit dem Stift in der „Schreibhand" die andere Hand, die mit gespreizten Fingern auf ein leeres Blatt gelegt wird. Dann bestimmen wir die Rechtshänder, die alle die linke Hand gemalt haben und den einzigen Linkshänder in der Klasse, der die rechte Hand gemalt hat. Die linken Hände werden rot, die rechten blau angemalt und auf den Ich-Bogen geklebt. Für unsere Eigenfibel malen wir so unsere beiden Hände, wobei der jeweilige Partner hilft, die Schreibhand zu umfahren. Die Kinder bekommen Wortkärtchen von mir, auf denen „rechts" und „links" steht, die sie sich auf die richtige Hand kleben. Und zum leichteren Behalten bekommen alle um das rechte Handgelenk einen blauen Wollfaden gebunden.
Auf den Schulwegplan klebe ich das Schulfoto, es ist den Kindern schon bekannt. Von der Schule aus orientieren wir uns und kleben mit breitem Kreppklebeband die bekannten Straßen auf – vorher wird mit Bleistift skizziert. Der zweite Orientierungspunkt ist der Hort, den sechs Kinder aus der Klasse nach der Schule besuchen. Jedes Kind malt sein Wohnhaus, wir bestimmen gemeinsam deren Standorte auf dem Plan und kleben sie dahin.

Bei dieser Arbeit wird einigen Kindern bewußt, wie nah sie bei Mitschülern wohnen. Sie verabreden sich zum gemeinsamen Schulweg. Mir kommt es darauf an, daß sie rasch lernen, den Gang zur Schule sicher und ohne Ängstlichkeit selbständig zu tun. Außerdem erfahren die Kinder bei der Arbeit am Schulwegplan viel über Schrift und ihre Bedeutung: sie informiert und stiftet Beziehungen.
Dadurch, daß ich Fotos mit Motiven aus der Schulumgebung habe, die alle kennen und die wir mit auf den Plan kleben können, wird dieser für die Kinder noch leichter lesbar.

Vom Tagesrückblick zum Wochenplan

In der letzten halben Unterrichtsstunde versammeln wir uns an jedem Schultag im Halbkreis vor der Tafel, erinnern uns an den Ablauf des Unterrichts und schreiben ihn auf.

Für diesen Tagesrückblick wählen die Kinder wieder ihre eigenen Darstellungsformen: Die einen malen an, was festgehalten werden soll, andere finden dafür abstrahierende Zeichen, und andere versuchen schon, Wörter zu schreiben. Die unterschiedlichen Möglichkeiten einer schriftlichen Darstellung werden auf diese Weise ausgetauscht, jeder kann vom anderen abgucken und lernen. Alle lernen dabei zu überdenken, was und wie im Unterricht gearbeitet wurde:

Hat es mir Spaß gemacht? – Was habe ich gelernt? – Habe ich alles verstanden? – Habe ich es richtig oder falsch gemacht? – Bin ich fertig geworden? ...

Die verschiedenen Aktivitäten werden benannt und schriftlich festgehalten. Ich kann dabei auf Besonderheiten der Verschriftlichung aufmerksam machen (Groß- und Kleinbuchstaben), mit Anfangsbuchstaben Lautanalysen anregen oder Zusammenhänge von Sprecheinheiten mit entsprechenden Schriftzeichen verdeutlichen.

Beim Tagesrückblick ergeben sich oft Vorhaben für den nächsten Tag: Susanne z. B. will morgen stempeln, heute gehörten zur Stempelgruppe fünf andere Kinder. Langsam entwickelt sich so die Vorausplanung, die uns dabei helfen wird, den Unterrichtsvormittag sinnvoll einzuteilen, an alles zu denken, was wir uns vorgenommen haben, und bei jedem einzelnen Kind wächst die Fähigkeit, sich selbst einzuschätzen.
Über das Jahr hin entsteht aus der Tagesplanung eine längerfristige Planung, zunächst einiger Tage, dann einer ganzen Woche. Dabei wird von mir, in Absprache mit den Kindern, festgelegt, in welchen Stunden jeder sich für unterschiedliche Aktivitäten entscheiden kann und in welchen alle etwas gemeinsam machen, an welchen Unterrichtsinhalten gearbeitet wird und was dafür vorbereitet werden muß. In einem langen Prozeß entwickelt sich die Planungskompetenz der Kinder. Er braucht viele kleine Schritte und ist mit dem ersten Schuljahr längst nicht abgeschlossen. Die Kinder sind jedoch selbständiger und aufmerksamer, wenn sie an Planung und Gestaltung des Unterrichtes beteiligt werden.
Für die Auswahl der unterschiedlichen Aktivitäten schreibe ich diese so, wie beim Tagesrückblick abgesprochen wurde, auf DIN A4-Kartons. Jedes Kind hat eine Wäscheklammer mit seinem Namen. Die werden an die Karten geklammert, immer so viele, wie Kinder in einer Gruppe arbeiten können. Die Karten sind an einer Wäscheleine befestigt, die quer durch den Klassenraum gespannt ist. Bei der Wochenplanung wird jeweils abgesprochen, was die einzelnen Aktionsgruppen inhaltlich bearbeiten und über welche Zeit dabei verfügt werden kann, ungefähr ist es täglich eine Stunde.

Lesen- und Schreibenlernen mit eigenen Büchern

Es ist wichtig, daß Schulanfänger beim Lesen- und Schreibenlernen ihre eigenen Erfahrungen mit der Schriftsprache auch unter schulischen Bedingungen machen können. Das heißt nicht nur, daß ihnen Zeit gegeben werden muß, in eigenen Schreibversuchen vorhandenes Wissen anzuwenden, sondern daß ihre Schreibprodukte auch Gegenstand von Unterricht werden müssen. Weiterlernen wird erst möglich, wenn man darstellen und überprüfen kann, was man bereits gelernt hat.
In meiner Klasse haben die Kinder vom ersten Schultag an „geschrieben", das heißt, sie wurden ermuntert, sich schriftlich zu äußern. Dafür malten sie und fanden ihre eigenen Zeichen und diktierten mir ihre Texte, bis sie sie selber schreiben konnten. Für viele dieser Arbeiten hatte ich eine bestimmte Präsentationsform gewählt: das *Buch*.
Wir stellten viele Bücher her. Entweder arbeiteten alle zusammen an einem, oder jeder machte eines allein, oder ich stellte ein Buch für die Klasse zusammen. Einige dieser Bücher werden jetzt ausführlich beschrieben:

Die Eigenfibel

Zu einem sehr persönlichen Buch jedes einzelnen Kindes wächst über die Zeit des Schuljahres hin die *Eigenfibel* an. Die einzelnen Seiten dieser Eigenfibel sammeln die Kinder in einem Schnellhefter.

Sie malen ein Bild ihrer Mutter, ihrer Familie, ihrer Freunde ...

Sie schreiben ihre ersten Lesewörter auf.

Sie stempeln Buchstaben und Texte.

Sie illustrieren die Vorlesegeschichten.

Sie diktieren zu eigenen Bildern kleine Geschichten.

Nach einer Theateraufführung in der Schule lesen und malen sie zu einem vorgegebenen Text.

Später schreiben sie auch eigene Texte.

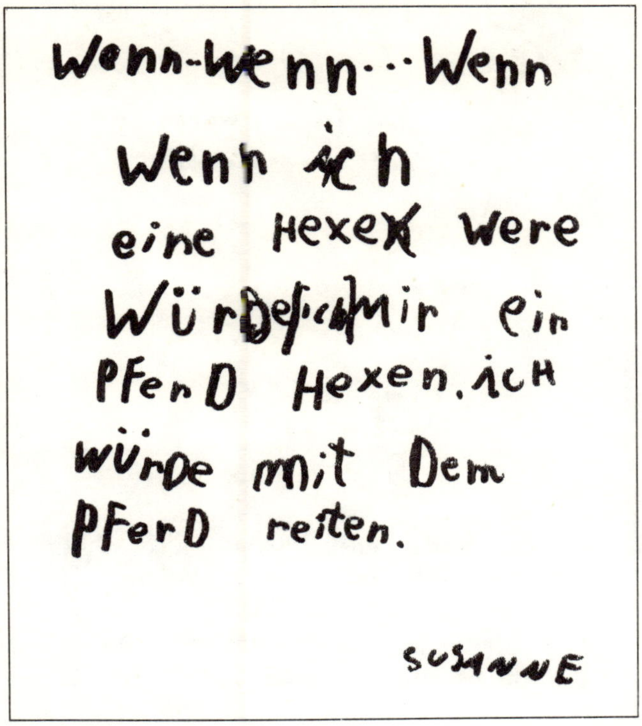

Wenn der Schnellhefter eine bestimmte Dicke erreicht hat, werden die Seiten herausgenommen und in ein dafür vorgesehenes Ringbuch gelegt. Die Ringbücher stehen in unserer Klasse auf dem Fensterbrett und werden nicht im Ranzen herumgetragen. Jeder kann darin nachlesen, so oft er will. Das Einordnen ihrer Buchseiten wird den Kindern von Anfang an erleichtert, wenn ihnen geholfen wird, die einzelnen Seiten zu numerieren.

Das „Buch vom Haus vom roten Männchen"

Die ersten Entengeschichten waren vorgelesen, die Kinder hatten Loni, Lino und Otto kennengelernt, als das erste Buch entstand, zu dem jedes Kind eine Seite beigesteuert hatte. Jeder hatte auf seine spezifische Weise ausgedrückt, wie er die Geschichten erlebt und in Besitz genommen hatte. Bei dieser Arbeit ging ich in der Klasse herum und ließ mir diktieren, was jeder dazu aufgeschrieben haben wollte, zusätzlich zu den Bildern und Zeichen, die er selbst für seine Darstellung gefunden hatte. Die fertigen Blätter wurden in Klarsichthüllen gesteckt und zusammengeheftet. Die Kinder waren von ihrem Buch so beeindruckt, daß es in den nächsten Tagen oft angeschaut und vorgelesen werden mußte. Jedes Kind wußte seinen Text zu „lesen", und bald konnten viele „nachlesen", was sie beim wiederholten, aufmerksamen Zuhören auswendig gelernt hatten. Offensichtlich fanden sie sehr spannend, was sie hier über ihre Mitschüler erfuhren.

Mara hatte neben Ottos Baumhaus das Heim gemalt, in dem sie mit anderen Kindern lebte.

Manuela setzte sich in ihrem Bild mit Lonis Trennung von den Eltern auseinander.

Das Samstags- und Sonntagsbuch

Dieses Buch wurde im Verlauf des ersten Schulhalbjahres fertig. Jeden Montagmorgen begannen wir den Unterricht mit einem Gesprächskreis. Die Kinder erzählten von ihren Wochenenderlebnissen. Jeder, der erzählen wollte, bekam Gelegenheit dazu, und damit die Kinder lernten, sich auf Wesentliches zu konzentrieren, wurde ein Rahmen abgesteckt: Was ist das

Schönste gewesen? Was war das Schlechteste? Es kam auch vor, daß in unserem Montagskreis nur von Fernsehsendungen berichtet wurde.

Eine Geschichte schrieb ich zum Schluß – unter Mithilfe aller Kinder – in ein von mir vorbereitetes Buch.

Auf DIN A5-Karteikarten, die in Klarsichthüllen steckten, hatte ich Kopien von Schwarzweißfotos der Kinder geklebt, daneben war Platz für ihren Text. Zuerst wählte ich die Geschichte aus, später wurde die Auswahl mit den Kindern besprochen und abgestimmt.

Geschichten aus der 1a

Zu Beginn des zweiten Schulhalbjahres wurde ein neues, ähnliches Buch angefangen. Diesmal waren es nicht mehr Geschichten vom Wochenende, die aufgeschrieben wurden, sondern besondere Erlebnisse der einzelnen Kinder in der Schule. Die Texte formulierten wir gemeinsam und ich schrieb sie zunächst – für alle zum Mitlesen – an die Wandtafel, danach auf die Seite, die ins Buch kommen sollte.

Heinos Geschichte

Heino kommt zur Schule.
Er muß ganz nötig und geht gleich auf das Klo. Es ist kein Papier da.
Heino überlegt: Was soll ich machen?
Da kommen andere Jungen und wollen auch aufs Klo.
Heino kann nicht runter.
Die anderen werden böse und klettern über die Wand und spucken.
Zum Glück kommt jetzt ein Junge, den Heino kennt. Der besorgt Papier und Heino kann vom Klo herunter.
Heino kommt mit nasser Hose in die Klasse.

Dieser Text entstand, weil Heino wegen seiner nassen Hose ausgelacht wurde und zu spät in den Unterricht kam. Heino wirkte erleichtert, daß er der Klasse von seinem Mißgeschick erzählen konnte und die Mitschüler mit Verständnis reagierten.

Zuweilen vervielfältigte ich auch für die Klasse einen dieser Texte für die Eigenfibel, wie zum Beispiel den von Forella.

Forellas Geschichte

Am Freitag waren wir auf dem Spielplatz.

Forella findet ein Kleeblatt, ein Kleeblatt mit vier Blättern.
Das bringt uns Glück.
Aber Forella kann schlecht laufen.
Die Füße tun ihr weh. Arme Forella!

Zwei Baumhausbücher

Als ich alle Entengeschichten vorgelesen hatte, malten die Kinder den Baum, in dem zum Schluß die Tiere in einer Höhle und die Kinder in einem Haus – ohne voneinander zu wissen – zusammengekommen waren. Die zuhörenden und zuschauenden Kinder hatten verstanden und akzeptiert, daß Tiere und Menschen aufgrund unterschiedlicher Lebensweisen getrennt voneinander sein müssen. In ihren phantasievollen, wunderschön gemalten Bildern ist der große Baum ein tröstliches, geheimnisvolles Symbol der erwünschten Zusammengehörigkeit. Die einzelnen Bilder haben wir zu einem Bilderbuch zusammengeheftet und mit unserem ersten Buch von Ottos Baumhaus verglichen. Viele Kinder bekamen Lust, ihre Gedanken selbst zu ihren Bildern zu schreiben. Nun brauchten sie ihre Texte nicht mehr ihrer Lehrerin zu diktieren. Für dieses Vorhaben kopierte ich die bunten Bilder der Kinder und verkleinerte sie gleichzeitig. In den nächsten Tagen entstand nun unser drittes Baumhausbuch.

Auf diesen Abbildungen ist nicht zu sehen, daß die Kinder die schwarzweißen Kopien nachträglich wieder bunt ausgemalt haben.
Die Texte der Kinder wurden vorgeschrieben, von mir korrigiert und danach auf Linienpapier abgeschrieben und zu den Bildern geklebt.

Das Gartenbuch

Nicht weit von der Schule entfernt liegt der Garten eines Mitschülers, den wir in den verschiedenen Jahreszeiten besuchen und angucken durften. Die Kinder beobachteten hier die Vorgänge und Veränderungen in der Natur und lernten, für diese Beobachtungen alle ihre Sinne zu gebrauchen. Ich hielt dies für unser Gartenbuch in einer Fotoserie fest.

ich sehe die Schnecken

ich schmecke die Kräuter

ich rieche die Blumen

Sebastians Vater beteiligte sich auch. Er schrieb für uns die Geschichte seines Gartens auf eine Matrize. Mit Hilfe seiner Mutter illustrierte Sebastian den Text, und jedes Kind bekam für seine Eigenfibel dieses Blatt. Im Gartenbuch wurde es die erste Seite.

Sebastians Vater erzählt:

Früher im Garten

Schon als Kind hatte ich mit meinen Eltern zusammen den Garten. Im Gerätehäuschen hielten wir Hühner und Hasen. Im vorderen Teil des Häuschens waren 6 Hasenställe. Dahinter war eine Trennwand mit Tür, wo nachts die Hühner auf Stangen schliefen. Tagsüber konnten sie durch eine Öffnung in der Außenwand über eine Hühnerleiter nach draußen auf die Wiese laufen. Natürlich mußten wir jeden Tag in den Garten gehen, um die Hühner und Hasen zu füttern. Dafür hatten wir immer frische Eier und an Ostern und Weihnachten gab es Hasenbraten.

Frühling

Herbst

Die Kinder malten noch viele Bilder für dieses Buch, das über das Jahr hin einen beträchtlichen Umfang bekam. Sie bildeten die einzelnen Gartengeräte ab, malten das Gartenhäuschen wie ein verwunschenes Hexenhaus und die wunderschönen Blumen der verschiedenen Jahreszeiten.

Die Kinder wurden auch in anderer Weise tätig. Im Klassenzimmer, auf einem großen runden Metalltablett, legten wir uns im Frühling selbst einen kleinen Garten an. Da wuchsen Bohnen, Kresse und Überraschungspflanzen: Brennesseln; Max hatte die Erde aus dem eigenen Garten für diese kleine Anlage mitgebracht. Die Anregung dafür entnahm ich „Linneas Jahrbuch“ (siehe Anhang). Im Hintergrund steht es aufgeschlagen vor dem Fenster. Versteckt und auf dem Foto nicht sichtbar bewohnen kleine Knetfiguren diesen Garten: irgendwo sitzen Loni, Lino und Otto, Schnecken, Schmetterlinge und Bienen.

Weitere Buchbeispiele in Abbildungen

In unserem Bücherregal wächst kontinuierlich die Sammlung der selbsthergestellten Bücher. Sie entstanden im Kontext längerer Unterrichtseinheiten und ermöglichen einen Blick auf die Unterrichtsarbeit mit dieser spezifischen Klasse. Für die Kinder ist es jedesmal eine große Bestätigung und Freude, ihre Arbeit in einem Buch festgehalten und gewürdigt zu sehen.

Dies ist eine Seite aus dem *Tierbuch,* das wir im Zusammenhang mit der zwanzigsten Entengeschichte – Ute und Simon haben Probleme – herstellten. Uns beschäftigte die Schwierigkeit, Tiere in einer Stadtwohnung zu halten. Einige Kinder stellten uns ihr eigenes Haustier vor. Susanne brachte Oli, eine Schildkröte, mit in die Schule. So genau können Erstkläßler natürlich nur Tiere zeichnen, wenn sie sie beim Malen ansehen können.

Dies ist ein Erzählbild aus dem Buch über die *Osterferien*. Heiko erzählte uns oft auch in anderen Zusammenhängen von seinen Campingerlebnissen.

In einem *Weihnachtsbuch* erzählte jeder von den Bräuchen und Traditionen, die er mit diesem Fest verbindet. Stephanie kennt den Adventskranz, den Austausch von Geschenken, das festliche Essen, bei dem es gemütlich und fröhlich ist.

Nach einer Theateraufführung in der Schule hatten die Kinder ihre Eindrücke in Bildern festgehalten, zu denen sie mir die Texte diktierten. Diese Bücher, die besondere gemeinsame Erlebnisse im Schuljahr unvergeßlich machten, werden immer wieder dann ins Bewußtsein gerückt, wenn neue, ähnliche Vorhaben geplant werden.

Ein wichtiges Buch, das u. a. den Leselernprozeß dokumentierte und festhielt, welche Buchstaben erarbeitet waren, war das *Buchstabenbilderbuch von der Klasse 1a.*

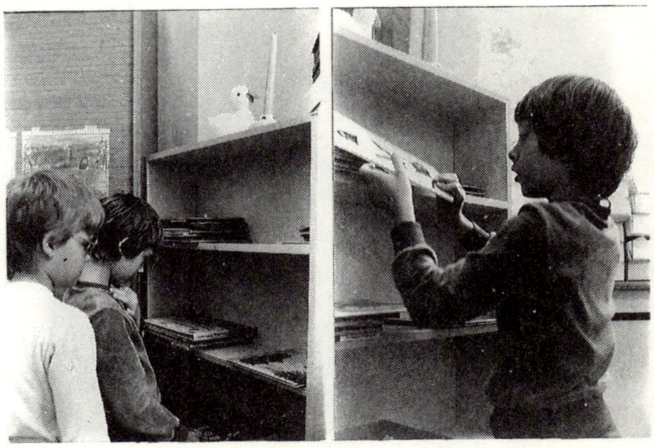

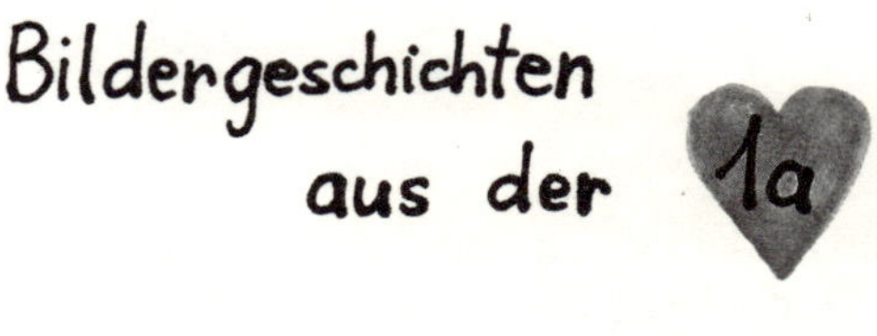

Yvonne und Benni schreiben.
Sie schreiben und malen.

Dieses *Fotobuch* fertigte ich für die Klasse an. Wiederholt fotografierte ich die Kinder bei ihren Tätigkeiten sowie ihre Arbeitsergebnisse. Zu diesen Fotos formulierte ich kleine Lesetexte. Die Kinder liehen sich dieses Buch besonders gern aus, um zu Hause daraus vorlesen zu können.

So fingen die Kinder an, selbst Bücher zu machen. Dies ist eine Doppelseite aus *Mein erstes Buch* von Sonja.

Diesen Comic stellte Max im zweiten Schuljahr her. Er fing schon früh an, Comics zu zeichnen. Er erdachte eine Phantasiefigur, den Sack, den er Abenteuer erleben ließ. Vielleicht war Max durch die Entengeschichten angeregt, diese Serie von Geschichten zu schreiben, deren 26. Folge hier abgebildet ist.

Die Kinder sind im Verlauf ihrer ersten beiden Schuljahre zu eifrigen Produzenten von eigenen Geschichten und Büchern geworden.

Teil 4: Literatur- und Materialhinweise

Im Kreis zu sprechen und zu spielen. Alle schlagen dazu rhythmisch mit den Händen auf ihren Schoß:

Einer: Wer hat die Kekse aus der Dose geklaut?
(Umhergucken und dann die Behauptung):
Benni hat die Kekse aus der Dose geklaut!

Benni: (empört:)
Wer??? Ich??? Nein!!!
Frau Speichert hat die Kekse aus der Dose geklaut!

Fr. Speichert: Wer??? Ich??? Nein!!!
Eva hat die Kekse aus der Dose geklaut!

Eva: Wer??? Ich??? Nein!!!
Sebastian hat ...

Literatur- und Materialhinweise zum Unterricht im ersten Schuljahr

Literaturhinweise zu den sozialen und psychischen Erfahrungen von Grundschulkindern:

U. Baumgardt: Kinderzeichnungen – Spiegel der Seele. Kinder zeichnen Konflikte ihrer Familie. Zürich 1985
B. Bettelheim: Kinder brauchen Bücher. Stuttgart 1982
– (1977): Kinder brauchen Märchen. Stuttgart 1977
T. Grüttner: Legasthenie – ein Notsignal. Reinbek 1980
K. Singer: Lernhemmung, Psychoanalyse und Schulpädagogik. München 1970
– (1981): Maßstäbe für eine humane Schule. Frankfurt/M. 1981
I. von Viebahn: Seelische Entwicklung und ihre Störungen. Göttingen 1972

Literaturhinweise zu didaktischen und methodischen Fragen des Anfangsunterrichts

M. Bergk: Rechtschreibenlernen von Anfang an. Kinder schreiben ihre ersten Lesetexte selbst. Frankfurt/M. 1986
– (1980): Leselernprozeß und Erstlesewerke. Bochum 1980
M. Bergk und K. Meiers (Hrsg.): Schulanfang ohne Fibeltrott. Bad Heilbrunn 1984
H. Brügelmann (Hrsg.): ABC und Schriftsprache. Rätsel für Kinder, Lehrer und Forscher. Konstanz 1986
– (1983): Kinder auf dem Weg zur Schrift – eine Fibel für Lehrer und Laien. Konstanz 1983
C. Freinet: Pädagogische Texte. Reinbek 1980
B. Gleim: Der Lehrer als Künstler. Zur praktischen Schulkritik der Bremer und Hamburger Reformpädagogen. Weinheim und Basel 1985
H. Hagstedt (Hrsg.): Kinder entdecken die Schriftsprache. Kassel (Gesamthochschulbibliothek) 1986
J. Merkel u. M. Nagel (Hrsg.): Erzählen – die Wiederentdekkung einer vergessenen Kunst. Reinbek 1982
D. Mauthe-Schonig: Handbuch Schulanfang I. Weinheim 1981
I. Naegele u. R. Valtin (Hrsg.): Kommunikatives Schreiben in der Grundschule. Frankfurt/M. 1986
G. Spitta: Kinder schreiben eigene Texte: Klasse 1 und 2. Bielefeld 1985

Materialhinweise

Stempelkasten

Beltz-Verlag, Postfach 1120, 6940 Weinheim, Bestell-Nr. 30217
DM 49,80
Alphabetisch geordneter Kasten mit griffigen Einzelstempeln aus Holz – übersichtlich angeordnet und leicht zu handhaben.

Stempel zum Zusammenstecken

Hersteller: Hermann Rüsche, Lehr- und Lernmittel, Dresdener Weg 2, 3527 Calden 3
ca. DM 200,–
Der Hersteller dieses Stempelkastens ermöglicht das Zusammenstecken der einzelnen Stempel (nach dem Lego-Prinzip), so daß die Kinder ganze Wörter auf einmal stempeln können.

Druckereien und weitere Materialien zum Anfangsunterricht sind über die Pädagogik-Kooperative e.V. (Verein der bundesdeutschen Freinet-Pädagogen) zu beziehen. Ein ausführlich kommentierter Katalog ist zu bestellen beim Materialvertrieb:
Pädagogik-Kooperative, Körnerwall 8, 2800 Bremen 1 (Tel.: 0421/77121):

- Komplette Druckereiausrüstung
  Druckpresse, Setzkasten, Lettern in verschiedenen Größen, Druckfarben (wasserlöslich)
  ca. DM 1000,–
- Rico-Set-Stempeldruckerei
  ca. 265 Gummibuchstabenstempel, Setzrahmen und Buchstabenkiste
  ca. DM 500,–
  Besonders geeignet für Vorklassen und erste Klassen. Begrenzte Einsatzmöglichkeit: es gibt nur eine Schriftgröße und man kann höchstens 5 Zeilen (eine A5-Seite quer) setzen und drucken. Die Gummibuchstaben werden von oben her (also seitenrichtig) in einen Rahmen gesetzt.
- Komplette Limographenausrüstung in DIN A5 und A4
  ca. DM 200,–
  Der Limograph ist ein Matrizenvervielfältigungsgerät, das in seiner Arbeitsweise dem Siebdruckgerät ähnelt. Es wird eine spezielle Sorte von Matrizen verwendet, die von den Kindern in der Regel bemalt, aber auch beschriftet werden können.
- Druckmappe zum Erstellen von Klassenzeitungen
  von Jenny Wieneke
  ca. DM 20,–
  Loseblattsammlung, DIN A4, die pro Drucktechnik eine klare, knappe Anleitung für Lehrer und Kinder enthält. Jede Seite bietet zugleich auch Anschauungsmaterial aus der Arbeit mit Kindern: einfache, billige Grundtechniken: Monotopie, Pappe, Klebstoff, Ritztechniken, Negativschablonen aus Stoff, Gummi, Tapete usw. Es wird auch gezeigt, wie man sich als Lehrer einen Limographen selber bauen kann.
- Lesekartei
  Darmstädter Freinet-Gruppe
  ca. 100 Karten als Kopiervorlagen. DIN A4 quer
  ca. DM 30,–
  Diese Kartei ist als begleitendes Übungsmaterial zum Lesen und Lesenlernen gedacht. Sie ermöglicht den Kindern durch eigenes Malen, Ankreuzen und Schreiben zu überprüfen, ob sie den Sinn des Gelesenen erfaßt haben. Die Kartei gibt Anregungen, wie man in der eigenen Klasse dieses Übungsmaterial durch das Festhalten eigener Erfahrungen der Kinder erweitern kann.

Regenbogen-Lesekiste

H. Ballhorn, H. Brügelmann, R. Kretschmann, G. Scheerer-Neumann
Verlag Pädagogische Medien, Telemannstr. 56, 2000 Hamburg 19
Erprobungsangebot mit 5 Heften und Lehrerkommentar DM 10,–
Durch eine geschickte Auswahl von Wörtern und einer durchdachten Kombination von Schrift und Bild sollen Zugänge zu demselben Text eröffnet werden. Fünf Schwierigkeitsgrade sind durch die gleiche Regenbogenfarbe des Deckels leicht erkennbar. Geplant ist ein Grundstock von ca. 25 verschiedenen Heften. Die Textgattungen sind breit gestreut: Erzählungen, Sachberichte, Rätsel, Gedichte, Witze, Bastelanleitungen usw. Neben abgeschlossenen Texten stehen solche mit offenem Ende, die zum Weiterschreiben anregen.

Klassenbücherei

Ulf Nilsson

Kleine Schwester Kaninchen

Bilder von Eva Eriksson. Hamburg (Oetinger) 1984. DM 12,80

In diesem Buch geht es um die Beziehung zwischen großem Bruder und kleiner Schwester. Manchmal sind sie allein zu Hause, und das große Bruderkaninchen muß sich um die kleine Schwester kümmern. Das ist anstrengend und schön. Im Buch wird diese Geschwisterbeziehung in Form einer Tiergeschichte sehr witzig und gleichzeitig ganz ernst (die Kinder finden z.B. auch ein totes Tier) erzählt und gezeichnet.

Ron Mctrusty

Familie Hase

München (Ellermann) 1977. (Verg. nur ausleihbar)

Der englische Zeichner Mctrusty hat mit sehr genauen Hasen- und Landschaftszeichnungen die Lebenswelt einer Hasenfamilie (wie sich die Eltern kennenlernen, wie sie sich paaren, wie sie eine Höhle bauen und Junge bekommen, wie sie bedroht werden) dargestellt. Ein Buch ohne Text.

Lise Giødesen

Ein Sommer mit Ninus

Reinbek (Carlsen; Reihe: Lerne Lesen) 1984. DM 10,80

In diesem Buch ist ein kleines Mädchen, Helene, die Hauptperson. Ihr Wunsch nach einem richtigen Tier geht für die Dauer der Sommerferien in Erfüllung. Helene lernt die Bedürfnisse eines lebendigen Kaninchens kennen, und mit der Freundschaft zum Tier geht sie auch die Verpflichtung ein, für es zu sorgen und es artgerecht zu pflegen. Mit diesem Buch hat sich die Klasse 1a eingehend beschäftigt, als durch die Entengeschichten Wünsche der Kinder nach dem Besitz eines Tieres bewußt und ausgesprochen wurden.

Irina Korschunow

Uli und sein Hund

Frankfurt (Diesterweg · Sauerländer) 1982. DM 6,80

Nina Rauprich

Gesine

Frankfurt (Diesterweg · Sauerländer) 1982. DM 6,80

In diesen beiden Büchern werden, jeweils aus der Sicht von Kindern, deren Erfahrungen und Erlebnisse mit Tieren dargestellt. Uli darf „seinen“ Hund nicht in der Großstadtwohnung halten, und Sven muß erleben, wie sich „seine“ zahme Heringsmöwe im Herbst den Artgenossen anschließt, um in den Süden zu fliegen.

Hans Gerhard Berge

Kater Felix

Ravensburg (Reihe: Mein erstes Taschenbuch). DM 6,80

Kinder, die mit Katzen umgehen, erkennen in diesem Buch deren typische Verhaltensweisen wieder und lassen sich dadurch anregen, von eigenen Erlebnissen mit Katzen zu erzählen.

Friedrich Karl Waechter

Wir können noch viel zusammen machen

Schwäbisch-Hall (Parabel) 1973. DM 19,90

Drei sehr verschiedene Wesen treffen aufeinander und werden Freunde: Fisch, Vogel und Schwein. Gemeinsam zeigen sie den Kindern, wie man lustig, kurzweilig und phantasievoll miteinander umgehen und „viel zusammen machen" kann.

Jill Murphy

Keine Ruh' für Vater Bär

Wien (Annette Betz) 1981. DM 16,80

Ein Familienleben, wie es die meisten kennen, führt uns in diesem Buch eine menschliche Bärenfamilie vor. Die verzweifelte Suche von Vater Bär nach ein bißchen Nachtruhe, die von allen möglichen Geräuschen – vom Schnarchen der Mutter, vom Schreien des Babys, vom Ticken des Weckers, vom Tropfen des Wasserhahns – gestört wird, ist so witzig erzählt, daß die Kinder viel zu lachen haben und die Geräusche nachzuahmen beginnen.

Helen Piers

Strippenhals und Donnerfuß

Bilder von Michael Foreman. Frankfurt/M. (Alibaba) 1983. DM 20,–

Zwei gefährliche Dinosaurier treffen aufeinander und haben große Angst voreinander. Mit Getöse und Donner geben sie ihrer großen Furcht Ausdruck, bis sie die gegenseitige Friedensliebe erkennen und gute Freunde werden.

Monica Gydal und Thomas Danielsson

Ole bekommt ein Brüderchen

Illustriert von Mats Andersson. Reinbek (Carlsen) 1985. DM 14,80

Ole ist vier Jahre alt, und seine Mutter erzählt ihm, daß er bald ein Brüderchen bekommen wird, und daß es schon in ihrem Bauch strampelt. Das Buch erzählt – mit realistischen Zeichnungen unterstützt –, wie die Eltern und Ole sich auf die Geburt vorbereiten. Nach der Geburt hat Ole Schwierigkeiten, sich mit dem Baby anzufreunden. Er fühlt sich zurückgesetzt, und es dauert eine Weile, bis er mit seinem kleinen Bruder etwas anfangen kann.

Astrid Lindgren

Ich will auch Geschwister haben

Bilder von Ilon Wikland. Hamburg (Oetingen) 1979. DM 16,80

In diesem Buch geht es um Peters Wunsch nach einer kleinen Schwester. Peter erinnert sich daran, und in der Rückblende wird erzählt, wie er sich zunächst über seine kleine Schwester ärgert, nichts mit ihr anfangen konnte, sie sogar zu schlagen begann, und die Mutter ihn strafte, bis ihn die Mutter auf den Schoß nahm und ihn ganz lieb hatte. Sie bittet ihn, ihr bei der Versorgung der kleinen Schwester zu helfen, und Peter wird schließlich stolz auf sie. Am Ende der Geschichte bekommen die beiden – jetzt schon großen – Geschwister ein kleines Brüderchen.

Astrid Lindgren und Ilon Wikland

Na klar, Lotta kann radfahren

Hamburg (Oetinger) 1972. DM 16,80

Lotta geht noch nicht in die Schule, aber „im geheimen" tut sie es. Sie will – wie ihre großen Geschwister – in die Schule gehen und radfahren können. Als sie fünf Jahre alt wird, bekommt sie nicht das gewünschte Fahrrad, weil sie angeblich noch zu klein ist. Sie entdeckt auf eigene Faust ein altes großes Fahrrad, fährt los, kann nicht bremsen, kippt um, das Knie blutet ... Aber am Ende kann sie in Wirklichkeit radfahren. Große, bunte Wohnungs-, Straßen- und Gartenbilder.

Tomi Ungerer

Die drei Räuber

Zürich (Diogees Kinder-Taschenbuch) 1977. DM 6,80

Drei wilde, grimmige Räuber, die jeden ausrauben, der ihnen in die Quere kommt, finden auf einem ihrer Raubzüge Tiffany, ein kleines Waisenmädchen. Sie nehmen es mit in ihre Räuberhöhle und verwöhnen es, so gut sie können. Als das kleine Mädchen ihre vielen geraubten Schätze entdeckt, überredet es die grimmigen Räuber, ein prächtiges Schloß zu kaufen, in dem alle Kinder der Welt, die einsam und verlassen sind, Platz haben.

Robert Crowther

Die höchst verwunderlichen Klapp-, Zieh- und Dreh-Zahlen von 1 bis 100

München (Bertelsmann) 1981. DM 28,–

Ein Zauberbuch zum Zählen und Mengenvergleichen. Es macht Spaß, die Bilder durch verschiedene Klapp- und Drehmöglichkeiten zu verändern. Selbst Kinder, die wenig Lesemotivation haben, schlagen dieses Buch gerne auf, weil sie durch die verschiedenen Techniken herausgefordert werden, dargestellte Situationen zu entschlüsseln.

Vom selben Autor gibt es ein ähnliches „Spielbuch" mit Buchstaben, in dem die Kinder spielerisch das Alphabet lernen können:

Robert Crowther

Die höchst verwunderlichen Klapp-, Zieh- und Dreh-Buchstaben von A bis Z

München (Bertelsmann) 1982. DM 28,–

Carla und Vilhelm Hansen

Petzi und Ursula. Eine Bildergeschichte.

Reinbek (Carlsen) 1980. DM 4,80

Es gibt über dreißig Petzi-Bücher, in denen der kleine Bärenjunge Petzi immer neue Abenteuer erlebt; z. B. als Seemann, Bauer, Bergsteiger, Taucher etc. Die Bücher sind als übersichtliche Comics gezeichnet, bunt und mit Texten, die nicht als Sprechblasen, sondern als Bildunterschriften gedruckt sind.

Janosch

Oh, wie schön ist Panama

Weinheim (Beltz-Gehlberg) 1986 in der Reihe: Gulliver-Bücher DM 9,80

Der kleine Tiger und der kleine Bär sind ein liebenswertes Gespann. Am Ende ihrer Phantasiereise nach Panama stellen sie fest, daß es zu Hause auch schön ist.

Ursula Kirchberg

Rike und Matti

München (Ellermann) 1986. DM 18,–

Rike erlebt schmerzlich, was Matti schon erfahren hat: wie es ist, wenn die Eltern sich trennen.

Edith Heuser

So funktioniert mein Körper

Mit Bildern von Dieter Mettelsiefen

München 1982. DTV-Junior. DM 9,80

Informativ und klar werden die komplizierten Zusammenhänge im menschlichen Körper, das Essen, Verdauen, der Pulsschlag u. v. a. m. mit einfachen Zeichnungen und wenig Text erklärt.

Katrin Arnold

Anna macht mit

Illustrationen von R. Selig. München (Ellermann) 1984. DM 14,–

Anna ist die Hauptperson in diesem Bilderbuch. Sie ist von Geburt an krank. Wie schwer es ist, behindert zu sein, und wie man lernen kann, mit der Behinderung umzugehen, davon erzählt dieses Buch.

Christina Björle und Lena Anderson

Linneas Jahrbuch

München (Bertelsmann) 1983. DM 18,–

Dies ist ein Kalenderbuch, in dem von Monat zu Monat Linnea (der Name kommt von einer kleinen rosafarbenen Waldblume, aber Linnea ist eher eine Asphaltblume, nämlich ein Stadtkind) die Jahreszeiten in der Stadt erlebt. In jedem Monat erkundet sie die Lebensbedingungen der Tiere und Pflanzen in der Stadt und in einem kleinen Schrebergarten am Stadtrand und lernt dabei, wie Vögel, Mäuse, Schmetterlinge und allerlei Pflanzen leben. Das Buch ist als erzählerisches Sachbuch angelegt, in dem Linnea die Erzählfigur ist, die alle Entdeckungen und Aufgaben vorstellt: das Füttern der Vögel, das Aussähen, Sammeln und Pressen von Pflanzen, das Kompottmachen und Saftpressen, das Drachenbauen und Schiffebasteln und schließlich das Ordnen der Fundstücke. Zu Weihnachten kann sie selbst Geschenke basteln.

Ulf Nilsson und Eva Eriksson

Liebes kleines Schweinchen

Hamburg (Oetinger) 1983. DM 12,80

Peter und Petra bekommen ein schwächliches, neugeborenes Ferkel vom Bauern geschenkt und nehmen es mit nach Hause. Zuerst glauben sie, es wird sterben, so schwach ist es, aber dann bekommt es mit der Nuckelflasche Milch und nimmt an Kräften zu und wächst sich zu einem richtigen Schwein aus. Aber ein ausgewachsenes Schwein in einer Wohnung wird zum Problem.

Kunterbunte Kinderreime

Ein ganzes Haus voll schöner alter Reime. Für kleine und große Leute unter Dach und Fach gebracht von Rene Rilz. Illustrationen von Herbert Lentz.
Bindlach (Loewes Verlag) DM 9,80

Heribert und Johannes Grüger

Die Liederfibel III (mit Schallplatte)

Düsseldorf (Schwann-Bagel) 1978. DM 19,80

Kommt ein Vogel geflogen; Biba-Butzemann; Winter ade; Hopp-hopp-hopp, Pferdchen lauf Galopp; Fuchs, du hast die Gans gestohlen; Schlaf, Kindchen, schlaf; Ein Männlein steht im Walde; Summ, summ, summ, Bienchen summ herum.

Klaus W. Hoffmann

Wenn der Elefant in die Disco geht

Geschichten- und Märchenlieder zum Singen, Tanzen, Spielen.

Ravensburg (Otto Maier) 1986. DM 18,80

Roy Sparkes

Erstes Basteln mit Kindern

Vielseitige Erfahrungen mit „wertlosem" Material (Eierkartons, Korken, Zeitung, Holz ...). Eine alphabetische Sammlung.

Ravensburg (Otto Maier) 1978. DM 19,80

Himmel und Hölle – Papier-Faltspiele
Schattenspiele
Hokus-Pokus

Illustrationen von Marie Theres Vennekötter.

Münster (Coppenrath-Verlag) 1985. Je Büchlein DM 3,80

Bernd Hof, Holger und Sigrid Sajuntz

Hände hoch! Ideen für das Puppenspiel

Reinbek (Rotfuchs) 1982. DM 9,80

Liebe
Lieber ______________________ !

Am ____________ kommst Du zu mir in die Klasse 1 ___.

Ich bin Deine Lehrerin.
Ich heiße ______________________.

Wir werden im nächsten Jahr jeden Wochentag ein paar Stunden zusammen sein. Da können wir dann lesen, schreiben und rechnen. Aber auch malen können wir und singen, basteln und erzählen.
Kennst Du schon Kinder, die mit Dir in die erste Klasse kommen werden?

Liste der Kinder
mit Adressen

Damit Du die Schule und die Kinder und auch mich schon vorher ein bißchen kennenlernen kannst, treffen wir uns am ____________ um ______ Uhr auf dem Schulhof. Wir sehen uns dann unser Klassenzimmer an, spielen zusammen und überlegen uns, was wir noch brauchen (Pflanzen, Bücher, Regale, Sitzkissen ...).
Auch Deine Eltern sind herzlich eingeladen. Ich freue mich schon auf Dich und schicke Dir viele Grüße

...

Entwurf eines Briefes, der vor den Ferien – noch vor der Einschulung – verschickt werden kann.

Ich will lernen

Wenn ich richtig zählen kann,
fang' ich auch zu rechnen an.
Eins und eins ist immer zwei,
zwei und eins ist aber drei.

Wenn ich erst zur Schule geh',
lern' ich schreiben A, B, C,
Lesen lerne ich dazu:
C und E und I und U.

Ja, ich freue mich darauf,
hab' ich erst den Ranzen auf,
könnt ihr alle stolz mich sehn
jeden Tag zur Schule gehn.

Gertrud Neumann-Hechler

Gedicht für den Schulanfang (Idee von Annette Arendt). Der Inhalt wird pantomimisch unterstrichen.

Einzel- und Gruppenfotos in den ersten Schultagen – zum Kennenlernen und Schreiben der Namen – werden für das erste Fotoalbum der Klasse gebraucht. Wenn man diese Fotos kopiert, kann man viele Arbeiten der Kinder persönlich kennzeichnen.

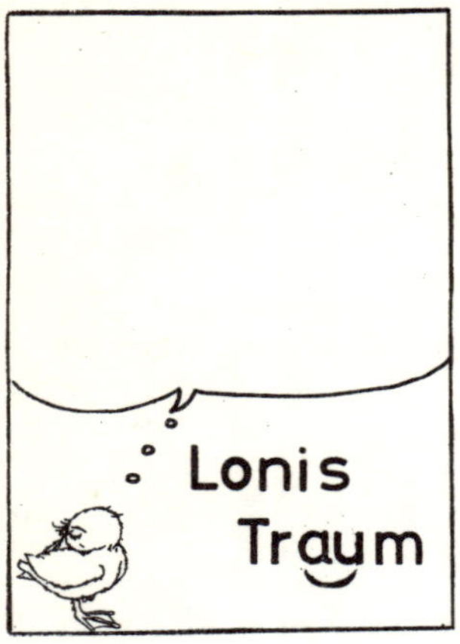

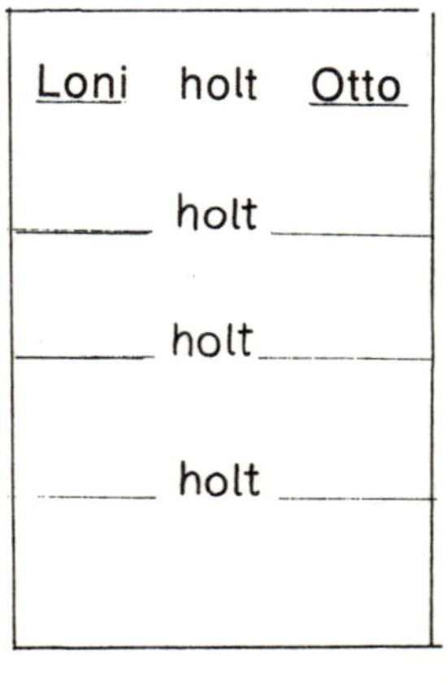

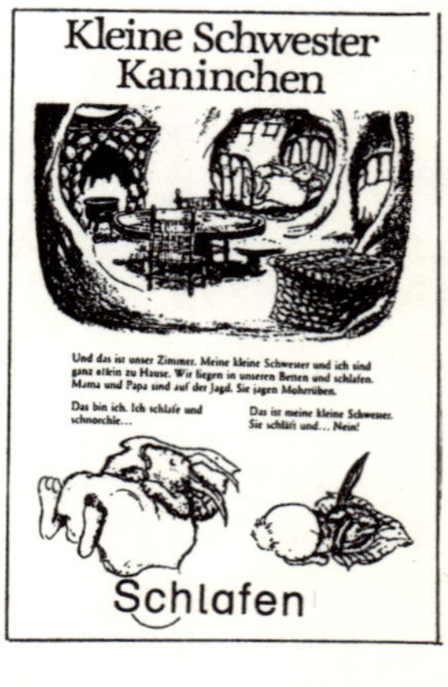

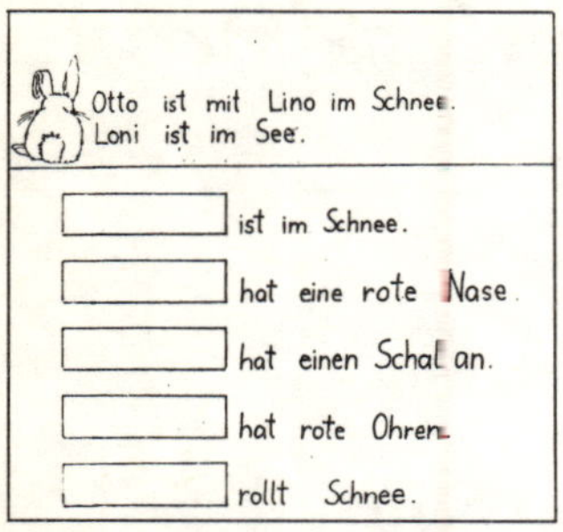

Simon mit Loni

Ute mit Lino

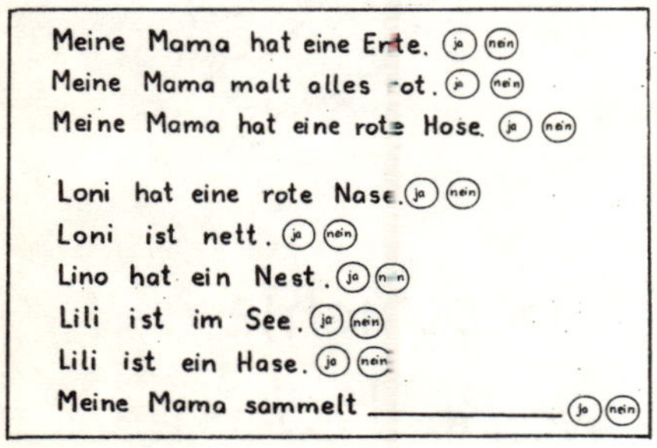

Am Ende des ersten Schuljahres lernen die Kinder, Druck- in Schreibschrift zu übertragen.
Die Geschichten stehen auf postkartengroßen Karteikarten – auf der Vorderseite in Druckschrift, auf der Rückseite in Schreibschrift. Diese Karten sind mit Folie überzogen. Sie werden in einem Karteikasten aufbewahrt. Mit welcher Geschichte die Kinder zu schreiben beginnen, ist ihnen überlassen. Zur Selbstkontrolle haben sie eine Liste, in der sie ankreuzen, welche Karten sie fertig abgeschrieben haben. Die Geschichten werden in ein leeres Schreibheft geschrieben, das die Kinder illustrieren können.

1. Loni - Geschichte
Loni ist eine kleine Ente.
Loni schwimmt gern.
Sie schwimmt gern in
einem See.

1. Loni Geschichte
Loni ist eine kleine Ente.
Loni schwimmt gern.
Sie schwimmt gern in
einem See.

2. Loni - Geschichte
Loni hat ein Nest.
Das Nest ist aus Gras.
Es ist warm.
Es ist weich.

3. Loni - Geschichte
Loni hat Lino gern.
Loni hat Otto gern.
Loni, Lino und Otto
sind Freunde.

4. Loni - Geschichte
Loni ist bei Simon.
Simon mag Loni gern.
Loni will nicht bei Simon
sein. Loni will bei Lino
sein.

5. Loni - Geschichte
Loni hat weiße Federn.
Sie hat einen gelben
Schnabel und gelbe
Füße. Loni ist eine
Ente.

Kopiervorlage
Bilder zum Ausschneiden für die Herstellung eigener
Arbeits- und Leseblätter